本书得到国家社会科学基金青年项目（24CGL028）、教育部人文社会科学研究青年项目（23YJC630263）、北京市教育委员会科学研究计划一般项目（SM202410038010）、首都经济贸易大学新入职青年教师科研启动基金项目（XRZ2023037）的资助。

控股股东股权质押对股价崩盘风险的影响研究：基于对冲动机和掏空动机的视角

周静婷　徐　颖　著

中国财经出版传媒集团
经济科学出版社
Economic Science Press
·北京·

图书在版编目（CIP）数据

控股股东股权质押对股价崩盘风险的影响研究：基于对冲动机和掏空动机的视角／周静婷，徐颖著．
北京：经济科学出版社，2025.6. -- ISBN 978-7-5218-7094-7

Ⅰ.F279.246

中国国家版本馆 CIP 数据核字第 20254JG822 号

责任编辑：谭志军
责任校对：王肖楠
责任印制：范　艳

控股股东股权质押对股价崩盘风险的影响研究：
基于对冲动机和掏空动机的视角

KONGGU GUDONG GUQUAN ZHIYA DUI GUJIA BENGPAN FENGXIAN DE
YINGXIANG YANJIU：JIYU DUICHONG DONGJI HE TAOKONG DONGJI DE SHIJIAO

周静婷　徐　颖　著

经济科学出版社出版、发行　新华书店经销
社址：北京市海淀区阜成路甲 28 号　邮编：100142
总编部电话：010-88191217　发行部电话：010-88191522
网址：www.esp.com.cn
电子邮箱：esp@esp.com.cn
天猫网店：经济科学出版社旗舰店
网址：http://jjkxcbs.tmall.com
北京季蜂印刷有限公司印装
710×1000　16 开　15 印张　300000 字
2025 年 6 月第 1 版　2025 年 6 月第 1 次印刷
ISBN 978-7-5218-7094-7　定价：68.00 元
(图书出现印装问题，本社负责调换。电话：010-88191545)
(版权所有　侵权必究　打击盗版　举报热线：010-88191661
QQ：2242791300　营销中心电话：010-88191537
电子邮箱：dbts@esp.com.cn)

前言 Preface

我国股权质押快速发展引发的非系统性金融风险不容忽视。在国家提出要积极稳妥化解上市公司股权质押风险的背景下，系统研究控股股东股权质押背后隐藏的动机以及厘清股权质押对股价崩盘风险的影响机理十分必要。当前关于股权质押与股价崩盘风险关系的系统研究仍较为有限，主要从质押股票本身的违约风险视角、操纵性市值管理视角和投资者情绪视角切入且研究结论并不统一，而从控股股东的"对冲"动机和"掏空"动机视角探讨股权质押如何影响股价崩盘风险的研究还不多。

本书以 2003~2018 年 A 股上市公司为研究对象，根据不完全信息理论、信息不对称理论和委托代理理论构建理论模型，运用 PSM 配对样本和多时点双重差分回归，理论分析并实证检验控股股东股权质押通过"对冲效应"和"掏空效应"对上市公司股价崩盘风险的影响机理，进一步探讨质押特征以及公司内外部信息环境对控股股东股权质押与上市公司股价崩盘风险关系的影响效果。

研究发现：（1）在控股股东股权质押期间，上市公司面临的股价崩盘风险显著增加；进一步分析股权质押特征发现，质押比例越高、质押期限越长、平仓压力越大，质押期间上市公司面临的股价崩盘风险越高。（2）从控股股东的"对冲"动机视角出发，以分析师预测分歧度和管理层讨论与分析（MD&A）描述性风险信息指标作为衡量信息不确定性的代理变量，发现信息不确定程度越高，控股股东股权质押对股价崩盘风险的正向影响越显著。（3）从控股股东的"掏空"动机视角出发，以侵占型关联交易和上市公司成长机会分别衡量控股股东掏空的程度与成本，发现侵占型关联交易程度越高、上市公司成长机会越低，控股股东股权质押对股价崩盘风险的正向影响越显著。（4）上市公司的内部控制越强、分析师跟踪人数越多、媒体关注度越高，控股股东股权质押对股价崩盘风险的正向影响越弱。

与现有研究相比，本书潜在的边际贡献和研究意义在于以下三个方面。

第一，发现了控股股东质押股权的"对冲"动机，为控股股东股权质押对上市公司股价崩盘风险的影响提供了新的理论解释。有研究认为公司内部人质押股权的目的是对冲公司预期股价不确定性带来的风险，但现有文献关于股权质押经济后果的研究，鲜有考虑公司内部人的"对冲"动机。本书从控股股东的"对冲"动机视角出发，构建了信息不确定的代理变量，证实了股权质押可以反映控股股东由于接收到的信息不确定而采取的对冲自身风险行为，而这种对冲行为又会使控股股东累积坏消息，从而增加股价崩盘风险，有效揭示了控股股东股权质押的"对冲效应"影响上市公司股价崩盘风险的路径机理。这一视角丰富了控股股东股权质押相关研究成果，为股权质押经济后果的研究提供了理论参考。

第二，从控股股东"掏空"动机的视角发现了控股股东股权质押导致股价崩盘风险的新路径。在关于控股股东股权质押与上市公司股价崩盘风险关系的文献中，尽管有研究对控股股东股权质押的"掏空效应"进行了理论分析，但在实证检验中未能得到有效验证。本书从控股股东的"掏空"动机视角出发，证实了股权质押可以反映控股股东的利益侵占，为控股股东隐瞒坏消息创造了条件与空间，从而增加股价崩盘风险。本书从实证分析层面提供了控股股东股权质押的"掏空效应"影响上市公司股价崩盘风险的直接经验证据，扩展了股权质押与股价崩盘风险关系的研究。

第三，基于"对冲效应"和"掏空效应"的存在性，将质押特征和公司内外部信息环境纳入了股权质押与股价崩盘风险关系的理论框架，增加了研究的深度和广度。本书构建了一个包含内外部维度的综合框架来分析和解释质押活动，通过研究质押特征的影响进一步增加了研究深度，发现质押比例越高、期限越长、平仓压力越大，上市公司面临的股价崩盘风险越高；通过研究公司内外部信息环境的调节作用进一步拓展了研究广度，发现内部控制越强、分析师跟踪人数越多、媒体关注度越高，越能抑制控股股东股权质押对股价崩盘风险的正向影响。本书的结论有助于利益相关者充分了解质押特征的影响，对于加强控股股东行为约束，防范股权质押导致的非系统性金融风险具有一定的现实意义。

目录 Contents

第1章 绪论 ································ 1
1.1 研究背景 ······························ 1
1.2 研究问题与意义 ·························· 10
1.3 研究内容、方法与框架 ······················ 16

第2章 文献综述 ···························· 22
2.1 股权质押相关研究综述 ······················ 22
2.2 股价崩盘风险相关研究综述 ·················· 38
2.3 控股股东与股价崩盘风险关系的研究综述 ········ 46
2.4 股权质押与股价崩盘风险关系的研究综述 ········ 48
2.5 文献述评与研究启示 ······················ 51

第3章 制度背景、理论基础与概念模型 ············ 57
3.1 制度背景 ······························ 57
3.2 理论基础 ······························ 69
3.3 概念要素 ······························ 73
3.4 模型构建 ······························ 85
3.5 本章小结 ······························ 90

第4章 控股股东股权质押对股价崩盘风险的影响 ······ 91

4.1 理论分析与研究假设 ······ 91
4.2 研究设计 ······ 97
4.3 实证结果分析 ······ 105
4.4 进一步分析 ······ 112
4.5 稳健性检验 ······ 123
4.6 本章小结 ······ 133

第5章 控股股东股权质押对股价崩盘风险的影响：对冲效应检验 ······ 135

5.1 理论分析与研究假设 ······ 136
5.2 研究设计 ······ 139
5.3 实证结果分析 ······ 142
5.4 进一步分析 ······ 148
5.5 本章小结 ······ 155

第6章 控股股东股权质押对股价崩盘风险的影响：掏空效应检验 ······ 157

6.1 理论分析与研究假设 ······ 157
6.2 研究设计 ······ 160
6.3 实证结果分析 ······ 163
6.4 进一步分析 ······ 168
6.5 本章小结 ······ 178

第7章 公司内外部信息环境对控股股东股权质押与股价崩盘风险关系的影响 ······ 180

7.1 理论分析与研究假设 ······ 181
7.2 研究设计 ······ 185

7.3 实证结果分析 187

7.4 本章小结 195

第8章 结论与展望 197

8.1 主要研究结论 197

8.2 主要创新点 199

8.3 政策建议 200

8.4 局限性与研究展望 201

参考文献 203

第1章 绪 论

如何约束控股股东行为、防范股权质押风险，是当前我国资本市场发展的重要议题。在此背景下，本书重点从控股股东的"对冲"动机[①]和"掏空"动机视角出发探讨控股股东股权质押对上市公司股价崩盘风险的影响机理。本章首先总结本书的实践背景和理论背景，提出研究问题，其次阐述本书的理论意义和实践意义，最后介绍本书的研究内容、方法和框架。

1.1 研究背景

1.1.1 实践背景

1. 快速发展的股权质押

股权质押是指出质人以其持有的股权作为质押标的物，从金融机构

---

① 本书对于"对冲"的定义与沈、王和周（Shen, Wang & Zhou, 2021）（发表于 *Journal of Financial Stability*）以及周、李、鄢和吕（Zhou, Li, Yan & Lyu, 2021）（发表于 *International Review of Financial Analysis*）的研究一致，即规避上市公司预期股价不确定性带来的风险。不同于金融学中关于"对冲"的传统概念，在金融学中，对冲是指同时进行两笔行情相关、方向相反、数量相当、盈亏相抵的交易。但本书的"对冲"和金融学中的"对冲"的相同点在于本质都是锁定收益、规避风险。本书3.3.3节详细介绍了"对冲及对冲效应"。

（如银行、信托、券商等）获得贷款的一种债务融资行为，其中，质押物的价值表现为股价。股权质押合同一般包含质押率、利率、警戒线和平仓线等重要指标。1995年颁布的《中华人民共和国担保法》第75条明确规定"依法可以转让的股份、股票"可以质押，自此我国质押担保制度正式确立。

股权质押作为一种典型的质押式融资方式，在世界各国的资本市场中都比较流行。除中国存在股权质押行为外，其他国家和地区如美国、英国、印度、新加坡、澳大利亚等也存在公司内部人质押股权的行为，并发布了一系列的监管披露规定。相比于其他国家和地区，中国上市公司的股权质押规模尤为庞大，截至2019年年末，上市公司股东质押股数5947.5亿股，占上市公司总股本8.58%，质押市值达到54816.8亿元，占当年市场总市值的9.25%。然而，根据文献和新闻报道的统计，其他国家或地区上市公司的股权质押规模远低于这一水平。例如，美国资本市场虽然非常发达，但是股权质押市场的规模却相对较小，沈、王和周（Shen, Wang & Zhou, 2021）的研究显示，2006~2014年间美国全部上市公司中只有3.8%的公司内部人质押过股票。而在我国，2007~2015年间约有38.85%的公司内部人质押过股票，其中约有31%的控股股东至少进行过一次股权质押（王雄元、欧阳才越和史震阳，2018；Wang, Qiu & Tan, 2020）。相较于其他国家的监管和披露制度，中国证监会关于股权质押的强制性披露规定涉及内容更广也更为细致，为股权质押的研究提供了良好的数据基础。

由于股权质押可以让股东在不减持股票的情况下获得流动性资金，且融资方式较为便捷，融资成本较低，因此受到许多股东的青睐。我国股权质押市场的发展大致经历过四个阶段：缓慢增长、快速增长、爆发阶段和萎缩阶段。图1-1展示了从2003年到2018年末中国沪深A股上市公司（剔除金融业）所有股东和控股股东股权质押的发展情况。2003年底，中国上市公司股东共质押28.5亿股，仅占A股总股数的0.44%；2013年之后，得益于券商开展场内股权质押业务这一利好，中国股权质押市场迎来了拐点，质押规模进入爆发阶段；截至2016年末，股东的质押股票数量达

2983.6亿股,占A股总股本的5.32%;之后由于受政策趋严、场内质押业务受限、大盘不断下跌等影响,股权质押市场进入萎缩阶段,但2018年末,股东的质押股票数量依然高达2132.9亿股,占A股总股本的3.27%。此外,图1-1还显示,控股股东是股权质押市场上最活跃的出质人,控股股东的质押股数占全部股东质押股数的70%左右,其高比例的质押情况与中国上市公司股权结构高度集中这一特征相吻合。显然,股权质押已经成为我国A股上市公司股东,尤其是控股股东最重要的融资手段之一。

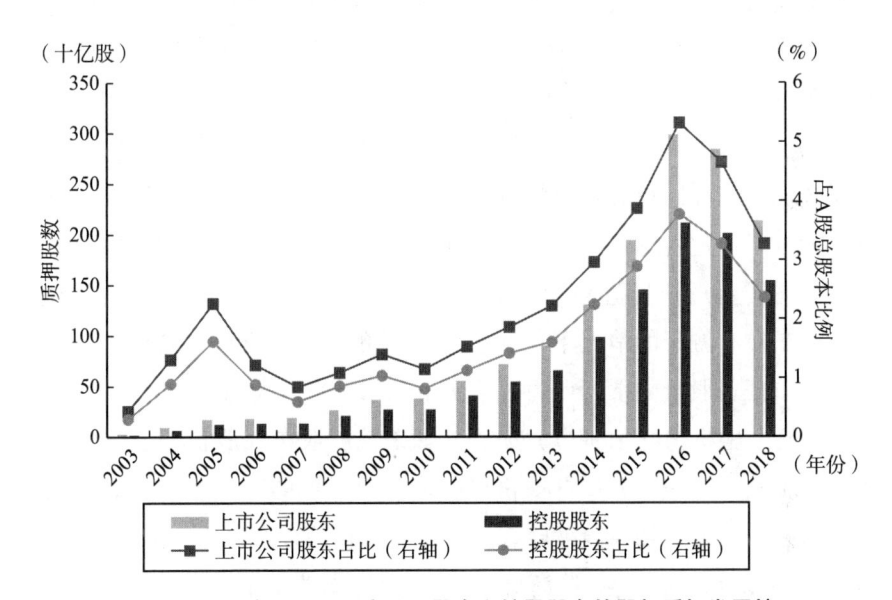

图1-1 中国沪深A股上市公司股东和控股股东的股权质押发展情况

资料来源:根据Wind资讯数据资料整理。

2. 质押引发的风险不容忽视

随着股权质押的快速发展,其带来的股价下行风险也逐渐暴露出来。不少公司股东,甚至控股股东都以高比例质押股份来获取较高的流动性,也不断有控股股东被爆出质押股票价格跌破警戒线或平仓线,从而面临补充质押或被迫平仓的负面消息。

据统计,在2003~2018年间有34.32%的上市公司,其控股股东质押股数超过了其自身持股数量的60%，而控股股东质押比例低于10%的上市公司仅占上市公司总数的8.21%。另外，在2003~2018年间，有17.6%的上市公司股价曾跌破平仓线，19.2%上市公司质押期间最低股价距离质押平仓线仅有0~20%的下跌空间，而距平仓线60%以上的上市公司约占11.3%。可见，股权质押风险逐渐积聚且不容忽视。

对于控股股东来说，一旦质押后股价跌至警戒线，控股股东需及时补充质押物或资金；如果股价持续下跌触及平仓线，控股股东就会面临被迫变卖股票甚至丧失对上市公司控制权的风险，从而影响控股股东的控制权收益（不仅是所质押的股票，还可能要损失身为控股股东的其他私人利益）。

对于上市公司来说，控股股东股权质押并不改变其对公司的控制权，在现金流权与控制权分离的情况下，控股股东仅仅承担现金流权部分的成本就可以通过占用上市公司资金以及关联交易等行为来转移公司资产，导致公司资金短缺且盈利能力下降；另外，当股价下跌触及平仓线时，控股股东在有融资的情况下往往会选择放弃这部分股权套利出逃，从而加剧上市公司股价的下行压力，给上市公司带来巨大的流动性损失。

对于金融机构（质押方）来说，如果控股股东在股价触及平仓线时不愿意补仓，选择放弃质押股份以获取高出股价的部分盈利，此时因股价下跌而产生的市场风险就转嫁给了接受质权的金融机构。据Wind数据显示，2019年A股上市券商计提信用减值损失合计193.40亿元，较2018年同比增长30.18%，占2019年累计净利润的比例高达19.02%，而券商信用减值损失的重要原因就是股票质押式回购资金融入方违约导致的减值准备计提。

股权质押作为A股市场中的重要事件，引来了监管层、学界和业界的一致关注。高比例质押或平仓压力大的控股股东可能面临更多的解押压力，一旦发生风险事件，不仅控股股东可能面临控制权转移的风险，上市公司也会面临较大的流动性损失，更有可能加剧市场下跌并引发系统性风险。

随着上市公司股权质押问题的不断凸显，股权质押已经成为悬在上市公司头顶的"达摩克利斯之剑"。为化解上市公司股权质押风险，监管层果断出手、应对政策频出。2018年10月以来，国务院推出"政策组合拳"，鼓励国资、券商、保险、地方政府等设立资管计划或纾困基金，规模高达8000亿元，用于化解股权质押风险。2020年10月9日，国务院印发《关于进一步提高上市公司质量的意见》，提到要"积极稳妥化解上市公司股票质押风险"。

综上所述，我国监管层对股权质押风险高度重视。在国家提出要积极稳妥化解上市公司股权质押风险的背景下，系统研究控股股东股权质押背后隐藏的动机以及厘清股权质押对股价崩盘风险的影响机理十分必要。为什么控股股东会"铤而走险"，宁愿冒着失去控制权的风险也要质押股权？股权质押引发的非系统性风险是否因为质押背后隐藏的控股股东的动机所带来的？如何抑制股权质押带来的风险？对这些问题的回答有利于理解控股股东股权质押与上市公司非系统性风险的内在关联，通过政策的修订与完善，进一步加强对股权质押风险的监管，推动上市公司与股票市场的健康发展，为相关政策的出台提供理论依据。

1.1.2 理论背景

1. 股权质押是近年来研究关注的热点

近年来，股权质押逐渐引起了国内外学术界的广泛关注，取得了丰硕的研究成果，相关内容涉及公司内部人质押股权的动因分析以及股权质押行为带来的经济后果。

（1）关于股权质押动因分析的研究。关于股权质押动因分析的实证研究可以分为三类：融资约束、市场择时与对冲动机。其中，以融资约束最为丰富，大部分研究认为公司内部人由于自身融资约束从而质押他们持有的上市公司的股份来解决自身资金短缺问题（艾大力和王斌，2012；王斌等，2013；郑国坚等，2014；Li et al.，2020）。从市场择时动机来看，股权质押本质是将股票作为质押品从银行等债权人处获得资金的一种信贷融资行为，但其质押物却为上市公司的股权，质押物的价值受股价波动影响,因此股票错误定价和信贷政策(徐寿福等,2016)、投资者情绪(黄宏斌等,2018)、经济政策的不确定性(程晨和陈青,2020)等都会影响股东进行股权质押的意愿和规模。有学者研究发现公司内部人质押股票还有规避上市公司预期未来业绩下滑或未来股价不确定性带来的风险的目的,即"对冲"动机(Shen, Wang & Zhou, 2021; Larcker & Tayan, 2010; Fabisik, 2019),但基于这一视角的研究以国外成果为主,结合我国特殊制度背景的研究相对匮乏。

(2)关于股权质押经济后果的研究。股权质押会带来怎样的经济后果,是股权质押领域研究的重点问题,且取得了较为丰富的成果。虽然现有研究还未达成一致的结论,但从总体上看,以负面经济后果为主,而关注股权质押正面经济后果的研究成果相对较少。

关于股权质押的正面经济后果,一些研究发现股权质押可以提高公司价值(王斌等,2013;Li, Liu & Scott, 2019;宋岩和宋爽,2019)、缓解上市公司的融资约束(Cheng, Liu & Sun, 2020)、减少公司的债务成本(Puleo et al., 2021)、提高会计信息可比性(田高良等,2020)、抑制上市公司的应计性盈余操纵和大股东掏空行为(谭燕和吴静,2013;王斌和宋春霞,2015)、提高企业的资本结构动态调整速度(邓卫红,2020)。总体来看,相对于硕果累累的负面经济后果,关于股权质押正面经济后果的成果还寥若晨星、屈指可数。

至于股权质押的负面经济后果,按研究逻辑和视角划分,可以将文献分为三类:一是质押物本身违约风险视角,即外生股价频繁变化增加了股权质押的违约风险;二是大股东掏空视角,即质押后两权分离为大股东掏空创造条件;三是伪市值管理视角,即为避免控制权转移进而操纵市值管理维持股价。

其中,以"为避免控制权转移进而操纵市值管理维持股价"的伪市值管理视角对股权质押负面经济后果进行探讨的研究最为丰富,研究内容包括但不限于干预上市公司信息披露(王秀丽、齐荻和吕文栋,2020;Zhao et al., 2019)、向上操纵盈余(谢德仁、廖珂和郑登津,2017;陈德萍和陆星廷,2017)、开展并购活动以进行市值管理和提升股价,然而其经营绩效在并购后续年度显著下降（廖珂、谢德仁和张新一，2020）、利用股票高送转、股权回购等股利分配政策来迎合市场非理性从而帮助拉抬股价进行伪市值管理（Chan et al. 2018；廖珂、崔宸瑜和谢德仁，2018）、抑制企业创新（Pang & Wang，2020；姜军、江轩宇和伊志宏，2020）。上述研究表明，股权质押后，控股股东主要关注的不是公司的经营活动，而是公司的股价，这种追逐短期股价的操纵性市值管理行为并没有实现真正的价值创造，不利于上市公司的长远发展。

以"股权质押本身违约风险"视角探讨股权质押经济后果的研究主要从股票市场和债券市场两方面考察，认为股权质押加大了上市公司股票回报的尾部风险和波动（Dou et al.，2019；Anderson & Puleo，2020；Chauhan et al.，2021）、推升了公司债券的融资成本（欧阳才越、谢妍和熊家财，2018；张雪莹和王聪聪，2020；储溢泉和倪建文，2020）。

从"大股东掏空"的视角探讨控股股东股权质押经济后果的研究认为股权质押导致大股东两权分离，为其侵占上市公司和中小股东的利益从而获取控制权私人收益创造了条件，研究发现，股权质押增加了控制权的杠杆效应，强化了侵占效应，损害了公司价值（Chen & Hu，2007；郝项超和梁琪，2009；郑国坚、林东杰和林斌，2014），降低了上市公司现金持有水平（李常青、幸伟和李茂良，2018；Chou，Wang & Yang，2021），减少了现金股利分配（Li et al.，2020；翟士运、孙兰兰和古朴，2020；Xu & Huang，2021）。

综上所述，虽然股权质押负面经济后果的文献数量较多，涉及的研究视角也较为丰富，但现有文献更多的是从"为避免控制权转移进而操纵市值管理维持股价"的伪市值管理视角对股权质押的经济后果进行探讨，而从大股东掏空视角和质押物本身违约风险视角探讨股权质押经济后果的研究较少，可见，这两类研究尚未引起足够重视，相关证据还十分有限，需要进一步补充。

2. 股价崩盘风险的理论框架日渐成熟

现有文献关于股价崩盘风险的理论解释主要基于公司内部人和外部投

资者之间的信息不对称，认为股价崩盘风险根源于公司管理层对公司内部坏消息的囤积。随着时间的推移，公司内部隐藏的负面消息不断积累，企业股票的市场价格与内在价值偏离程度不断升高，当企业内部囤积的坏消息达到某个阈值无法再隐藏时，负面消息的集中释放会引发个股价格崩盘（Jin & Myers，2006；Hutton, Marcus & Tehranian，2009）。

当前股价崩盘风险的研究热点仍聚焦于其影响因素研究，具体包括治理结构、管理层特征、信息披露与外部利益相关者等因素，都会影响上市公司股价崩盘风险，其中，以信息披露和管理层特征方面对股价崩盘风险影响的研究最为丰富。

从信息披露方面来说，会计信息质量（Kim & Zhang，2014；Khurana et al.，2018；钟宇翔和李婉丽，2019）、会计稳健性（Kim & Zhang，2016）、年报文本特征（周波、张程和曾庆生，2019；Kim, Wang & Zhang，2019）、内部控制信息披露水平（Chen et al.，2017；蒋红芸和王雄元，2018）等因素能够影响上市公司股价崩盘风险。从管理层特征方面来说，CEO 的管理特质及风格（Kim et al.，2016；Cui et al.，2019；Mamun et al.，2020）、管理层薪酬激励（Kim et al.，2011；Jia，2018；Sun et al.，2019）都在不同程度上影响了上市公司股价崩盘风险。最后，现有关于外部利益相关者（尤其是分析师、媒体）如何影响股价崩盘风险的研究文献仍未形成统一的研究框架。一类研究认为分析师和媒体有助于缓解信息不对称，在信息处理、传播及监督方面发挥积极作用，降低股价崩盘风险（Kim, Lu & Yu，2019；罗进辉和杜兴强，2014；An et al.，2020）；另一类研究认为分析师预测和媒体关注对内部人施加了业绩压力，导致他们因职业担忧和个人财务收益而囤积坏消息，增加股价崩盘风险（Aman，2013；许年行等，2012；Xu et al.，2017；韩艳锦等，2021）。

3. 股权质押与股价崩盘风险关系的理论探讨不断深入

关于股权质押与股价崩盘风险关系的研究，现有结论并不统一。

一些研究认为股权质押与股价崩盘风险无关。李、刘和斯科特（Li, Liu & Scott，2019）发现控股股东股权质押后公司价值明显提高，且不会引发股价崩盘风险。荆涛、郝芳静和栾志乾（2019）也认为单纯的股权质押行为对股价崩盘风险没有影响。

大部分文献表明股权质押增加了上市公司股价崩盘风险，但研究视角各有不同。第一类研究从股权质押本身的违约风险视角出发，认为外生股价的大幅下跌可能导致追加保证金通知和强制抛售被质押股票，增加了股权质押的违约风险，进而加大了上市公司股票回报的尾部风险和波动（Dou et al.，2019；Anderson & Puleo，2020；Chauhan et al.，2021）。第二类研究从操纵性市值管理的视角发现控股股东股权质押后，为避免控制权转移风险，会通过应计性盈余管理等信息披露操纵方式进行伪市值管理，进而降低质押期间的股价崩盘风险（谢德仁、郑登津和崔宸瑜，2016）。而邵剑兵和费宝萱（2020）认为控股股东股权质押后为避免控制权转移风险进行真实盈余管理，增加了股价崩盘风险。第三类研究从投资者情绪视角出发，认为股权质押引发股价崩盘的根本原因在于市场信息环境不透明引发的投资者猜测和恐慌，而不在于股权质押背后的利益侵占或盈余管理（夏常源和贾凡胜，2019）。

4. 现有研究的局限性

对相关理论成果分析发现，现有研究在以下方面仍存在明显不足。首先，鲜有文献研究公司内部人股权质押是否以及如何通过"对冲效应"影响上市公司决策与行为，未能有效揭示对冲效应的路径机理。尽管有学者认为上市公司内部人质押股票的目的是对冲公司风险（Shen，Wang & Zhou，2021；Larcker & Tayan，2010；Fabisik，2019），但也仅仅在案例分析层面或影响因素实证研究中有所涉及，理论分析不够系统深入，且在股权质押的经济后果研究中，鲜有考虑公司内部人的对冲动机。其次，鲜有文献从控股股东的"掏空"动机视角出发实证检验控股股东股权质押对上市公司股价崩盘风险的影响。在控股股东股权质押与上市公司股价崩盘风险的现有研究中，尽管谢德仁、郑登津和崔宸瑜（2016）以及夏常源和贾凡胜（2019）对控股股东股权质押的"掏空效应"进行了理论分析，但在实证检验中未能得到有效验证，甚至夏常源和贾凡胜（2019）认为股权质押引发股价崩盘的根本原因不在于股权质押背后的利益侵占。另外，在股权质押相关研究中，鲜有文献将质押特征（如期限、次数、平仓压力等）考虑进来。最后，现有关于外部利益相关者（尤其是分析师、媒体）如何影响股价崩盘风险的研究文献仍未形成统一的研究框架，研究结论不一。

本书基于上述现实与理论背景，着眼现有研究的局限，重点从控股股东的"对冲"动机和"掏空"动机视角，研究控股股东股权质押通过"对冲效应"和"掏空效应"对上市公司股价崩盘风险的影响，并进一步探讨质押特征和公司内外部信息环境对控股股东股权质押与上市公司股价崩盘风险之间关系的影响，旨在为控股股东股权质押如何影响上市公司股价崩盘风险提供理论分析和实证证据。

1.2 研究问题与意义

1.2.1 研究问题

基于以上实践背景中提出的现实问题和现有研究的局限性，本书将具体研究以下问题。

1. 控股股东股权质押是否通过"对冲效应"和"掏空效应"影响上市公司股价崩盘风险[①]

根据不完全信息理论，控股股东尽管作为公司内部人具有一定的信息

---

① 2012年，美国机构股东服务公司（Institutional Shareholder Services Inc.）提出股权质押可作为公司高管对冲或货币化策略的一部分，即允许高管免受公司股票带来的经济风险敞口。美国证券交易委员会（2018）把对冲交易定义为"……对冲或抵消，或旨在对冲或抵消作为薪酬授予的或直接或间接由员工或董事持有的股票证券的市场价值的任何下降"。本书对于"对冲"的定义与沈、王、周（Shen, Wang & Zhou, 2021）以及拉克、塔扬（Larcker & Tayan, 2010）和法比斯克（Fabisik, 2019）中的定义相似，即规避上市公司预期未来业绩下滑或未来股价不确定性带来的风险。不同于金融学中关于"对冲"的传统概念，在金融学中，对冲一般是指同时进行两笔行情相关、方向相反、数量相当、盈亏相抵的交易。但本书的"对冲"和金融学中的"对冲"的相同点在于本质都是锁定收益、规避风险。

优势,但注意力有限不能掌握所有的信息,对潜在坏消息导致的公司未来状况及公司价值认知模糊(Jiang, Lee & Zhang, 2005; Zhang, 2006),这种信息不确定性大大增加了控股股东的自身风险。现有文献表明美国公司内部人可以用股权质押来对冲上市公司股票带来的经济风险敞口(Shen, Wang & Zhou, 2021; Larcker & Tayan, 2010),那么,中国控股股东股权质押是否也能冲销上市公司信息不确定性给控股股东带来的自身风险损失?这种规避自身风险损失的对冲行为是否会对上市公司的股价崩盘风险产生影响呢?

控股股东质押股权后,相应的现金流权被暂时冻结,但控制权仍被保留在股东自己手中,质押期间控股股东的现金流权明显小于控制权,股权质押强化了控股股东的掏空效应(郝项超和梁琪,2009;郑国坚等,2014)。现有文献表明现金流权与控制权的分离破坏了公司信息质量,控股股东更倾向于隐瞒不良信息以掩盖机会主义行为,增加了上市公司股价崩盘风险(Boubaker et al., 2014; Hong et al., 2017)。那么,控股股东股权质押是否会通过"掏空效应"对上市公司股价崩盘风险产生影响呢?

另外,现有文献表明解释股权质押活动的重要因素包括质押比例、质押期限及平仓压力等(李常青和幸伟,2017; Dou et al., 2019; Li et al., 2020)。那么,这些质押特征是否基于对冲效应和掏空效应对上市公司的股价崩盘风险产生不同的影响呢?

基于这样的考虑,本书实证的第一部分便运用不完全信息理论、信息不对称理论和委托代理理论,理论分析控股股东股权质押的"对冲效应"和"掏空效应"对上市公司股价崩盘风险的影响,实证检验控股股东股权质押与上市公司股价崩盘风险之间的关系,并进一步探讨质押特征(如比例、期限、平仓压力等)对股价崩盘风险的影响,形成控股股东股权质押与上市公司股价崩盘风险关系的系统性认识,为接下来三个问题的研究奠定理论基础。

2. 控股股东股权质押如何通过"对冲效应"和"掏空效应"影响上市公司股价崩盘风险

（1）控股股东股权质押如何通过"对冲效应"影响上市公司股价崩盘风险？

在对第一个问题研究的基础上，本书第二个研究问题进一步从控股股东的"对冲"动机视角探讨控股股东股权质押的"对冲效应"影响上市公司股价崩盘风险的路径机理。根据之前的论述，本书认为控股股东股权质押在一定程度上可以反映控股股东由于接收到的信息不确定而采取的对冲自身风险行为，而这种对冲行为又会使得控股股东累积坏消息，从而影响上市公司的股价崩盘风险。换句话说，控股股东股权质押与股价崩盘风险之间的关系可能会随着上市公司信息不确定性程度的不同而发生变化。除了从理论分析的角度来推导控股股东股权质押的"对冲效应"对上市公司股价崩盘风险的影响机制，本研究还需要从实证层面进一步证明"对冲效应"的存在。

蒋、李和张（Jiang, Lee & Zhang, 2005）将信息不确定性定义为"价值模糊或即使是最有见识的投资者也无法合理估计公司价值的程度"[①]。张（Zhang, 2006）将信息不确定性定义为"新信息对公司价值的影响的模糊性"[②]。由于上市公司信息不确定性很难直接进行度量，本书从可能反映信息不确定性的代理变量出发，进一步提供更多的控股股东股权质押的"对冲效应"对上市公司股价崩盘风险影响机理的证据。上市公司未来业绩的信息主要来源于分析师和管理层两个方面（纪新伟和宋云玲，2011），现有文献表明分析师预测分歧度和 MD&A 描述性风险信息都在一定程度上反映了上市公司信息不确定性（Lu et al., 2010；Chen et al., 2014）。

基于这样的考虑，本书实证的第二部分便以分析师预测分歧度和 MD&A 描述性风险信息两个方面反映上市公司信息不确定性，实证检验信

---

① 参见姜国华、查尔斯·M·C 李（Guohua Jiang, Charles M. C. Lee）和张衣（Yi Zhang）于 2005 年在《会计研究综述》（Review of Accounting Studies）发表的论文。

② 参见张橹（Frank Zhang）于 2006 年在《金融学报》（Journal of Finance）发表的论文。

息不确定性对控股股东股权质押与上市公司股价崩盘风险关系的影响。通过上述理论和实证研究，回答本书第二个研究问题。

(2) 控股股东股权质押如何通过"掏空效应"影响上市公司股价崩盘风险？

在对第一个问题研究的基础上，本书第三个研究问题进一步从控股股东的"掏空"动机视角探讨控股股东股权质押的"掏空效应"影响上市公司股价崩盘风险的路径机理。根据之前的论述，本书认为股权质押导致直接控股股东两权分离，在一定程度上反映了控股股东的利益侵占，为控股股东隐瞒坏消息创造了条件与空间，增加了股价崩盘风险。换句话说，控股股东股权质押与股价崩盘风险之间的关系可能会随着控股股东掏空程度和成本的不同而发生变化。除了从理论分析的角度来推导控股股东股权质押的"掏空效应"对上市公司股价崩盘风险的影响机制，本研究还需要从实证层面进一步证明"掏空效应"的存在。

基于这样的考虑，本书实证的第三部分便以侵占型关联交易和上市公司成长机会分别衡量控股股东掏空的程度与成本，实证检验侵占型关联交易程度和上市公司成长机会对控股股东股权质押与股价崩盘风险关系的影响。通过上述理论和实证研究，回答本书第三个研究问题。

(3) 公司内外部信息环境会对控股股东股权质押与股价崩盘风险的关系产生怎样的影响？

在对前三个问题研究的基础上，本书第四个研究问题进一步探讨公司内外部信息环境对控股股东股权质押与上市公司股价崩盘风险之间关系的影响。根据信息不对称理论，信息不对称下负面信息的累积是股价崩盘风险的主要诱因。控股股东作为公司内部人相较于企业外部中小投资者具有一定的信息优势，外部投资者在缺乏可靠的质押信息披露下，难以及时了解质押背后及伴随质押产生的负面信息，这些负面信息可能被隐藏而未能有效地被股价反映出来。每个企业都嵌入在一个特定的内外部信息环境中，公司的信息披露行为会受到企业内外部信息环境的影响。当企业处在一个信息较透明的内外部环境中时，对冲动机和掏空动机较高的控股股东其隐瞒坏消息的行为是否也会受到抑制？也就是说，控股股东股权质押对上市公司股价崩盘风险的影响是否会随着企业内外部信息环境对企业囤积坏消息的差异而发生变化呢？

基于这样的考虑，本书实证的第四部分从内部控制、分析师跟踪和媒体关注三个方面研究内外部信息环境对控股股东股权质押与上市公司股价崩盘风险关系的调节效应，进而回答本书的第四个研究问题。

1.2.2 研究意义

1. 理论意义

（1）提供了控股股东股权质押影响上市公司股价崩盘风险的系统性经验证据，拓展了股权质押与股价崩盘风险关系的研究视角。当前关于股权质押与股价崩盘风险关系的系统研究仍较为有限，主要从质押股票本身的违约风险视角、操纵性市值管理视角和投资者情绪视角切入且研究结论并不统一。本研究的前期论文成果从控股股东的"对冲"动机和"掏空"动机视角出发，初步探讨了控股股东股权质押对上市公司股价崩盘风险的影响。本书在此基础上，理论分析并实证检验控股股东股权质押的"对冲效应"和"掏空效应"影响上市公司股价崩盘风险的路径机理，进一步探讨质押特征（如比例、期限、平仓压力等）对股价崩盘风险的影响，为理解控股股东股权质押背后隐藏的动机以及质押引发的上市公司风险提供了理论参考。

（2）将公司内部人的对冲动机纳入了股权质押经济后果研究的理论框架，为股权质押相关研究的开展提供了理论与方法借鉴。现有文献关于股权质押经济后果的研究，鲜有考虑公司内部人的对冲动机。尽管有学者认为美国上市公司内部人质押股票的目的是对冲公司风险，但也仅仅在案例分析或影响因素研究中有所涉及，理论分析不够系统深入。在我国，许多控股股东宁愿冒着失去控制权的风险也要通过高比例的质押获得远高于原始投资几十倍的资金进行套利出逃，这一现象背后隐藏的控股股东"对冲"动机目前缺乏理论支撑和系统深入的理论研究。本书从控股股东的"对冲"动机视角出发理论分析并实证检验控股股东股权质押对上市公司股价崩盘险的影响，有效揭示了对冲效应的路径机理，为未来研究公司内部人股权质押通过"对冲效应"影响上市公司的决策与行为提供一定的理论与借鉴。

（3）从控股股东掏空动机的视角，发现了控股股东股权质押导致股价崩盘风险的新路径。在关于控股股东股权质押与上市公司股价崩盘风险关系的文献中，例如，谢德仁、郑登津和崔宸瑜（2016）以及夏常源和贾凡胜（2019）尽管对控股股东股权质押的"掏空效应"进行了理论分析，但在实证检验中未能得到有效验证，甚至夏常源和贾凡胜（2019）认为股权质押引发股价崩盘的根本原因不在于股权质押背后的利益侵占。本书从控股股东的"掏空"动机视角理论分析并实证检验了控股股东股权质押的"掏空效应"影响上市公司股价崩盘风险的路径机理，提供了控股股东股权质押的"掏空效应"影响上市公司股价崩盘风险的直接经验证据，扩展了股权质押与股价崩盘风险关系的研究视角。

（4）将公司内外部信息环境纳入了控股股东股权质押与上市公司股价崩盘风险关系的理论框架。现有研究发现，内部控制质量能够制约管理层信息操纵行为，而关于外部利益相关者（尤其是分析师、媒体）如何影响企业内部囤积坏消息行为的研究结论不一。本书通过分析检验内部控制、分析师跟踪和媒体关注对控股股东股权质押与上市公司股价崩盘风险之间关系的调节作用，揭示了内外部信息环境如何约束控股股东机会主义行为，构建了一个包含内外部维度的综合框架来分析和解释质押活动。

2. 实践意义

（1）为我国"积极稳妥化解上市公司股票质押风险"提供了理论与经验依据。国家对股权质押风险高度重视，明确提出要"积极稳妥化解上市公司股票质押风险"。目前监管层推出"政策组合拳"，多路资金驰援资本市场，通过财务投资和战略投资提供流动性支持，帮助有发展前景的上市公司纾解股权质押风险。本书发现，控股股东股权质押很有可能是因为对上市公司的前景不是十分看好，通过质押进行套利出逃规避自身风险损失，进而将风险转嫁给上市公司和金融机构。本研究为国家帮助有发展前景的上市公司纾解股权质押风险的各项政策制定提供了理论参考，通过坚定不移地帮扶高质量上市公司、强化对控股股东恶意股权质押来变相套现行为的监管和打击力度,切断质押风险的传导,保障金融体系的安全。

(2) 为加强控股股东行为约束提供了新思路。如何约束控股股东不合理行为,防范股权质押可能导致的金融风险,成为市场监管部门的重要工作目标。我们发现,控股股东股权质押后在拥有融资额却两权分离的情况下很有可能做出掏空上市公司损害中小股东利益的行为,增加了上市公司的股价崩盘风险。该研究结论有利于更加深刻地理解控股股东行为及其背后动机对上市公司非系统风险的影响。未来应允许质权人(即金融机构)派驻代表行使对上市公司的各项经营投资决策的表决权和投票权,或者由那些没有被质押股票的股东们来进行表决,通过董事会、股东大会等程序约束控股股东的行为,以保护中小投资者的利益。

(3) 为加强股权质押的信息披露提供了一定的政策参考。上市公司股权质押公告中通常只披露股权质押的股份数量、日期等,对于股权质押的价格、质押率、平仓线、预警线、融资具体使用情况等缺乏披露。而这些未披露的信息恰恰使得外部投资者难以充分及时准确理解质押信息,无法识别控股股东背后隐藏的动机及上市公司的经营情况、偿债能力等。本书发现质押比例越高、期限越长、平仓压力越大,上市公司面临的未来股价崩盘风险就越高。细化股权质押的信息披露情况,增加上市公司控股股东股权质押的信息透明度,有利于投资者及时掌握控股股东股权质押的风险情况,为投资者回避投资风险创造条件,对切实保护中小投资者合法权益具有积极意义。

1.3 研究内容、方法与框架

1.3.1 研究内容

本书针对研究问题,共设计了 8 个章节,具体内容如下:

第1章 绪 论

第 1 章是绪论。本章在详述本研究的实践与理论背景基础上，明确了本书的研究问题，阐明了研究的理论与现实意义，概述了本书的研究内容、方法与研究框架。

第 2 章是文献综述。本章对与本研究密切相关的文献进行综述。具体包括五部分内容：第一部分在对股权质押概念界定及动机分析的基础上，从质押物自身违约风险视角、控股股东掏空视角和伪市值管理视角梳理股权质押经济后果的现有研究；第二部分介绍股价崩盘风险的概念界定和理论解释，并从公司治理、信息披露与外部利益相关者三个方面，综述股价崩盘风险影响因素的现有研究；第三部分对控股股东与股价崩盘风险关系的现有研究进行综述，指出现有研究的不足；第四部分从股权质押与股价崩盘风险关系的现有研究进行综述，指出现有研究的不足；第五部分对上述文献进行述评，分析并阐明现有研究不足和相关研究启示。

第 3 章介绍制度背景、理论基础与概念模型。在制度背景介绍中，首先对世界主要资本市场股权质押的规模及其监管规定进行比较分析，随后着重介绍我国股权质押的制度背景与市场发展情况。在理论基础的介绍中，主要阐述本研究涉及的经典基础理论，并说明相关理论在本研究过程中的具体应用。最后构建概念模型，具体包括介绍各模型要素的内涵并基于相关理论观点梳理模型要素之间的逻辑关系。

第 4 章基于不完全信息理论、信息不对称理论和委托代理理论，系统性理论分析控股股东股权质押的"对冲效应"和"掏空效应"对上市公司股价崩盘风险的影响，实证检验了控股股东股权质押与上市公司股价崩盘风险之间的关系，并进一步探讨质押特征（如比例、期限、平仓压力等）对股价崩盘风险的影响。此外，通过观察控股股东质押期结束后被质押公司面临的股价崩盘风险的变化和检验信息不透明的中介效应，进一步验证了股权质押促使有对冲动机和掏空动机的控股股东隐瞒坏消息，增加股权质押期间的股价崩盘风险的观点。本章研究结论将为第 5 章、第 6 章、第 7 章研究的开展奠定基础。

第 5 章基于不完全信息理论，从控股股东的"对冲"动机视角理论分析并实证检验了控股股东股权质押的"对冲效应"影响上市公司股价崩盘风险的路径机理。具体以分析师预测分歧度和 MD&A 描述性风险信息两个方面反映上市公司信息不确定性，探讨信息不确定性对控股股东股权质押与上市公司股价崩盘风险关系的影响。此外，通过检验质押政策变化、IPO 锁定协议、卖空和内部人减持的效应，进一步探讨股权质押与股价崩盘风险之间的关系是否会随着控股股东质押股票决策的成本和收益而变化。本章的实证结果为验证控股股东股权质押的"对冲效应"提供了直接的经验证据。

第 6 章基于委托代理理论，从控股股东的"掏空"动机视角理论分析并实证检验控股股东股权质押的"掏空效应"影响上市公司股价崩盘风险的路径机理。首先分别研究侵占型关联交易程度和上市公司成长机会对控股股东股权质押与上市公司股价崩盘风险关系的影响，再进一步探讨控股股东股权质押对上市公司现金股利分配的影响。此外，通过考察股权分散的上市公司其内部人股权质押行为对股价崩盘风险的影响，侧面验证控股股东股权质押的掏空效应。本章的实证结果将为验证控股股东股权质押的"掏空效应"提供直接的经验证据。

第 7 章基于信息不对称理论，研究上市公司内外部信息环境对控股股东股权质押与上市公司股价崩盘风险关系的影响。本章从内部控制、分析师跟踪和媒体关注三个方面分析其对控股股东股权质押与上市公司股价崩盘风险关系的调节效应。

第 8 章为结论与展望。本章归纳本书的主要研究结论，阐明本书的主要创新点，提出相关政策建议，指出研究中存在的局限性以及未来研究的方向。

1.3.2 研究方法

本书采用规范研究与实证研究相结合的方法。

规范研究贯穿全书，第 2 章文献综述部分主要使用规范研究方法，对现有相关文献进行回顾分析，指出目前研究的不足，以及获得的理论启示；第 3 章使用规范研究法对股权质押的国内外制度背景进行比较分析，随后，通过定性分析和理论分析明确了各个研究要素的内涵，构建本书的概念模型；最后，基于第 3 章构建的概念模型，本书在第 4 章至第 7 章运用规范研究方法，通过理论归纳与逻辑推演逐一得出本书的各个研究假设。

实证研究方面，本书第 4 章至第 7 章运用多种实证分析方法，包括描述性统计分析、均值差异 T 检验、相关性统计分析、多元回归分析（OLS 回归方法、Logit 回归方法及 Tobit 回归方法）、倾向得分匹配法（PSM）和多时点双重差分回归模型（Staggered DiD）等，各方法在书中的具体应用如下：

（1）倾向得分匹配法（propensity score matching method）。本书第 4 章至第 7 章的研究样本均基于 PSM 配对样本。倾向得分匹配法（PSM）是目前应用较为普遍的一种配对方法，可以用来有效控制样本选择性偏差，在一定程度上缓解内生性问题。本书的研究样本由质押公司和非质押公司组成，由于质押公司具有的某些共同特征可能导致两类样本存在系统性差异，从而导致研究结论可能受到样本选择性偏差问题的干扰。为了控制上述问题，本书在各实证章节均采用 PSM 配对样本（包括质押公司与匹配的非质押公司）对主要研究假设进行检验。

（2）多时点双重差分模型（staggered difference-in-differences model）。多时点双重差分模型是贯穿本书始终的最重要的实证分析方法。本书采用多时点双重差分模型，将时间段分成质押开始前期（pre-pledging benchmark period）、控股股东股权质押期间（$During = 1$）和质押结束后期（post-pledging benchmark period）三段，通过对比控股股东股权质押期间与基准期间，控制组公司与质押公司股价崩盘风险的差异是否显著，反映控股股东股权质押对上市公司股价崩盘风险的影响，有利于缓解内生性问题。本书在各实证章节均采用多时点双重差分模型对主要研究假设进行了检验。

（3）描述性统计分析。在对控股股东股权质押与上市公司股价崩盘风险进行回归分析之前，首先对回归中用到的每个变量进行统计分析，分析其均值、中位数、标准差、分位数等情况，了解变量的具体特征和样本的总体特征。

（4）单变量均值差异 T 检验。本书在第 4 章中运用均值 T 检验对比分析了质押公司和控制组公司在基准期和股权质押期内股价崩盘风险的单变量均值差异，初步验证倾向得分匹配的有效性、初步了解双重差分结果，为本书的研究问题得到初步的结论。

（5）相关性分析。它被用来衡量两个变量之间的线性相关程度。本研究主要采用 Pearson 和 Spearman 相关系数进行相关分析。相关分析可以显示本研究中所使用变量的基本线性关系，也可以研究潜在的多重共线性问题。

（6）多元回归分析（包括 OLS 回归方法、Logit 回归方法及 Tobit 回归方法）。根据因变量的数据形态，本书使用以下三种回归模型：如果因变量是负收益偏态系数等连续变量，则使用普通最小二乘法（OLS）模型进行回归；如果因变量是企业是否发放现金股利等虚拟变量，则使用 Logit 模型进行回归；如果因变量是现金股利支付比率等大于 0 却小于 1 的连续变量，则使用截尾回归模型 Tobit 模型进行回归，并设置 0 和 1 为截尾值。此外，考虑到横截面数据和时间序列数据的不同特征，本研究还将加入年份固定效应和行业固定效应来避免研究变量中潜在的共同趋势问题。为了保证研究结果的稳健性，本书将在所有回归分析中均对标准误进行公司层面的聚类处理。

1.3.3 研究框架

本书研究框架如图 1-2 所示。

第1章 绪　论

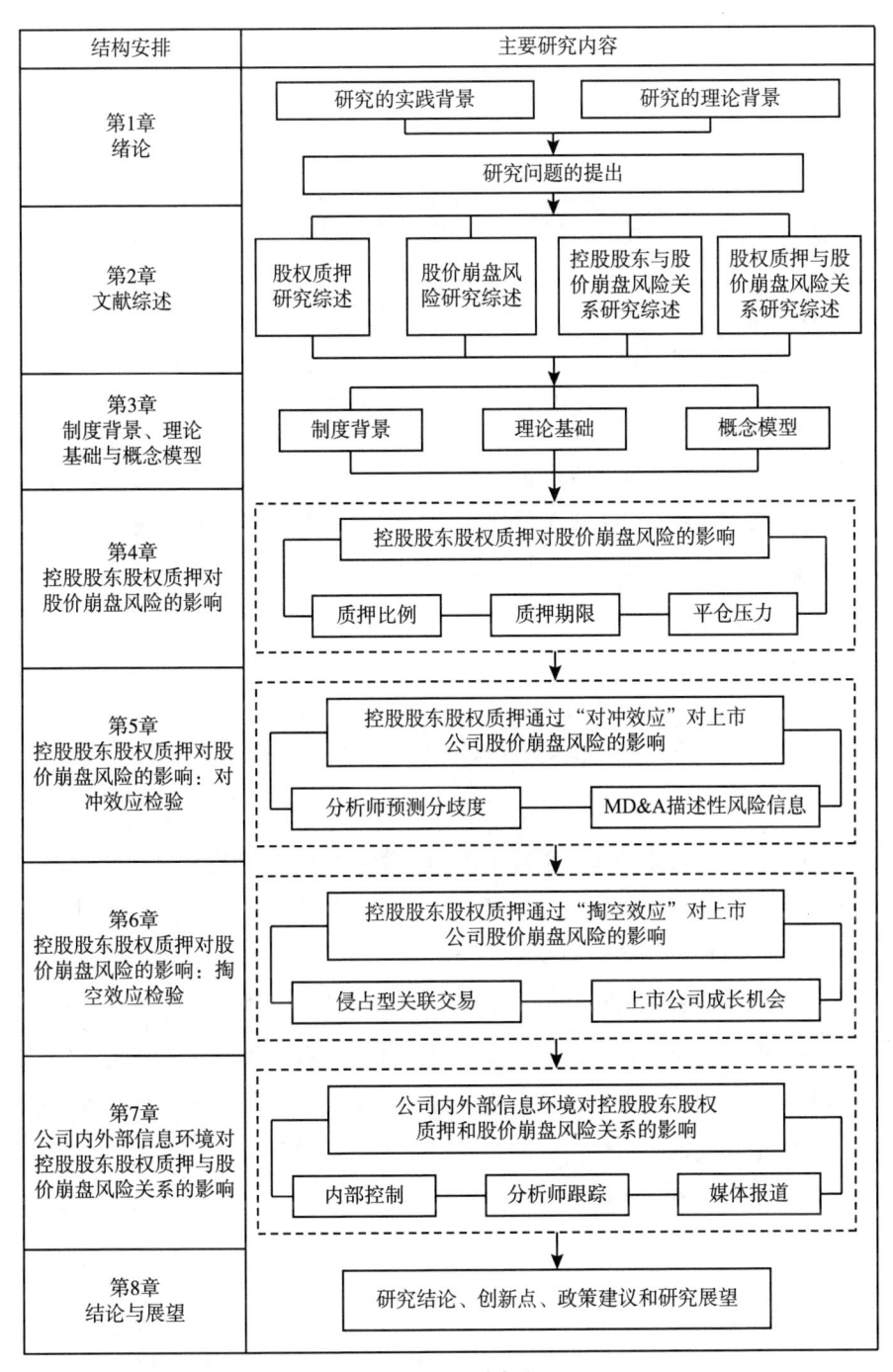

结构安排	主要研究内容
第1章 绪论	研究的实践背景　研究的理论背景 ↓ 研究问题的提出
第2章 文献综述	股权质押研究综述／股价崩盘风险研究综述／控股股东与股价崩盘风险关系研究综述／股权质押与股价崩盘风险关系研究综述
第3章 制度背景、理论基础与概念模型	制度背景　理论基础　概念模型
第4章 控股股东股权质押对股价崩盘风险的影响	控股股东股权质押对股价崩盘风险的影响 质押比例　质押期限　平仓压力
第5章 控股股东股权质押对股价崩盘风险的影响：对冲效应检验	控股股东股权质押通过"对冲效应"对上市公司股价崩盘风险的影响 分析师预测分歧度　MD&A描述性风险信息
第6章 控股股东股权质押对股价崩盘风险的影响：掏空效应检验	控股股东股权质押通过"掏空效应"对上市公司股价崩盘风险的影响 侵占型关联交易　上市公司成长机会
第7章 公司内外部信息环境对控股股东股权质押与股价崩盘风险关系的影响	公司内外部信息环境对控股股东股权质押和股价崩盘风险关系的影响 内部控制　分析师跟踪　媒体报道
第8章 结论与展望	研究结论、创新点、政策建议和研究展望

图1-2　研究框架

第 2 章 文献综述

本章在对现有文献综合述评的基础上，指出当前研究的不足，明确本书的研究方向。2.1 节对股权质押相关研究进行综述；2.2 节对股价崩盘风险的相关研究进行综述；2.3 节综述控股股东与股价崩盘风险关系的现有文献；2.4 节综述股权质押与股价崩盘风险关系的相关成果；2.5 节为文献述评与研究启示。

2.1　股权质押相关研究综述

近年来，股权质押逐渐引起了国内外学术界的广泛关注，取得了丰硕的研究成果。除中国存在股权质押行为外，其他国家和地区如美国、英国、印度、新加坡、澳大利亚等也存在公司内部人质押股权的行为，并发布了一系列的监管披露规定[①]。国外关于股权质押的研究主要着眼于从质押物自身的违约风险视角出发探索公司内部人股权质押对股票市场稳定性的影响，而国内的研究更多从大股东掏空和为避免控制权转移进而维持股价的伪市值管理视角关注控股股东股权质押对上市公司信息披露与企业决策的影响。为充分了解国内外研究现状，本章在对股权质押概念界定及动

---

① 参见 The Securities and Exchange Act of Taiwan (1997), the U. S. Securities and Exchange Commission (2006), the Securities and Exchange Board of India (2009), the U. K. Financial Services Authority (2009), and the Singapore Exchange (2011)。

因分析（融资约束、市场择时与对冲动机）的基础上，从质押物违约风险视角、控股股东掏空视角和伪市值管理视角梳理股权质押经济后果的研究文献，为后续章节奠定理论基础。

2.1.1 股权质押的概念界定

1. 股权质押的定义

股权质押是指出质人以其持有的股权作为质押标的物，从金融机构（如银行、信托、券商等）获得贷款的一种债务融资行为，其中，质押物的价值表现为股价。

股权质押合同一般包含以下三个重要指标：一是质押率，即出质人通过质押借到的资金与股票被质押前参考市值的比值（一般质押率为30%~60%）；二是融资成本，一般在4%~7%；三是警戒线和平仓线，即被质押股票的实际市值与借贷款项金额的比值，一般为120%~140%。虽然这些贷款通常是无追索权的，但当股价跌至警戒线时，质权人有权要求出质人追加保证金以弥补股价下跌造成的质押价值缺口，当股价持续下跌直至平仓线而出质人无法补仓时，质权人有权清算被质押股票，所得款项用于偿还本息，余额退还至出质人，不足部分由出质人清偿。

除此之外，证监会要求股东在质押股票的7天内（控股股东需在2天内）通知被质押公司有关股权质押情况，并要求公司在收到股东提交的有关股权质押的材料后7天内向证券交易所披露股权质押的详细情况。对于持股比例在5%以上的股东质押股份的，证监会要求公司在2~5个工作日内公告出质人、质权人、被质押公司、质押股份数量、质押起止日期等信息[①]，但出质人质押股票后所获得的贷款资金的使用情况不需要披露。

2. 股权质押的特点

（1）质押物为股权。相比于其他传统质押标的物，一方面，股票的流

---

① 虽然这些股权质押合同的条款可能有所不同，但这些合同通常是定期的，期限一般是1~5年。

动性强、透明度高、计价标准明确,质押物价值易评估,具有较强的担保功能,交易成本较低;另一方面,质押物的价值取决于股价的高低,股权亦具有易变现性,处置成本较低,当股价下跌时,质押物价值下降,金融机构可通过采用多种信用增强措施,如超额抵押、按市值计价、追加保证金等,将风险敞口降至最低,若股价持续下跌且出质人无法补足缺口,质权人可以迅速出售被质押股票,降低质权人承担的风险。

(2) 出质人保有被质押股权的控制权。与直接出售股票(减持)相比,当股东将股权用于质押时,一方面,被质押股权的控制权仍然归属于出质股东;另一方面,出质股东不需要承担任何纳税义务,甚至可以从利息支出中获得新的税收减免,而股东若通过出售股份(减持)获得资金,则需即时缴纳实际收益的 20% 或 25% 的税款(DeJong, Liao & Xie, 2019;Pang & Wang, 2020)。但一旦质权人将被质押股票清算出售,则出质股东失去相应的控制权。

(3) 质权人收取被质押股权产生的孳息。《中华人民共和国担保法》第 68 条规定:"质权人有权收取质物上产生的孳息。"股权质押会在一定程度上限制出质股东基于所有权(现金流权)的部分权力,在质押期间,出质股东无法获得股息,不能进行股权再融资以及与股权交易有关的其他活动。

2.1.2 股权质押的动因分析:融资约束、市场择时与对冲动机

由于公司内部人(如控股股东、董事、高管等)自身特征的相关数据较难获得,以往关于股权质押动机的讨论主要集中在定性分析,而直接经验证据相对较少。目前学术界关于股权质押影响因素的实证研究可以分为三类:融资约束、市场择时与对冲动机。

1. 融资约束

关于融资约束作为股权质押影响因素的研究成果主要分为两大类:一类研究认为公司内部人自身融资约束从而质押他们持有的上市公司的股份

来解决自身资金短缺问题（郑国坚等，2014；Li et al.，2020）；另一类研究认为上市公司面临融资约束导致公司内部人使用股份质押作为替代资金来源（Cheng et al.，2021）。

（1）公司内部人自身融资约束。一些文献认为大股东以其股权作为质押物换取资金的行为不仅彰显了其财务状况的好坏，也体现了其强烈的融资需求。艾大力和王斌（2012）发现大股东自身融资约束是其进行股权质押的驱动因素之一。郑国坚等（2014）也认为大股东的股权质押是其面临严重融资约束的信号。此外，本书的前期成果也验证了控股股东融资约束并把质押股票后借入的资金用于控股股东自身或由同一控股股东控制的其他公司，而非投入上市公司的投资经营活动（Li，Zhou，Yan & Zhang，2020）。

还有一些文献检验了大股东的产权性质对大股东股权质押行为的影响（王斌等，2013）。相比国有大股东，民营大股东面临的融资约束程度较大，越倾向于与银行等金融机构签订"质押对赌"协议进行股权质押融资，且质押率较高（王斌等，2013；谭燕和吴静，2013）。

（2）上市公司融资约束。程等（Cheng et al.，2021）的研究指出上市公司融资约束会导致公司内部人股权质押行为。以往文献表明高额股息支付和超额杠杆政策是公司内部人获得资金的主要途径（Chen et al.，2009；Huang et al.，2011；Liu and Tian，2012）。然而，股息支付和超额杠杆政策都受到上市公司融资约束的限制，比如，面临融资约束的公司通常避免向股东支付股利以保留收益（Almeida et al.，2004；Chae et al.，2009）。由于难以使用股息和杠杆从融资约束的上市公司获取资金，公司内部人有动机将其股权质押作为获得流动性资金的替代途径（Cheng et al.，2021）。

2. 市场择时

一些文献从外部市场环境的角度考察了市场择时对大股东股权质押决策的影响（徐寿福等，2016；黄宏斌等，2018；程晨和陈青，2020）。

由于质押物为上市公司的股权，质押物的价值受股价波动影响，因此股票错误定价和信贷政策都会影响股东股权质押的意愿和规模（徐寿福等，2016）。黄宏斌等（2018）从投资者情绪视角发现控股股东倾向于在投资者情绪高涨期进行股权质押融资。程晨和陈青（2020）发现经济政策不确定性也会影响管理层股权质押融资行为。

3. 对冲动机

近年来，逐渐有学者研究发现，除融资约束和市场择时外，公司内部人质押股票还有规避上市公司风险的目的，即对冲动机。目前这一动机主要以美国管理层为研究对象且研究成果相对较少（Shen, Wang & Zhou, 2021；Larcker & Tayan, 2010；Fabisik, 2019）。

美国证券交易委员会（2018）把对冲交易定义为"对冲或抵消，或旨在对冲或抵消作为薪酬授予的或直接或间接由员工或董事持有的股票证券的市场价值的任何下降"。2012年，美国机构股东服务公司（Institutional Shareholder Services Inc.）[①] 提出股权质押可作为公司高管对冲或货币化策略的一部分，即允许高管免受公司股票带来的经济风险敞口。

拉克和塔扬（Larcker & Tayan, 2010）以美国上市公司为研究对象发现质押股票是公司内部人对冲公司风险的手段之一。法比斯克（Fabisik, 2019）也表明股权质押可以使CEO规避上市公司预期未来业绩下滑或未来股价不确定性带来的风险。

沈、王和周（Shen, Wang & Zhou, 2021）实证检验了美国公司内部人股权质押行为的影响因素，发现面临更大风险的公司内部人往往倾向于质押公司股票，且公司股票的可质押性越强、公司治理质量越弱，公司内部人质押股票的倾向及其质押率越大。沈、王和周（Shen, Wang & Zhou, 2021）的研究认为由于管理层承担了公司特有的风险，因此风险厌恶的公司内部人会利用股权质押来对冲风险。此外，本书的前期论文成果以结果为导向，发现控股股东利用质押获得的资金来规避上市公司潜在坏消息不

---

① 机构股东服务公司（ISS）是一家代理咨询公司。拥有多家公司股份的对冲基金、共同基金和类似机构向ISS支付费用，让其就股东投票提供建议（并经常为其股份投票）。它是此类公司中最大的一家，拥有超过61%的业务。

确定性带来的风险损失，采用实证方法检验了中国控股股东股权质押背后隐藏的对冲动机（Zhou，Li，Yan & Lyu，2021）。

表 2-1 对股权质押影响因素文献的主要观点进行了简要汇总和概述。

表 2-1 股权质押影响因素文献结论概述

研究视角	主要观点	代表性文献
融资约束	公司内部人自身融资约束从而质押他们持有的上市公司的股份来解决自身资金短缺问题	王斌等（2013）；谭燕和吴静（2013）；郑国坚等（2014）
	上市公司面临融资约束导致公司内部人使用股份质押作为替代资金来源	程等（Cheng et al.，2020）
市场择时	大股东股权质押意愿和规模受到股价估值水平和信贷市场资金供给水平的影响，具有双重择时动机	徐寿福等（2016）
	控股股东倾向于在投资者情绪高涨期进行股权质押融资	黄宏斌等（2018）；程晨和陈青（2020）
对冲动机	质押股票是公司内部人对冲公司风险的手段之一	沈、王和周（Shen，Wang & Zhou，2021）；周、李、鄢和吕（Zhou，Li，Yan & Lyu，2021）

2.1.3 股权质押的正面效应

股权质押既有价值属性也有风险属性（Chen & Kao，2011）。至于股权质押的经济后果和伴生现象，虽然现有研究还未达成一致的结论，但从总体上看，以负面效应为主，而关注股权质押的正面效应的研究成果相对较少。目前认为股权质押有正面经济后果的研究主要持有以下两种观点：一是股权质押向市场传递了公司内部人对公司未来股价充满信心的积极信号（Li，Liu & Scott，2019；Chen & Hu，2018）；二是股权质押使公司内部人与中小股东的利益保持一致（王斌等，2013；Li，Liu & Scott，2019）。

1. 股权质押与公司价值

现有文献表明股权质押通过两种机制增加公司价值：一是通过向市场

传递积极信号；二是通过协调公司内部人与中小股东的利益。

马格拉贝（Margrabe，1978）构建了包括以股票为质押物在内的保证金贷款估值模型，认为保证金贷款其实是看涨期权的变体，其上行潜力持续，而下行风险有限。当公司内部人以股票作为质押物来获得资金，这表明内部人持有公司未来现金流高于预期或风险水平较低的正面私人信息，因为他们可以从中赚取异常利润以抵消其较高的特质风险敞口（Dou et al.，2019）。因此，股权质押向市场提供了一个强有力的信号，表明内部人对当前公司估值被低估的看法和对未来公司前景乐观的信心（Li，Liu & Scott，2019；Chen & Hu，2018）。

此外，公司内部人选择以股权担保贷款筹集资金而非出售减持股份，这表明质押股票的内部人重视控制权和公司的长期价值，而不仅仅只追逐短期的股价升值（De Jong et al.，2019）。尤其对于控股股东而言，股价大跌可能引发追加保证金通知，甚至已质押股票被强制清算从而失去控制权，控股股东有动机将公司股价最大化，而这种动机可以激励控股股东注重长期效益、抑制控股股东的短视行为。因此，股权质押有助于使控股股东的利益与中小股东的利益保持一致，阻止控股股东以牺牲中小股东的利益为代价进行侵占（王斌等，2013；Li，Liu & Scott，2019）。

李、刘和斯科特（Li，Liu & Scott，2019）以中国上市公司为研究对象实证检验了以上两种传导机制，发现控股股东股权质押提高了公司价值。王斌等（2013）认为大股东质押股权后更有动机改善公司的经营业绩。宋岩和宋爽（2019）发现控股股东股权质押后更加关注企业的发展，促进了公司价值创造和价值实现。辛格（Singh，2018）利用印度股权质押的数据将贷款用途进行分类，发现若内部人将其贷款资金用于上市公司，则有助于缓解上市公司的现金流问题，增加公司价值。此外，陈和胡（Chen & Hu，2018）的研究也表明美国内部人股权质押公告披露后一年异常股票收益显著为正，且实证检验了质押股票被强制出售后股价并没有大幅下跌，不会给股东带来下行风险。

2. 股权质押的其他积极效应

陈和高（Chen & Kao，2011）研究了股权质押对台湾银行绩效的影响，发现股权质押的风险（价值）属性提高（降低）银行效率，但降低（增加）银行利润。普雷奥等（Puleo et al., 2021）检验了美国股权质押对债券定价的影响，认为股权质押减少了公司的债务成本，债券收益利差显著下降。何贵华、廖珂和谢德仁（2021）发现大股东股权质押后，作为质权人的券商资金中介部门更有动力收集出质人公司的私有信息并将信息流动到研究部门，从而提高了质权人券商分析师对出质人公司盈利预测的准确度。还有一些文献认为控股股东股权质押后缓解了上市公司的融资约束情况（Cheng, Liu & Sun, 2020）、提高了企业的资本结构动态调整速度（邓卫红，2020）、增强了投资者关系管理水平（马连福和张晓庆，2020），支持了股权质押的积极效应。

表2-2对股权质押积极后果研究文献的主要观点和结论进行了概述和汇总。

表2-2　　　　　　　股权质押积极后果研究文献结论概述

研究内容	主要观点	代表性文献
公司价值	股权质押提高了公司价值、改善了公司经营与业绩、促进了公司价值创造和价值实现	李、刘和斯科特（Li, Liu & Scott, 2019）；王斌等（2013）；宋岩和宋爽（2019）
	股权质押公告的市场反应更为积极	陈和胡（Chen & Hu, 2018）
其他	股权质押减少了公司的债务成本	普雷奥等（Puleo et al., 2021）
	控股股东股权质押后缓解了上市公司的融资约束	程、刘和孙（Cheng, Liu & Sun, 2020）
	控股股东股权质押提高了资本结构动态调整速度	邓卫红（2020）
	控股股东股权质押增强了投资者关系管理水平	马连福和张晓庆（2020）
	大股东股权质押提高了质权人券商分析师对出质人公司盈利预测的准确度	何贵华、廖珂和谢德仁（2021）

2.1.4 股权质押的负面效应：违约风险、掏空、伪市值管理视角

现有关于股权质押的经济后果主要以负面效应为主，按照研究逻辑和视角划分，股权质押的负面经济后果可以分为以下三类：一是质押物本身违约风险视角，即外生股价频繁变化增加了股权质押的违约风险；二是大股东掏空视角，即质押后两权分离为大股东掏空创造条件；三是伪市值管理视角，即为避免控制权转移进而操纵市值管理维持股价。其中，以"为避免控制权转移进而操纵市值管理维持股价"的伪市值管理视角对股权质押负面经济后果进行探讨的研究最为丰富。

1. 股权质押本身违约风险视角

这一方面的研究主要从股权质押自身特征出发探讨股权质押对股票市场稳定性和股东财富的影响。持这类观点的学者认为外生股价的大幅下跌可能导致追加保证金通知和强制抛售被质押股票，增加了股权质押的违约风险，进而加大了上市公司股票回报的尾部风险和波动（Dou et al.，2019；Anderson & Puleo，2020；Chauhan et al.，2021）。

股权质押是一种以公司股票为担保的保证金贷款，股价的变化直接影响其质押物的价值。由于二级市场的股票价格变化频繁，若股价大幅下跌至平仓线，质权人有权清算被质押股票来解决贷款。然而，债权银行强行抛售被质押股票，增加了二级市场的卖出指令，加剧了上市公司股价的下行压力。因此，股权质押的违约风险很容易由股价的频繁变动引发，从而加剧股价波动，损害股东财富（Dou et al.，2019；Anderson & Puleo，2020；Chauhan et al.，2021）。

窦等（Dou et al.，2019）以我国台湾地区的政策监管变化和 2008 年金融危机作为外生事件，指出股权质押加剧了股价的下行压力，扩大了股票回报的左尾分布，降低了公司价值。Anderson 和 Puleo（2020）、Chauhan 等（2021）从股权质押本身的违约风险视角出发，分别检验了美国和印度

公司内部人股权质押与股票回报波动率的正相关关系。徐、张、李和王（Xu，Chang，Li & Wang，2019）指出 2015 年中国股市危机引发的质押股票强制清盘导致股价崩盘风险的上升。此外，王和周（Wang & Chou，2018）发现我国台湾地区的监管改革减少了股权质押的供给和激励后，质押公司的股票回报显著提高。

除对股票市场的影响外，也有一些文献从股权质押引发的信用风险视角研究了控股股东股权质押对其他利益相关者（如债券持有者、供应商）的影响。由于股票的价值波动带来的各种不确定性，控股股东股权质押增加了自身的信用风险，债券投资者会对上市公司发行的债券要求更高的信用利差予以风险补偿，从而推升了公司债券的融资成本（欧阳才越、谢妍和熊家财，2018；张雪莹和王聪聪，2020；储溢泉和倪建文，2020）。蒋、夏和郑（Jiang，Xia & Zheng，2021）也认为控股股东的股权质押削弱了企业的偿债能力，增加了供应商的预期信用风险，加剧了股东与作为信贷提供者的供应商之间的利益冲突，从而导致企业从供应商获得贸易信贷的难度加大。

2. 大股东掏空视角

这一方面的研究主要从大股东掏空的视角探讨控股股东股权质押对公司价值和公司决策的影响。持这类观点的学者认为股权质押导致大股东两权分离，为其侵占上市公司和中小股东的利益从而获取控制权私人收益创造了条件（郝项超和梁琪，2009；郑国坚、林东杰和林斌，2014；Li，Zhou，Yan & Zhang，2020）。

《中华人民共和国担保法》第 68 条规定："质权人有权收取质物上产生的孳息。"股权质押会在一定程度上限制大股东基于所有权（现金流权）的部分权力，无法获得股息，不能进行股权再融资等与股权交易有关的其他活动。而股权质押后其控制权仍然掌握在大股东自己手中，导致大股东的现金流权明显小于控制权，为了减轻自身风险和压力，大股东倾向于通过其控股地位对上市公司和中小股东进行"利益剥夺"，从而获取与其控制权不相匹配的"额外"私人收益。因此，控股股东股权质押会加剧大股东与中小股东之间的第二类代理冲突，损害中小股东及上市公司的利益，即"掏空效应"（Kao, Chiou & Chen, 2004；郝项超和梁琪，2009；郑国坚、林东杰和林斌，2014；Li, Zhou, Yan & Zhang, 2020）。

（1）股权质押与公司价值。

基于股权质押"掏空效应"的影响机理，股权质押后，控股股东的实际现金流权下降，共享利益减小，转移利润动机增强，且实际现金流权与控制权分离程度的加大，增加了控制权的杠杆效应，强化了控股股东的掏空动机，占款程度更高，损害了公司价值（Lee & Yeh, 2004；郝项超和梁琪，2009；郑国坚、林东杰和林斌，2014）。

此外，当质押股权价值下跌时，大股东将面临银行等金融机构处置其股权的风险或增加"额外"担保品的压力，这将驱动控股股东不合理地使用或转移公司资产来满足保证金需求，致使上市公司业绩下降（Kao, Chiou & Chen, 2004；Chen & Hu, 2007）。

（2）股权质押与公司决策。

股权质押后，控股股东的现金流权明显低于控制权，而现金及其等价物作为公司最具流动性的资产，很容易被控股股东异化为资源转移的对象（Fresard & Salva, 2010；罗琦和胡志强，2011）。本书的前期成果较早地从控股股东掏空视角对中国控股股东股权质押与上市公司现金股利分配之间的关系进行了检验[①]，认为控股股东股权质押后有动机有能力要求上市公司支付更低的现金股利以增加留存资金，方便其转移资产获取私人控制收益（Li, Zhou, Yan & Zhang, 2020）。随后，翟士运、孙兰兰和古朴（2020）以及徐和黄（Xu & Huang, 2021）的研究也支持了这一观点。此外，一些研究也表明由于控股股东"掏空"的原因，控股股东股权质押降低了上市公司现金持有水平（李常青、幸伟和李茂良，2018；Chou, Wang & Yang, 2021）。

---

① 尽管廖珂、崔宸瑜和谢德仁（2018）也研究了控股股东股权质押与上市公司股利政策选择，但廖珂、崔宸瑜和谢德仁（2018）主要从"为避免控制权转移进而操纵市值管理维持股价"的伪市值管理视角出发认为控股股东股权质押后要求上市公司利用股票高送转来迎合市场非理性从而帮助拉抬股价进行伪市值管理，与本书前期成果的研究视角与研究逻辑均不同。

除上述研究外，也有少数学者基于股权质押"掏空效应"的影响机理，探讨了股权质押对企业创新效率和企业银行贷款的影响。姜军、江轩宇和伊志宏（2020）认为控股股东股权质押行为加剧了控股股东的掏空动机，侵占了企业原本可用于创新投资的经济资源，显著降低了企业的创新效率。翟胜宝、童丽静和伍彬（2020）认为股权质押导致的大股东"掏空"动机与"侵占"效应影响企业的偿债还款能力，使上市公司面临更高的银行贷款约束。

3. 操纵性市值管理视角

国内众多学者围绕操纵性市值管理这一视角针对控股股东股权质押的负面经济后果展开了大量研究，形成了丰富的成果。持这类观点的学者认为控股股东股权质押后为避免控制权转移风险会采取一定的机会主义行为进行操纵性市值管理以达到短期股价上扬的目的。

对于控股股东而言，一旦质押后股价跌至警戒线，控股股东需及时补充质押物或资金；如果股价持续下跌触及平仓线，控股股东就会面临被迫变卖股票甚至丧失对上市公司控制权的风险，从而影响控股股东的控制权收益（不仅是所质押的股票，还可能要损失身为控股股东的其他私人利益）。因此，为避免控制权转移的风险，控股股东股权质押后有动机对上市公司采取一定的策略（如干预信息披露、企业决策等）来操纵市值管理以维持股价。然而，这种以市值管理为名行股价操纵之实从而获取私人利益的行为，将市值管理演变为谋取私利的"伪市值管理"，加剧了资本市场异动，损害了中小投资者的利益。

（1）股权质押与信息披露。股权质押后，控股股东具有很大的信息优势和控制力通过干预上市公司信息披露的方式进行市值管理以规避可能的控制权转移风险。李常青和幸伟（2017）发现控股股东股权质押后，上市公司往往多披露利好消息推迟发布坏消息以操纵市值。一些研究从管理层业绩预告视角考察了控股股东股权质押期间规避风险的策略性信息披露行为，发现控股股东股权质押降低了管理层业绩预告披露的质量（钱爱民和张晨宇，2018；文雯、乔菲和陈胤默，2020；Wang, Xiong & Ou, 2020）。

还有一些研究通过分析年报文本信息的披露特征，发现控股股东股权质押后会通过披露更多前瞻性信息、更为积极的语调来美化年报文本信息内容以防止控制权的转移（王秀丽、齐荻和吕文栋，2020；Zhao, Zhang, Xiong & Zou, 2019）。这些策略性信息披露行为虽然达到了短期股价上扬的目标，但实际上削弱了企业的信息透明度，加剧了股价波动性和降低了股价信息含量。

除此之外，一些研究表明控股股东会利用应计项目等会计调整方式来向上操纵盈余以稳定股价（谢德仁和廖珂，2016；Huang & Xue, 2016；Singh, 2019）。还有一些研究认为由于应计性盈余管理操控行为很容易被外界发现，控股股东会要求公司进行正向的真实盈余管理活动，比如开发支出资本化等，使得操纵盈余的手段更加隐蔽（王斌和宋春霞，2015；Asija et al., 2015；谢德仁、廖珂和郑登津，2017；陈德萍和陆星廷，2017；谢德仁和廖珂，2018）。

（2）股权质押与公司决策。对于如何规避控制权转移风险，学者们分别从并购重组、股利分配、策略性慈善捐赠、税收规避、企业创新等方面对控股股东股权质押后利用企业决策进行市值管理的短期机会主义行为展开了丰富的研究。

研究表明存在控股股东股权质押的上市公司会更积极地开展并购活动，从而迎合市场对并购的显示性偏好以进行市值管理和提升股价，然而其经营绩效在并购后续年度显著下降（廖珂、谢德仁和张新一，2020；徐莉萍、关月琴和辛宇，2021；Tang, Guo & Zeng, 2021）。还有一些文献认为控股股东股权质押后要求上市公司利用股票高送转、股权回购等股利分配政策来迎合市场非理性从而帮助拉抬股价进行伪市值管理（Chan et al., 2018；何平林等，2018；黄登仕、黄禹舜和周嘉南，2018；廖珂、崔宸瑜和谢德仁，2018）。王雄元、欧阳才越和史震阳（2018）提出控股股东股权质押后促使上市公司规避税收以抑制控制权转移风险。胡珺等（2020）认为控股股东股权质押后会通过非利他的策略性慈善捐赠拉抬股价或寻租。

此外，为避免股价大幅下跌后可能带来的追加保证金和控制权转移风险，控股股东倾向于选择稳健的公司投资决策，放弃可能有风险但正的净现值项目，降低了企业的风险承担水平（何威风、刘怡君和吴玉宇，2018；Dou et al.，2019；Anderson & Puleo，2020；Chauhan et al.，2020），抑制了企业的创新投入、创新产出和创新效率（张瑞君、徐鑫和王超恩，2017；李常青、李宇坤和李茂良，2018；文雯、陈胤默和黄雨婷，2018；杨鸣京、程小可和钟凯，2019；朱磊等，2019；李姝等，2020；Wang, Qiu & Tan，2020；Pang & Wang，2020；姜军、江轩宇和伊志宏，2020）。

以上研究表明，股权质押后，控股股东主要关注的不是公司的经营活动，而是公司的股价，这种追逐短期股价的操纵性市值管理行为并没有实现真正的价值创造，不利于上市公司的长远发展。

（3）股权质押与外部利益相关者。除上述两类研究外，也有文献针对股权质押对外部利益相关者（审计师、分析师）决策行为的影响进行了相关研究。

一些研究从控股股东和上市公司行为的角度（审计的需求侧）探讨控股股东股权质押对公司审计的影响。曹丰和李珂（2019）认为质押股权的控股股东倾向于通过购买审计意见进行信息操纵粉饰业绩，损害了审计质量和审计师的独立性。徐会超、潘临和张熙萌（2019）也发现控股股东股权质押后为规避外部监督更有可能选择低质量的审计师。还有一些研究从审计师的角度（审计的供给侧）出发，认为控股股东股权质押后隐瞒"坏消息"，降低了信息披露质量，使得审计师面临的信息不对称程度较大，增加了审计投入和审计费用（张龙平等，2016；翟胜宝等，2017；张俊瑞、余思佳和程子健，2017）。

还有一些研究从质权人券商分析师这一视角探讨控股股东股权质押对分析师行为的影响，发现当分析师所在券商恰好是控股股东股权质押的质权人时，分析师出具的荐股评级更加乐观，有损于其作为分析师的独立性（华鸣和孙谦，2017；谢德仁、何贵华和廖珂，2019；郑涵歆和潘煜双，2019；Hu, Long, Luo & Peng，2021）。

表2-3对股权质押负面经济后果研究文献的不同视角和结论进行了概述和汇总。

表 2-3　　　　股权质押负面经济后果研究文献结论概述

研究视角	研究内容	研究结论	代表性文献
股权质押本身违约风险视角	股票市场	股权质押加大了上市公司股票回报的尾部风险和波动	窦等（Dou et al., 2019）；安德森和普莱奥（Anderson & Puleo, 2020）；乔汉等（Chauhan et al., 2021）
	其他利益相关者	股权质押推升了公司债券的融资成本	欧阳才越、谢妍和熊家财（2018）；张雪莹和王聪聪（2020）；储溢泉和倪建文（2020）
		股权质押加大了企业从供应商获得贸易信贷的难度	蒋、夏和郑（Jiang, Xia & Zheng, 2021）
大股东掏空视角	公司价值	股权质押强化了控股股东的掏空动机，占款程度更高，损害了公司价值与业绩	郝项超和梁琪（2009）；郑国坚、林东杰和林斌（2014）；高、齐欧和陈（Kao, Chiou & Chen, 2004）；陈和胡（Chen & Hu, 2007）
	公司决策	股权质押会降低现金股利分配	李、周、鄢和张（Li, Zhou, Yan & Zhang, 2020）；翟士运、孙兰兰和古朴（2020）；徐和黄（Xu & Huang, 2021）
		股权质押会降低现金持有水平	李常青、幸伟和李茂良（2018）；周、王和杨（Chou, Wang & Yang, 2021）
		股权质押降低企业的创新效率	姜军、江轩宇和伊志宏（2020）
		股权质押加剧了银行贷款约束	翟胜宝、童丽静和伍彬（2020）
伪市值管理视角	信息披露	质押公司会披露更多的好消息而延迟释放坏消息来进行市值操控	李常青和幸伟（2017）
		质押公司会策略性地发布正向的业绩预告来提振股价，同时降低管理层业绩预告披露的质量	钱爱民和张晨宇（2018）；文雯、乔菲和陈胤默（2020）；王、熊和欧（Wang, Xiong & Ou, 2020）
		控股股东质押后会通过披露更多前瞻性信息、更为积极的语调来美化年报文本信息内容以防止控制权的转移	王秀丽、齐荻和吕文栋（2020）；赵等（Zhao et al., 2019）
	公司决策	控股股东股权质押后要求公司进行应计盈余管理或真实盈余管理	王斌和宋春霞（2015）；阿西贾（Asija et al., 2015）；谢德仁、廖珂和郑登津（2017）；陈德萍和陆星廷（2017）；谢德仁和廖珂（2018）

续表

研究视角	研究内容	研究结论	代表性文献
伪市值管理视角	公司决策	存在质押的公司会更积极地开展并购活动以进行市值管理和提升股价，然而其经营绩效在并购后续年度显著下降	廖珂、谢德仁和张新一（2020）；徐莉萍、关月琴和辛宇（2021）；唐、郭和曾（Tang, Guo & Zeng, 2021）
		控股股东质押后要求上市公司利用股票高送转、股权回购等股利分配政策来进行伪市值管理	陈等（Chan et al., 2018）；何平林等（2018）；黄登仕、黄禹舜和周嘉南（2018）；廖珂、崔宸瑜和谢德仁（2018）
		控股股东股权质押促使上市公司规避税收以抑制控制权转移风险	王雄元、欧阳才越和史震阳（2018）
		控股股东股权质押后会通过非利他的策略性慈善捐赠拉抬股价或寻租	胡珺等（2020）
		股权质押促使公司放弃可能有风险但正的净现值项目，降低了企业的风险承担水平	何威风、刘怡君和吴玉宇（2018）；窦等（Dou et al., 2019）；安德森和普莱奥（Anderson & Puleo, 2020）；乔汉等（Chauhan et al., 2020）
		控股股东股权质押抑制了公司的创新水平	李常青、李宇坤和李茂良（2018）；杨鸣京、程小可和钟凯（2019）；李姝等（2020）；王、邱和谭（Wang, Qiu & Tan, 2020）；庞和王（Pang & Wang, 2020）；姜军、江轩宇和伊志宏（2020）
	审计	质押控股股东倾向于通过审计意见购买进行信息操纵来"美化"业绩或选择低质量的审计师	曹丰和李珂（2019）；潘临和张熙萌（2019）
		控股股东股权质押后更可能隐瞒"坏消息"，致使审计师面临的信息不对称程度较大	张龙平等（2016）；翟胜宝等（2017）；张俊瑞、余思佳和程子健（2017）
	分析师	当分析师所在券商与上市公司控股股东存在股权质押的业务关系时，质权人券商分析师对出质人公司的荐股评级更加乐观	华鸣和孙谦（2017）；谢德仁、何贵华和廖珂（2019）；郑涵歆和潘煜双（2019）；胡、龙、罗和彭（Hu, Long, Luo & Peng, 2021）

2.2 股价崩盘风险相关研究综述

本节在对股价崩盘风险进行概念界定的基础上，重点选取了与本书研究相关度较高的股价崩盘风险研究成果进行综述，这些文献主要集中在公司财务与会计学研究领域，考察了股价崩盘风险的影响因素。

按照影响因素的内容，股价崩盘风险的影响因素可以分为公司治理、信息披露与外部利益相关者三个方面。据此，本章节具体内容安排如下：2.2.1 节为股价崩盘风险的概念界定；2.2.2 节为公司治理与股价崩盘风险，主要探讨股权结构、管理层特征等方面如何影响股价崩盘风险的研究进行综述；2.2.3 节为信息披露与股价崩盘风险，主要探讨信息披露质量和企业决策等如何影响股价崩盘风险的研究进行综述；2.2.4 节为外部利益相关者与股价崩盘风险，主要从投资者、分析师、审计师、媒体等视角探讨如何影响股价崩盘风险。

2.2.1 股价崩盘风险的概念界定

个股股价崩盘是指上市公司股价在没有任何信息前兆的情况下突然大幅下跌的现象。股价崩盘风险是指个股的特有收益率出现极端负偏分布的可能性（Chen, Hong & Stein, 2001；Kim, Li & Zhang, 2011；Callen & Fang, 2015）。个股收益负偏程度越高，股价发生崩盘的可能性就越大。

最早对股价崩盘风险的研究可以追溯到 20 世纪 80 年代国外学者对股价崩盘风险成因的理论建模。现有文献关于股价崩盘风险的理论解释主要有两种：一种基于不完全信息理性预期均衡框架，从市场层面的角度认为投资者的异质信念是造成股价崩盘的重要原因（Hong & Stein, 2003）；另一种基于公司内部人和外部投资者之间的信息不对称，从公司层面的角度认为股价崩盘风险根源于公司管理层对公司内部坏消息的囤积。随着时间的推移，公司内部隐藏的负面消息不断积累，企业股票的市场价格与内在价值偏离程度不断升高，当企业内部囤积的坏消息达到某个阈值无法再隐藏时，负面消息的集中释放会引发个股价格崩盘（Jin & Myers，2006；Hutton，Marcus & Tehranian，2009）。目前关于股价崩盘风险影响因素的大量研究主要集中于后者。

2.2.2 公司治理与股价崩盘风险

1. 股权结构与股价崩盘风险

这一方面的研究主要基于大股东持股比例或两权分离问题，探讨股权结构对股价崩盘风险的影响。大股东的动机和行为对上市公司有着重大影响，而关于控股股东（或第一大股东）如何影响上市公司股价崩盘风险，现有结论并不统一。

布贝克、曼萨利和雷吉巴（Boubaker，Mansali & Rjiba，2014）利用股权集中化的法国上市公司样本发现控制权与现金流权分离越大的上市公司更容易经历股价崩盘，因为当控制权超过现金流权时，控股股东更有可能囤积不良信息以其掩盖机会主义行为，而当控股股东拥有大量的现金流权时，控股股东与中小股东的利益一致，囤积坏消息的动机较小。

一方面，控股股东可能为了获取私人收益侵害中小股东的利益，加剧第二类代理问题。洪、金和韦尔克（Hong，Kim & Welker，2017）使用双重股权结构的多国上市公司数据，发现现金流权与控制权的分离与不透明度一起加剧了股价崩盘风险。孙、袁、曹和王（Sun，Yuan，Cao & Wang，2017）以中国股权分置改革为外生事件，认为控股股东为了获取私人利益（如剥夺小股东的利益），有强烈的动机隐瞒坏消息，从而增加了股价崩盘风险。沈华玉、吴晓晖和吴世农（2017）研究发现，控股股东的控制权非但没有降低股价崩盘风险，反而增加了股价崩盘风险，证明了我国上市公司控股股东存在"隧道效应"。

另一方面，控股股东具有监督管理层的作用，缓解第一类代理问题。王化成、曹丰和叶康涛（2015）发现第一大股东持股比例越高，上市公司面临的未来股价崩盘风险越低,支持了控股股东的"监督效应"。谭松涛、黄俊凯和杜安然(2019)认为大股东持股比例可以通过增加股权制衡度来降低股价崩盘风险。安德鲁、安东尼欧、霍顿和卢卡(Andreou, Antoniou, Horton & Louca, 2016)也认为内部人的所有权削弱了股价崩盘风险。

除了上述两类关于控股股东与股价崩盘风险关系的研究,姜付秀、蔡欣妮和朱冰(2018)还考察了多个大股东的监督作用,认为存在多个大股东的上市公司其囤积坏消息的可能性较低,未来股价崩盘风险较低。

2. 管理层特征对股价崩盘风险的影响

作为上市公司的直接决策者,管理层特征如何影响公司股价崩盘风险是该研究领域的重要议题。这一方面的研究主要从 CEO 的管理特质及风格、管理层薪酬激励等角度探讨,取得了十分丰富的研究成果。

大量文献研究了 CEO 的个人特质对上市公司股价崩盘风险的影响。金等(Kim et al., 2016)认为过度自信的 CEO 更有可能经历股价暴跌。安德鲁、卢卡和彼德鲁(Andreou, Louca & Petrou, 2017)发现 CEO 越年轻,股价崩盘风险越高。马蒙、巴拉坎德兰和杜昂(Mamun, Balachandran & Duong, 2020)认为 CEO 权力越大,股价崩盘风险越高。沙哈布等(Shahab et al., 2020)使用中国数据也认为 CEO 权力越大,股价崩盘风险越高。崔等(Cui et al., 2019)使用美国数据检验了管理者能力与股价崩盘风险的正相关关系。陈等(Chen et al., 2021)使用美国数据发现具有早期灾难经历的 CEO 更能容忍风险,因此更愿意接受与坏消息囤积相关的风险,从而导致股价崩盘。然而,龙等(Long et al., 2020)从中国大饥荒视角发现早年经历过灾难事件的 CEO 领导的上市公司的股价崩盘风险较低。

关于管理层薪酬激励,金等(Kim et al., 2011)调查了 CEO 和 CFO 股权激励对崩盘风险的相对贡献,发现 CFO 期权投资组合价值与股价的比值增加了崩盘风险。希(He, 2015)从 CEO 内部债务(指养老金和递延薪酬形式的债务,代表公司未来向 CEO 支付的固定义务)的视角发现内部债务促使管理人员致力于高质量的财务报告,进而降低未来股价崩盘风险。贾(Jia,2018)以美国上市公司为样本发现基于晋升的锦标赛激励(以 CEO 和其他高管之间的薪酬差距衡量)与公司未来的股价崩盘风险显著正相关。库比克和洛克哈特(Kubick & Lockhart,2021)也支持了这一证据。然而,Sun,Habib 和 Huang(2019)以中国上市公司为样本发现基于晋升的锦标赛激励降低了公司的股价崩盘风险,其中现金薪酬体系是主要的薪酬计划,而不是美国常见的股权激励计划。

表 2-4 对公司治理与股价崩盘风险的研究文献进行了简要汇总。

表 2-4　　　　公司治理与股价崩盘风险研究文献结论概述

研究内容		研究观点及结论	代表性文献
股权结构	控制权与现金流权分离	控股股东控制权增加了股价崩盘风险	沈华玉、吴晓晖和吴世农(2017)
		控制权与现金流权分离越大,上市公司更容易经历股价崩盘	布贝克、曼萨利和雷吉巴(Boubaker, Mansali & Rjiba, 2014);洪、金和韦尔克(Hong, Kim & Welker, 2017);孙、袁、曹和王(Sun, Yuan, Cao & Wang, 2017)
	第一大股东持股比例	第一大股东持股比例越高,上市公司股价崩盘风险越低	王化成、曹丰和叶康涛(2015);谭松涛、黄俊凯和杜安然(2019);张长征和方卉(2018)
	其他大股东	控股股东之外的其他大股东可以抑制控股股东隐藏坏消息的行为,从而降低未来股价崩盘风险	姜付秀、蔡欣妮和朱冰(2018)
管理层特征	CEO 的个人特质	过度自信的 CEO 更有可能经历股价暴跌	金等(Kim et al., 2016)
		CEO 越年轻,股价崩盘风险越高	安德鲁等(Andreou et al., 2017)
		CEO 早期灾难经历影响股价崩盘风险	陈等(Chen et al., 2021);龙等(Long et al., 2020)
		管理者能力与股价崩盘风险的正相关关系	崔等(Cui et al., 2019)
		CEO 权力越大,股价崩盘风险越高	马蒙等(Mamun et al., 2020);萨哈布等(Shahab et al., 2020)

续表

研究内容		研究观点及结论	代表性文献
管理层特征	CEO 和 CFO 股权激励	CFO 期权投资组合价值与股价的比值增加了崩盘风险	金等（Kim et al.，2011）
		CEO 内部债务会降低股价崩盘风险	希（He，2015）
		高管的晋升的锦标赛激励影响公司的股价崩盘风险	贾（Jia，2018）；孙等（Sun et al.，2019）；库比克和洛克哈特（Kubick & Lockhart，2021）

2.2.3 信息披露与股价崩盘风险

1. 会计信息质量与股价崩盘风险

目前关于股价崩盘风险影响因素的大量研究主要基于代理理论的囤积坏消息角度来解释股价崩盘风险（Jin & Myers，2006）。赫顿等（Hutton et al.，2009）发现应计盈余操纵增加了股价崩盘风险。金和张（Kim & Zhang，2014）和朱（Zhu，2016）的研究均支持了上述观点。陈、金和姚（Chen，Kim & Yao，2017）表明盈余平滑与股价崩盘风险存在正相关关系。钟宇翔和李婉丽（2019）将盈余平滑分为有效信息盈余平滑和机会主义盈余平滑两类，发现前者降低股价崩盘风险，而后者增加股价崩盘风险。胡拉纳、佩雷斯和张（Khurana，Pereira & Zhang，2018）表明真实盈余平滑会导致股价崩盘风险的增加。可见，盈余质量越高，股价崩盘风险越低（杨棉之和刘洋，2016；肖土盛、宋顺林和李路，2017）。此外，一些研究表明会计稳健性与股价崩盘风险存在负相关关系（王冲和谢雅璐，2013；杨棉之和张园园，2016；Kim & Zhang，2016）。Kim，Li，Lu & Yu（2016）发现财务报表可比性显著降低了股价崩盘风险。

2. 非财务信息的披露与股价崩盘风险

除了年报中的财务数字信息，还有一些研究发现年报文字性描述也会对股价崩盘风险产生影响。金、王和张（Kim，Wang & Zhang，2019）表明可读性较差的 10 - K 报告与较高的股价崩盘风险相关，认为管理者可以通过编写复杂的财务报告成功隐藏不利信息。周波、张程和曾庆生（2019）发现年报语调越积极，公司股价崩盘风险越高。孟庆斌、杨俊华和鲁冰（2017）表明 MD&A 的信息含量可以显著降低公司未来股价崩盘风险。此外，还有一些研究认为内部控制信息披露水平也可以有效降低未来股价崩盘风险（叶康涛、曹丰和王化成，2015；黄政和吴国萍，2017；Chen，Chan，Dong & Zhang，2017）。

表 2-5 对信息披露与股价崩盘风险的研究文献进行了简要汇总。

表 2-5　　　　信息披露与股价崩盘风险研究文献结论概述

研究内容	研究观点及结论	代表性文献
会计信息质量	财务报告不透明的公司更容易发生崩盘风险	赫顿等（Hutton et al.，2009）；金和张（Kim & Zhang，2014）；Zhu（2016）
	盈余平滑会股价崩盘风险	陈、金和姚（Chen, Kim & Yao, 2017）；钟宇翔和李婉丽（2019）；库拉纳、佩雷纳和张（Khurana, Pereira & Zhang, 2018）
	盈余质量越高，股价崩盘风险越低	杨棉之和刘洋（2016）；肖土盛、宋顺林和李路（2017）
	会计稳健性与股价崩盘风险存在负相关关系	王冲和谢雅璐（2013）；杨棉之和张园园（2016）；金和张（Kim & Zhang，2016）
	财务报表可比性显著降低了股价崩盘风险	金、李、刘和余（Kim, Li, Lu & Yu, 2016）
非财务信息的披露	可读性较差的 10-K 报告与较高的股价崩盘风险相关	金、王和张（Kim, Wang & Zhang, 2019）
	年报语调越积极，公司股价崩盘风险越高	周波、张程和曾庆生（2019）
	MD&A 的信息含量越高，未来股价崩盘风险越低	孟庆斌、杨俊华和鲁冰（2017）
	内部控制信息披露水平可以显著降低未来股价崩盘风险	叶康涛、曹丰和王化成（2015）；黄政和吴国萍（2017）；陈等（Chen et al.，2017）

2.2.4　外部利益相关者与股价崩盘风险

作为股票市场的参与主体,机构投资者、分析师、审计师、媒体等外部利益相关者在股票市场发展中扮演了重要角色。关于这些外部利益相关者如何影响上市公司的股价崩盘风险,学者们进行了深入探讨。

1. 机构投资者与股价崩盘风险

机构投资者可分为交易型机构投资者和稳定型机构投资者。一些研究认为稳定型机构投资者具有监督效应,有利于降低股价崩盘风险;而交易型机构投资者倾向于短期交易而不是长期监督,加大了上市公司未来股价崩盘风险(An & Zhang,2013;Callen & Fang,2013;杨棉之、赵鑫和张伟华,2020)。然而,大部分文献认为机构投资者行为会导致未来股价崩盘风险的增加。许年行、于上尧和伊志宏(2013)发现机构投资者的羊群行为增加了上市公司未来股价崩盘风险。曹丰、鲁冰、李争光和徐凯(2015)的研究也支持了这一观点。此外,吴晓晖、郭晓冬和乔政(2019)发现机构投资者抱团持股比例越高,上市公司的股价崩盘风险也越高。孔东民和王江元(2016)表明机构投资者的信息竞争行为加大了股价崩盘风险。

2. 分析师与股价崩盘风险

关于分析师如何影响企业股价崩盘风险的研究结论并不统一。金、卢和余(Kim, Lu & Yu,2019)以美国券商合并和倒闭作为分析师关注的两个外生冲击,认为分析师关注可以有效降低公司的股价崩盘风险。伊志宏、朱琳和陈钦源(2019)发现在分析师研究报告中披露负面信息可以使公司股价合理反映其基本面信息,降低未来崩盘风险。李颖和伊志宏(2017)表明女性明星分析师对股价崩盘风险的预测能力强于男性明星分析师。然而,还有一些研究认为分析师预测盈余的压力也有可能助长了管理者隐瞒坏消息的动机。比如,分析师关注和乐观推荐评级均增加了企业未来股价崩盘风险(许年行、江轩宇、伊志宏和徐信忠,2012;Xu,

Jiang, Chan & Yi, 2013；Xu, Jiang, Chan & Wu, 2017；韩艳锦、冯晓晴和宋建波，2021）。

3. 审计师与股价崩盘风险

分析师和其他信息用户使用的重要信息来源之一是已发布的财务报表，而这些报表的可信度在很大程度上取决于外部审计师对财务报表的验证质量。一些研究认为聘请高质量的审计人员（如具备较强的行业专长的审计师）有助于降低上市公司未来的股价崩盘风险（江轩宇和伊志宏，2013；熊家财，2015；Robin & Zhang, 2015）。从审计师—客户关系视角，卡伦和方（Callen & Fang, 2016）表明审计师任期越长，股价崩盘风险越低。耀友福、胡宁和周兰（2017）也发现审计师变更会加大股价崩盘发生的概率。卡伦、方、辛和张（Callen, Fang, Xin & Zhang, 2020）提供经验证据表明审计事务所的规模与其客户未来股价崩盘风险显著负相关。此外，万东灿（2016）认为审计收费越高，股价崩盘风险越低。

4. 媒体报道与股价崩盘风险

媒体在影响股票价格行为的信息处理、传播及公共监督方面发挥着重要作用（Dang, Dang, Hoang, Nguyen & Phan, 2020）。阿曼（Aman, 2013）以日本上市公司为研究对象发现媒体对上市公司的频繁报道会在市场上引发对公司新闻的极大反应，增加了股价崩盘风险。但是，媒体报道也有助于深入挖掘上市公司隐藏的内幕消息，避免因公司不利消息不断积累而导致股价暴跌。一些研究认为媒体报道显著降低了上市公司未来面临的股价崩盘风险，起到了积极的信息中介和公共监督作用（罗进辉和杜兴强，2014；An, Chen, Naiker & Wang, 2020）。刘维奇和李建莹（2019）还发现上市公司的媒体热议度越高，未来股价崩盘风险越小。

表2-6对外部相关利益者与股价崩盘风险的研究文献进行了简要汇总。

表 2-6　外部相关利益者与股价崩盘风险研究文献结论概述

研究内容	研究观点及结论	代表性文献
机构投资者	机构投资者类型影响股价崩盘风险	安和张（An & Zhang, 2013）；卡伦和方（Callen & Fang, 2013）；杨棉之、赵鑫和张伟华（2020）
	机构投资者的羊群行为增加了上市公司未来股价崩盘风险	许年行、于上尧和伊志宏（2013）；曹丰、鲁冰、李争光和徐凯（2015）
	机构投资者抱团持股比例越高，上市公司的股价崩盘风险也越高	吴晓晖、郭晓冬和乔政（2019）
	机构投资者的信息竞争行为加大了股价崩盘风险	孔东民和王江元（2016）
分析师	分析师性别影响公司的股价崩盘风险	李颖和伊志宏（2017）
	分析师关注可以有效降低公司的股价崩盘风险	金、卢和余（Kim, Lu & Yu, 2019）；伊志宏、朱琳和陈钦源（2019）
	分析师关注和乐观推荐评级均增加了企业未来股价崩盘风险	许年行等（2012）；徐等（Xu et al., 2013）；徐等（Xu et al., 2017）；韩艳锦等（2021）
审计师	审计人员的能力影响上市公司未来的股价崩盘风险	江轩宇和伊志宏（2013）；罗宾和张（Robin & Zhang, 2015）
	审计师任期影响崩盘风险	卡伦和方（Callen & Fang, 2016）
	审计师事务所的规模和收费会影响崩盘风险	卡伦、方、辛和张（Callen, Fang, Xin & Zhang, 2020）；万东灿（2016）
媒体	媒体报道增加了上市公司股价崩盘风险	阿曼（Aman, 2013）
	媒体报道显著降低了上市公司股价崩盘风险	罗进辉和杜兴强（2014）；安、陈、奈可尔和王（An, Chen, Naiker & Wang, 2020）；刘维奇和李建莹（2019）

2.3　控股股东与股价崩盘风险关系的研究综述

现有文献表明控股股东对上市公司的影响有三种效应：第一种是"监

督效应",即控股股东作为公司重要持股人,可以有效监督管理层,缓解股东与管理层之间的第一类代理问题;第二种是"利益协同效应",即在同股同权的情况下,特别是股权分置改革后,控股股东与中小股东的利益趋于一致,缓解大股东与中小股东之间的第二类代理问题;第三种是"掏空效应",即控股股东为获取控制权私利侵占上市公司及中小股东的利益,加剧第二类代理问题。

关于控股股东与股价崩盘风险关系的文献主要有两大类:一类研究认为直接控股股东持股比例越高,就越有动力监督和约束管理层的机会主义信息披露行为,从而减少公司内部坏消息的囤积,降低未来股价崩盘风险,支持了控股股东的"监督效应"和"利益协同效应"(王化成、曹丰和叶康涛,2015;邹燕、李梦晓和林微,2020);另一类研究以存在多重控制链的上市公司为研究对象,发现控制权与现金流权分离越大,实际控制人越会为了获取私人收益而侵占中小股东的利益,控制管理层或者和管理层合谋隐藏坏消息,增加未来股价崩盘风险,验证了控股股东的"掏空效应"(Boubaker, Mansali & Rjiba, 2014; Hong, Kim & Welker, 2017; 沈华玉、吴晓晖和吴世农,2017)。此外,孙、袁、曹和王(Sun, Yuan, Cao & Wang, 2017)以中国股权分置改革为外生事件,发现股权分置改革前,由于控股股东享有绝对的控制权且持有不受上市公司股价波动影响的非流通股,控股股东的"掏空效应"占主导地位;股权分置改革后,控股股东同股同权,与中小股东的利益趋于一致,上市公司股价崩盘风险显著降低。

从以上研究可以看到,关于控股股东如何影响上市公司股价崩盘风险,现有结论并不统一。之所以形成这一差异,主要原因在于这两类研究关于控股股东的定义不同:认为控股股东具有"监督效应"并有助于降低股价崩盘风险的文献以直接控股股东或第一大股东为研究对象;而认为控股股东的"掏空效应"占主导地位并加剧股价崩盘风险的文献则以实际控制人为研究对象并主要探讨两权分离问题。

关于控股股东如何影响股价崩盘风险,现有文献主要存在以下不足:

第一,不管是直接控股股东还是实际控制人,现有文献主要从其持股特征（如持股比例、两权分离）的静态视角探讨控股股东对上市公司股价崩盘风险的影响，而从控股股东行为的动态视角进行研究的文献较少。相比于静态特征，控股股东的行为更能反映其真实动机。因此，控股股东行为如何影响上市公司股价崩盘风险仍是需要进一步研究的关键问题。

第二，关于直接控股股东对股价崩盘风险的影响，虽然一些文献从理论分析层面探讨了直接控股股东的"掏空效应"可能对股价崩盘风险的影响，但并未在实证检验中得到有效验证。因此，直接控股股东是否存在"掏空效应"还需要进一步检验。

总之，研究需要在更加深入的理论分析和科学的实证检验基础上，从控股股东行为动态视角，进一步解释控股股东对上市公司股价崩盘风险的影响效果和影响机制。而股权质押为研究控股股东行为及其背后动机提供了良好的条件。本书研究的控股股东是指持股10%以上的直接控股股东，按以上文献的理论分析和实证检验，直接控股股东原本并不存在两权分离问题，应该是"监督效应"或"利益协同效应"占主导地位，但由于质押后导致直接控股股东两权分离，因此又具备了实际控制人的特征，存在潜在的"掏空效应"。因此研究控股股东股权质押对上市公司股价崩盘风险有利于更加深刻地理解控股股东行为及其背后动机对上市公司的影响机理。

2.4 股权质押与股价崩盘风险关系的研究综述

关于股权质押与股价崩盘风险关系的研究，现有结论并不统一。

一些研究认为股权质押与股价崩盘风险无关。李、刘和斯科特（Li, Liu & Scott, 2019）以中国上市公司为研究对象认为股权质押向市场传递了公司内部人对当前公司估值被低估的看法和对未来公司前景充满信心的积极信号，且有助于使控股股东的利益与中小股东的利益保持一致，发现控股股东股权质押后公司价值明显提高，且不会引发股价崩盘风险。荆涛、郝芳静和栾志乾（2019）也认为单纯的股权质押行为对股价崩盘风险没有影响。

大部分文献表明股权质押增加了上市公司股价崩盘风险，但研究视角各有不同。第一类研究从股权质押本身的违约风险视角出发，认为外生股价的大幅下跌可能导致追加保证金通知和强制抛售被质押股票，增加了股权质押的违约风险，进而加大了上市公司股票回报的尾部风险和波动（Dou et al., 2019；Xu, Chang, Li & Wang, 2019；Anderson & Puleo, 2020；Chauhan et al., 2021）。张庆君、黄玲和申思（2021）表明控股股东股权质押与企业违约风险之间存在"U"型非线性关系。第二类研究从操纵性市值管理的视角发现控股股东股权质押后，为避免控制权转移风险，会通过应计性盈余管理等信息披露操纵方式进行伪市值管理，进而降低质押期间的股价崩盘风险（谢德仁、郑登津和崔宸瑜，2016；王晓彦、代晶晶和胡德宝，2020）。而邵剑兵和费宝萱（2020）认为控股股东股权质押后为避免控制权转移风险进行真实盈余管理，增加了股价崩盘风险。第三类研究从投资者情绪视角出发，认为股权质押引发股价崩盘的根本原因在于不透明的市场信息环境引发的投资者猜测和恐慌，而不在于股权质押背后的利益侵占或盈余管理（夏常源和贾凡胜，2019；沈冰和陈锡娟，2019）。此外，李、刘和王（Li, Liu & Wang, 2019）从质权人监督的视角发现自2013年允许券商作为质权人进入质押市场后，高强度的质权人竞争迫使质权人降低事后对出质人的监督，这使得质押公司方便囤积坏消息，进而增加未来崩盘风险。杨松令、张秋月和刘梦伟等（2020）从同群效应视角发现同行业（或同地区）公司群的控股股东股权质押行为会增加本公司的股价崩盘风险。

以上研究总结归纳如下：

第一类研究仅仅基于质押股票本身的违约风险，认为股权质押加大了股价的下行压力，而陈和胡（Chen & Hu, 2018）以及李、刘和斯科特（Li, Liu & Scott, 2019）却认为股权质押的下行风险有限，因此仅基于质押股票本身的违约风险的研究产生了混合证据。而相比于质押股票本身，控股股东（出质人）质押背后隐藏的动机对上市公司的影响更为重要。

第二类研究从操纵性市值管理的视角切入，以谢德仁、郑登津和崔宸瑜（2016）为例，他们认为控股股东为维持股价、避免控制权转移风险，会通过应计性盈余管理等信息披露操纵方式进行伪市值管理，进而降低质押期间的股价崩盘风险。然而，控股股东进行信息操纵的这一机会主义行为隐藏了坏消息，导致坏消息在公司内部囤积，实际上增加了股权质押期间的股价崩盘风险。

第三类研究从投资者情绪视角切入，以夏常源和贾凡胜（2019）为例，他们认为股权质押导致股价崩盘的根本原因是市场信息环境不透明引发的投资者猜测和恐慌，而不是股权质押背后的利益侵占或盈余管理。

纵观这一研究话题下的国内外研究文献，虽然大部分文献在实证结果上发现了股权质押会增加上市公司股价崩盘风险，但依然存在以下不足：

第一，鲜有文献从控股股东的"掏空"动机视角出发实证检验控股股东股权质押对上市公司股价崩盘风险的影响。尽管谢德仁、郑登津和崔宸瑜（2016）和夏常源和贾凡胜（2019）在理论分析中有所涉及控股股东股权质押的"掏空效应"，但并未在实证检验中得到有效验证，甚至夏常源和贾凡胜（2019）认为股权质押导致股价崩盘的根本原因并非股权质押背后的利益侵占。因此，控股股东股权质押是否通过股权质押的"掏空效应"影响上市公司股价崩盘风险还需要进一步检验。

第二，鲜有文献从控股股东的"对冲"动机视角出发理论分析并实证检验控股股东股权质押对上市公司股价崩盘风险的影响。有学者认为美国上市公司内部人质押股票的目的是对冲公司风险（Shen, Wang & Zhou, 2021; Larcker & Tayan, 2010; Fabisik, 2019），但也仅仅在案例分析层面或影响因素实证研究中有所涉及。而在股权质押的经济后果研究中，尤其是关于公司内部人股权质押如何通过"对冲效应"影响上市公司决策与行为的研究较少。在中国这一特殊背景下，控股股东是否也存在这样的对冲动机？虽然本书的前期论文成果较早地从控股股东股权质押的对冲动机出发探讨控股股东股权质押对股价崩盘风险的影响（Zhou, Li, Yan & Lyu, 2021），但并未直接实证检验控股股东的对冲效应。

综上所述，控股股东股权质押是否存在"对冲动机"仍是一个理论空白，现有文献也较少从理论和实证层面系统研究控股股东股权质押是否通过"对冲效应"和"掏空效应"影响上市公司股价崩盘风险。因此，控股股东股权质押如何影响上市公司股价崩盘风险仍需要更加深入的系统研究。

2.5 文献述评与研究启示

2.5.1 文献述评

1. 股权质押相关文献述评

本章的2.1节主要从动因、正面效应与负面效应三个层面回顾了股权质押的现有文献。相比于股权质押的影响因素研究，关于股权质押经济后果的研究受到了国内外学者的高度关注，虽然现有研究还未达成一致的结论，但从总体上看，以负面效应为主，而关注股权质押的积极效应的研究成果相对较少。

股权质押的动因研究主要分为三类：融资约束（公司内部人自身融资约束、上市公司融资约束）、市场择时与对冲动机。股权质押的积极效应主要持有以下两种观点：一是股权质押向市场传递了公司内部人对公司未来股价充满信心的积极信号；二是股权质押有助于使公司内部人的利益与中小股东的利益保持一致。至于股权质押的负面经济后果，按研究逻辑和视角划分，可以将文献分为三类：一是质押物本身违约风险视角，即外生股价频繁变化增加了股权质押的违约风险；二是大股东掏空视角，即质押后两权分离为大股东掏空创造条件；三是伪市值管理视角，即为避免控制权转移进而操纵市值管理维持股价。

关于股权质押的相关研究，现有文献主要存在以下三方面不足：

第一，文献较少从理论与实证层面系统研究公司内部人股权质押的对冲动机，一些研究虽在案例分析或影响因素实证研究中有所涉及，但理论分析不够系统深入，且鲜有文献研究公司内部人股权质押是否以及如何通过"对冲效应"影响上市公司的决策与行为，未能有效揭示对冲效应的路径机理。

第二，虽然股权质押负面经济后果的文献数量较多，涉及的研究视角也较为丰富，但现有文献更多的是从"为避免控制权转移进而操纵市值管理维持股价"的伪市值管理视角对股权质押的经济后果进行探讨，而从大股东掏空视角探讨股权质押经济后果的研究较少。

第三，股权质押文献主要从年末是否存在控股股东质押以及质押比例来研究控股股东股权质押的经济后果，鲜有文献将质押特征（如期限、次数、平仓压力等）考虑进来。虽然最近两三年一些文献开始探讨质押特征的影响，但大都基于"为避免控制权转移进而操纵市值管理维持股价"的伪市值管理视角，而鲜有研究从对冲动机和掏空动机的视角探讨质押特征如何解释公司内部人股权质押行为。

2. 股价崩盘风险相关文献述评

本章的2.2节主要从公司治理、信息披露与外部利益相关者三个方面回顾了上市公司股价崩盘风险影响因素的主要文献。关于股价崩盘风险影响因素的研究，现有文献主要存在以下两方面不足：

第一，现有大部分文献主要集中在信息披露及管理层特征方面对股价崩盘风险的影响，而关于公司治理尤其股权结构如何影响上市公司股价崩盘风险的研究较少。

第二，现有关于外部利益相关者（尤其是分析师、媒体）如何影响股价崩盘风险的研究文献仍未形成统一的研究框架。一类研究认为分析师和媒体有助于缓解信息不对称，在信息处理、传播及监督方面发挥积极作用，降低股价崩盘风险；另一类研究认为分析师预测和媒体关注对内部人施加了业绩压力，导致他们因职业担忧和个人财务收益而囤积坏消息，增加股价崩盘风险。

3. 控股股东与股价崩盘风险关系的文献述评

本章的2.3节回顾了控股股东与上市公司股价崩盘风险的研究文献。

文献大多从其持股特征（如持股比例、两权分离）视角研究控股股东如何影响上市公司股价崩盘风险，且现有结论并不统一。这一领域主要存在以下两方面不足：

第一，现有文献主要从其持股特征（如持股比例、两权分离）的静态视角探讨控股股东对上市公司股价崩盘风险的影响，而从控股股东行为的动态视角进行研究的文献较少。相比于静态特征，控股股东的行为更能反映其真实动机。因此，控股股东行为如何影响上市公司股价崩盘风险仍是需要进一步研究的关键问题。

第二，关于直接控股股东对股价崩盘风险的影响，虽然一些文献从理论分析层面探讨了直接控股股东的"掏空效应"可能对股价崩盘风险的影响，但并未在实证检验中得到有效验证。因此，直接控股股东是否存在"掏空效应"还需要进一步检验。

4. 股权质押与股价崩盘风险关系的文献述评

本章的2.4节回顾了股权质押与上市公司股价崩盘风险的研究文献。虽然现有文献结论并不统一，但大部分文献在实证结果上发现了股权质押会增加上市公司股价崩盘风险。这一领域主要存在以下两方面不足：

第一，鲜有文献从控股股东的"掏空"动机视角出发实证检验控股股东股权质押对上市公司股价崩盘风险的影响。尽管谢德仁、郑登津和崔宸瑜（2016）以及夏常源和贾凡胜（2019）在理论分析中有所涉及控股股东股权质押的"掏空效应"，但在实证检验中未能得到有效验证，甚至夏常源和贾凡胜（2019）认为股权质押引发股价崩盘的根本原因不在于股权质押背后的利益侵占。因此，控股股东股权质押是否通过股权质押的"掏空效应"影响上市公司股价崩盘风险还需要进一步检验。

第二，鲜有文献从控股股东的"对冲"动机视角出发理论分析并实证检验控股股东股权质押对上市公司股价崩盘风险的影响。有学者认为美国上市公司内部人质押股票的目的是对冲公司风险（Shen，Wang & Zhou，2021；Larcker & Tayan，2010；Fabisik，2019），但也仅仅在案例分析层面或影响因素实证研究中有所涉及。而在股权质押的经济后果研究中，尤其是关于公司内部人股权质押如何通过"对冲效应"影响上市公司决策与行为的研究较少。

2.5.2 研究启示

当前研究成果为本书的开展提供了丰富的研究启示，具体如下：

第一，几乎没有研究从控股股东的"对冲"动机视角考察控股股东股权质押是否以及如何通过"对冲效应"影响上市公司股价崩盘风险。在本章2.1.2节股权质押动因分析的文献综述中，有学者认为公司内部人质押股票的目的是对冲上市公司预期未来业绩下滑或未来股价不确定性带来的风险（Shen, Wang & Zhou, 2021; Larcker & Tayan, 2010; Fabisik, 2019），然而这一动机目前主要以美国管理层为研究对象且仅仅在案例分析层面或影响因素实证研究中有所涉及，理论分析不够系统深入。那么，对于股权结构高度集中的中国上市公司，控股股东质押股票时是否也存在这样的对冲动机？控股股东股权质押如何通过"对冲效应"影响上市公司股价崩盘风险？本书拟从理论层面系统研究控股股东股权质押基于"对冲效应"影响上市公司股价崩盘风险的路径机理，并从实证层面提供控股股东股权质押"对冲效应"的直接经验证据。

第二，鲜有文献从控股股东的"掏空"动机视角出发实证检验控股股东股权质押对上市公司股价崩盘风险的影响。在本章的2.1.4节股权质押负面经济后果文献综述中，现有文献已经归纳并证实了控股股东股权质押的"掏空效应"，即股权质押导致直接控股股东两权分离，为其侵占上市公司和中小股东的利益从而获取控制权私人收益创造了条件，并基于"掏空效应"的影响机理，探讨了控股股东股权质押对公司价值和公司决策的影响（郝项超和梁琪，2009；郑国坚、林东杰和林斌，2014；Li, Zhou, Yan & Zhang, 2020）。然而，在关于控股股东股权质押与上市公司股价崩盘风险关系的文献中，例如，谢德仁、郑登津和崔宸瑜（2016）以及夏常源和贾凡胜（2019）尽管在理论分析中有所涉及控股股东股权质押的"掏空效应"，但在实证检验中未能得到有效验证，甚至夏常源和贾凡胜

(2019)认为股权质押引发股价崩盘的根本原因不在于股权质押背后的利益侵占。因此，控股股东是否通过股权质押的"掏空效应"影响上市公司股价崩盘风险还需要进一步检验。

第三，关于控股股东与股价崩盘风险的研究，现有文献主要从控股股东持股特征（如持股比例、两权分离）的静态视角探讨控股股东对上市公司股价崩盘风险的影响（王化成、曹丰和叶康涛，2015；Hong, Kim & Welker, 2017；沈华玉、吴晓晖和吴世农，2017），而从控股股东行为的动态视角进行研究的文献较少。相比于静态特征，控股股东的行为更能反映其真实动机。因此，控股股东行为如何影响上市公司股价崩盘风险仍是需要进一步研究的关键问题。而股权质押为研究控股股东行为及其背后动机提供了良好的条件。本书研究的控股股东是指持股10%以上的直接控股股东，按本章2.3节控股股东与股价崩盘风险关系的文献梳理，直接控股股东原本并不存在两权分离问题，应该是"监督效应"或"利益协同效应"占主导地位，但由于质押后导致直接控股股东两权分离，因此又具备了实际控制人的特征，存在潜在的"掏空效应"。因此研究控股股东股权质押行为对上市公司股价崩盘风险的影响有利于更加深刻地理解控股股东行为及其背后动机对上市公司非系统风险的影响机理。

第四，鲜有文献将质押特征（如期限、次数、平仓压力等）考虑进来。股权质押文献主要从年末是否存在控股股东质押以及质押比例来研究控股股东股权质押的经济后果，虽然近年来一些文献开始探讨质押特征的影响，但大都基于"为避免控制权转移进而操纵市值管理维持股价"的伪市值管理视角，而鲜有研究从对冲动机和掏空动机的视角探讨质押特征如何解释公司内部人股权质押行为。另外，虽然现有研究从上市公司内外部信息环境等方面研究了股价崩盘风险的影响因素，但相关研究总体上缺乏整体性和系统性，且研究结论并不统一。为此，在验证了控股股东股权质押对冲效应和掏空效应的存在性后，本研究拟探讨质押特征和上市公司内外部信息环境对控股股东股权质押与上市公司股价崩盘风险之间关系的调节作用，构建一个包含内外部维度的综合框架来分析和解释质押活动，以期丰富本研究的深度与广度。

为弥补现有文献中的不足，针对上述研究启示，本书从控股股东的"对冲"动机和"掏空"动机视角，理论分析并实证检验控股股东股权质押通过"对冲效应"和"掏空效应"对上市公司股价崩盘风险的影响机理。在此基础上，进一步分析与探讨质押特征和公司内外部信息环境对控股股东股权质押与上市公司股价崩盘风险之间关系的影响效果。通过上述四个部分的研究，形成控股股东股权质押对上市公司股价崩盘风险的影响效果与影响机制的系统研究，为加强控股股东行为约束、防范股权质押导致的非系统性金融风险的制度设计提供理论参考。

第3章 制度背景、理论基础与概念模型

本章介绍本研究的制度背景、理论基础与概念模型。3.1节介绍股权质押的制度背景,具体包括世界主要资本市场股权质押的规模及其监管披露规定、我国股权质押的制度背景与市场发展情况。3.2节为理论基础,介绍本研究过程涉及的主要理论。3.3节为概念要素,对本书概念模型中的要素进行定义。3.4节为模型构建,在理论基础之上构建本书的概念模型。

3.1 制度背景

本节先对股权质押市场进行国际比较,随后着重介绍中国股权质押的制度背景与市场发展情况。

3.1.1 股权质押市场的国际比较

股权质押作为一种典型的质押式融资方式,在世界各国的资本市场中都比较流行。除中国存在股权质押行为外,其他国家和地区如美国、英国、印度、新加坡、澳大利亚等也存在公司内部人质押股权的行为,并发布了一系列的监管披露规定。

美国证券交易委员会(U.S. Securities and Exchange Commission,SEC)

从 2006 年 8 月开始要求所有上市公司在年度委托书（Proxy Statement）中披露关于董事、董事候选人和指定的执行官按个人以及董事和执行官作为团体的股权质押信息①。2007～2011 年间，约有四分之一的 S&P 1500 上市公司内部人至少进行过一次股权质押（Anderson & Puleo，2020；Puleo，McDonald & Kozlowski，2021）；2006～2014 年，美国全部上市公司中约有 3.8% 的公司内部人质押过股票（Shen，Wang & Zhou，2021）。

中国证券监督管理委员会（China Securities Regulatory Commission，CSRC）于 2007 年开始要求持股比例在 5% 以上的股东、实际控制人以及公司董监高在质押上市公司股份进行融资时，应在 2～5 个工作日内告知被质押公司有关股权质押情况，并要求公司在收到股东提交的有关股权质押的材料后 7 天内向证券交易所披露股权质押的详细情况，包括出质人、质权人、被质押公司、质押股份数量、质押起止日期等。2003～2018 年间约有 22.46% 的中国沪深 A 股上市公司的控股股东在年末存在股权质押（胡珺、彭远怀、宋献中和周林子，2020）；2003～2013 年间约有 28% 的中国 A 股上市公司的控股股东在会计年度末质押了上市公司的股票（谢德仁、郑登津和崔宸瑜，2016；Pang & Wang，2020）；2007～2015 年间约有 38.85% 的中国公司内部人质押过股票，其中约有 31% 的控股股东至少进行过一次股权质押（王雄元、欧阳才越和史震阳，2018；Wang，Qiu & Tan，2020）。

印度证券交易委员会（Securities and Exchange Board of India，SEBI）于 2009 年 1 月 28 日要求创始人和公司在 7 天内向公司上市的所有股票交易所披露质押股票的数量，然后借款人才能收到贷款收益②。披露限制包括不要求创始人报告质押收益的使用和数额，另外，除大股东和创始人外，不要求其他股东披露股权质押信息。2009～2017 年间约有 23% 的印度公司创始人或控股股东至少进行过一次股权质押（Chauhan，Mishra &

---

① 参见 U. S. Securities and Exchange Commission (2006). Executive Compensation and Related Person Disclosure. Final rule and proposed rule, 71 FR 53158. www.sec.gov/rules/final/2006/33 – 8732 afr.pdf.

② 参见 Securities and Exchange Board of India (2009). Regulations, Gazette of India Extraordinary Part – Ⅲ – Section 4. http://www.sebi.gov.in/acts/sast28jan09.pdf.

Spahr, 2021)。

英国金融服务管理局（U. K. Financial Services Authority, FSA）于2009年开始要求披露有关公司股票的任何个人交易[①]。

澳大利亚证券交易所（Australian Securities Exchange, ASX）要求上市公司披露涉及高层管理人员的资金安排，尤其是使用公司股票作为抵押品的保证金交易，包括所涉及的证券数量、触发点、贷款人单方面出售的权利和任何其他重要细节。

表3-1整理了世界范围内重要国家/地区股权质押的规模及其监管披露规定。

表3-1 重要国家/地区股权质押的规模及其监管披露规定

国家/地区	股权质押规模	披露规定	监管涉及的股东类型
中国	2003~2018年间约有22.46%的中国沪深A股上市公司的控股股东在年末存在股权质押（胡珺、彭远怀、宋献中和周林子，2020）；2003~2013年间约有28%的中国A股上市公司的控股股东在会计年度末质押了上市公司的股票（谢德仁、郑登津和崔宸瑜，2016；Pang & Wang, 2020）；2007~2015年间约有38.85%的中国公司内部人质押过股票，其中约有31%的控股股东至少进行过一次股权质押（王雄元、欧阳才越和史震阳，2018；Wang, Qiu & Tan, 2020）	中国证券监督管理委员会（CSRC）于2007年开始要求持股比例在5%以上的股东、实际控制人以及公司董监高在质押上市公司股份进行融资时，应在2~5个工作日内告知被质押公司有关股权质押情况，并要求公司在收到股东提交的有关股权质押的材料后7天内向证券交易所披露股权质押的详细情况，包括出质人、质权人、被质押公司、质押股份数量、质押起止日期等	持有5%以上股份的股东，公司的控股股东，以及公司董事、监事、高管等公司内部人
美国	2007~2011年间，约有四分之一的S&P 1500上市公司内部人至少进行过一次股权质押（Anderson & Puleo, 2020；Puleo, McDonald & Kozlowski, 2021）；2006~2014年，美国全部上市公司中约有3.8%的公司内部人质押过股票（Shen, Wang & Zhou, 2021）	美国证券交易委员会（SEC）从2006年8月开始要求所有上市公司在年度委托书中披露关于董事、董事候选人和指定的执行官按个人以及董事和执行官作为团体的股权质押信息	公司内部人，包括董事、监事和高级管理人员等

[①] 参见 U. K. Financial Services Authority, 2009. Disclosure and Model Code Obligations in Respect of the Use of Shareholdings as Security.

续表

国家/地区	股权质押规模	披露规定	监管涉及的股东类型
印度	2009~2017年间约有23%的印度公司创始人或控股股东至少进行过一次股权质押（Chauhan, Mishra & Spahr, 2021）	印度证券交易委员会（SEBI）于2009年要求创始人和公司在7天内向公司上市的所有股票交易所披露质押股票的数量。除大股东和创始人外，不要求其他股东披露股权质押信息	创始人、控股股东、大股东

从表3-1中可以看出，第一，与其他国家和地区相比，中国上市公司的股权质押规模尤为庞大，2007~2015年间约有38.85%的中国公司内部人质押过股票，其中约有31%的控股股东至少进行过一次股权质押（王雄元、欧阳才越和史震阳，2018；Wang, Qiu & Tan, 2020）。然而，根据文献和新闻报道的统计，其他国家或地区上市公司的股权质押规模远低于这一水平。例如，美国资本市场虽然非常发达，但是股权质押市场的规模却相对较小，据沈、王和周（Shen, Wang & Zhou, 2021）的研究显示，2006~2014年间美国全部上市公司中只有3.8%的公司内部人质押过股票。

第二，与其他国家的监管和披露制度相比，中国证监会关于股权质押的强制性披露规则为股权质押的研究提供了良好的数据基础。根据中国证监会的监管和披露规则，上市公司控股股东、持股5%以上的股东以及公司董监高等在发生股权质押交易时必须进行强制性披露，且要求上市公司公告出质人、质权人、被质押公司、质押股份数量、质押起止日期等详细信息。与美国的年度披露规则和印度的创始人披露规则相比，中国证监会关于股权质押的信息监管披露规定涉及内容更广也更为细致。

综上所述，中国大规模的股权质押市场使得这一话题的研究非常重要，而良好的数据结构为以中国上市公司控股股东股权质押为样本的相关研究提供了绝佳机会。

3.1.2 中国股权质押的制度背景与市场发展

1. 制度背景

股权质押是指出质人以其持有的股权作为质押标的物,从金融机构(如银行、信托、券商等)获得贷款的一种债务融资行为,其中,质押物的价值表现为股价。

股权质押合同一般包含以下三个重要指标:一是质押率,即出质人通过质押借到的资金与股票被质押前参考市值的比值(一般质押率为30%~60%)。二是融资成本,即利率,一般在4%~7%。对于质押方来说,质押股票投资的收益来自出质人支付的利息。三是警戒线和平仓线,即被质押股票的实际市值与质押融资额的比值。警戒线一般为150%~170%,平仓线一般为120%~140%。当股价跌至警戒线时,质权人有权要求出质人追加保证金以弥补股价下跌造成的质押价值缺口,当股价持续下跌直至平仓线而出质人无法补仓时,质权人有权清算被质押股票。

股权质押业务的基本模式具体如图3-1所示。

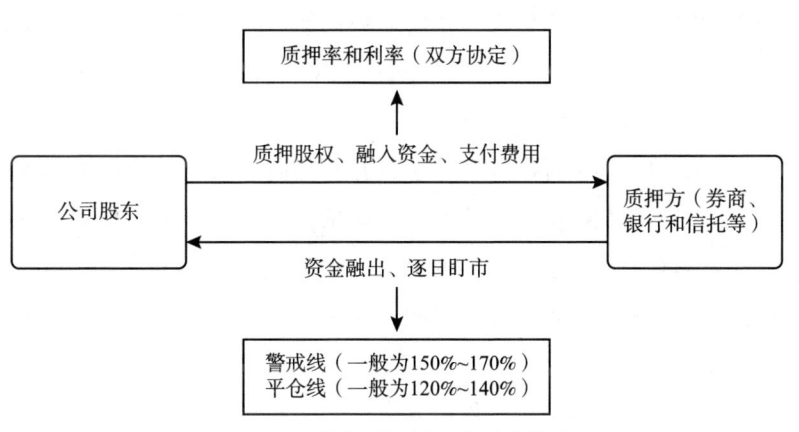

图3-1 股权质押业务的基本模式

中国的股权质押业务可分为场外股权质押和场内股权质押(见图3-2)。

场外股权质押是指一般的股权质押贷款，其相关政策法规最早可追溯到 1995 年 10 月《中华人民共和国担保法》对"权利质押"的规定，其本质是一种将股票的现金流权转交给贷款人，并以股票这一虚拟金融资产作为担保品进行贷款的行为。在场外质押中，资金提供方（质权方）一般为商业银行、信托公司、一般公司或个人等。场外股权质押合同需在中国证券登记结算有限公司所在地的主管分支机构登记后才可生效。

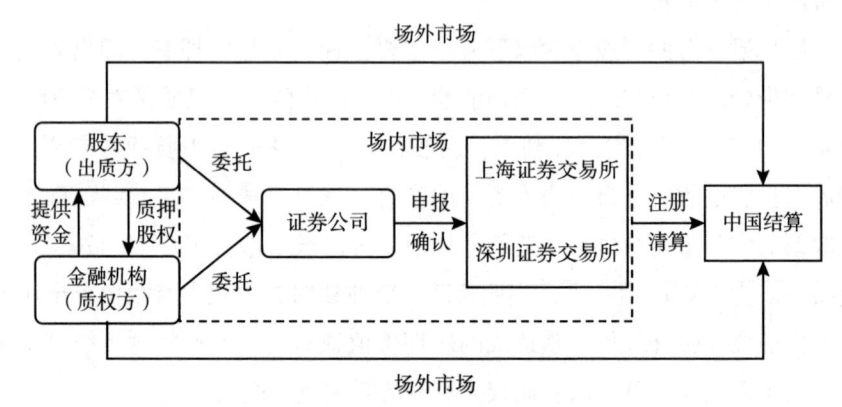

图 3-2 场内和场外股权质押交易

场内股权质押诞生于证券公司的业务创新。2013 年 5 月，证监会联合交易所和中国结算推出《股权质押式回购交易及登记结算业务办法（试行）》，该办法的发布标志着场内股权质押的正式开始。该办法定义了履行担保比例、质押率等指标的计算办法，并对场内股权质押式回购业务的融入方、融出方、信息披露规则等做出明确的规定。在场内质押中，资金提供方通常为证券公司。场内质押的流程一般为：首先，出质方和质权方委托证券公司代为进行质押申报；其次，证券公司根据双方的委托向证券交易所进行集中申报；再次，交易所会按照相关的规定对股权质押的规模进行确认之后报送到中国结算；最后，由中国结算负责股权质押的注册和清算服务。由于整个过程都在网上完成，业务过程变得更加流程化和标准化，使得质押交易的效率大大提高。更重要的是，由于证券公司和交易所的系统直接相连，所以在股价接近警戒线的时候，证券公司可以及时要求出质人增补质押物，也可以在股价跌破平仓线的时候及时进行平仓交易。显然，证券公司在股权质押场内市场中具有非常明显的优势。

由于场内股权质押具有标准化、便捷性等优点，2013年推出场内股权质押模式之后，中国股权质押市场经历了快速的发展。然而，在经历了2015年A股流动性危机之后，股权质押交易的潜在风险被暴露出来。在股票价格连续下行的情况下，标的股票的价格很可能跌破警戒线甚至平仓线，从而使得出质股东面临补仓或被动减持的风险，极端情况下，大股东还可能面临控制权转移的风险。为了对股权质押业务的潜在风险进行管理，2017年9月，证监会出台了《股权质押式回购交易及登记结算业务办法（2017修订）征求意见稿》，其中严格规定了质押股份占比、质押率等情况，提高了股权质押的融资门槛。2018年1月，《股权质押式回购交易及登记结算业务办法（2018年修订）》正式落地，明确了新老划断原则，以达到制度平稳过渡的目的。

上述制度设计和法律文件为中国股权质押业务提供了较为完善的法律保障，为中国股权质押的快速健康发展奠定了法律基础。

2. 市场发展

股权质押市场的发展大致经历过四个阶段："缓慢增长""快速增长""爆发阶段""萎缩阶段"。表3-2展示了从2003年到2018年末中国沪深A股上市公司（剔除金融业）股权质押的发展情况。

表3-2　　中国沪深A股市场上市公司历年股权质押情况

年份	质押公司数（家）	占A股上市公司比例（%）	质押股数（十亿股）	占A股总股本比例（%）	质押市值（十亿元）	占A股总市值比例（%）
2003	54	4.28	2.85	0.44	22.55	0.50
2004	151	11.17	9.39	1.31	57.05	1.44
2005	251	18.50	17.24	2.26	72.45	2.09
2006	261	18.51	18.10	1.22	100.05	0.97
2007	253	16.58	18.87	0.85	276.20	0.69

续表

年份	质押公司数（家）	占A股上市公司比例（%）	质押股数（十亿股）	占A股总股本比例（%）	质押市值（十亿元）	占A股总市值比例（%）
2008	324	20.24	26.63	1.09	262.19	1.77
2009	369	21.77	36.71	1.40	396.00	1.37
2010	411	20.15	38.13	1.15	495.05	1.63
2011	575	24.78	55.26	1.53	732.29	2.94
2012	695	28.11	71.68	1.86	645.72	2.42
2013	892	36.14	90.33	2.22	935.07	3.44
2014	1032	39.81	130.41	2.96	1650.98	3.86
2015	1373	48.90	194.15	3.87	3948.39	6.75
2016	1619	53.36	298.36	5.32	4169.53	7.47
2017	1963	56.62	284.06	4.65	3583.41	5.67
2018	1909	53.52	213.29	3.27	2016.13	4.13

资料来源：根据Wind资讯数据资料整理。

从表3-2中可以看出，2003年仅有54家上市公司股东存在股权质押行为，质押股数（或质押市值）占A股总股数（或总市值）仅约0.5%。截至2010年底，中国上市公司共有411家上市公司股东存在股权质押行为，质押股数为0.38千亿股，质押股票市值4.95千亿元，质押股数（或质押市值）占A股总股数（或总市值）约1.5%。2013年之后，得益于券商开展场内股权质押业务这一利好冲击，中国股权质押市场迎来了拐点时刻，质押规模进入爆发阶段。截至2016年末，有1619家上市公司股东存在股权质押行为，占A股上市公司总数53.36%；质押股票数量达到2.98千亿股，占A股总股本的5.32%；质押市值暴涨至41.69千亿元，占A股总市值的7.47%。2018年，受政策趋严、场内质押业务受限、大盘不断下跌等影响，股权质押市场进入"萎缩阶段"。

表3-3展示了上市公司控股股东的质押情况。从表中可以看出，同所有上市公司股东的股权质押趋势相同，从2003年到2018年，控股股东的

股权质押规模也呈现出快速的增加态势。此外,更重要的是,大约70%的股权质押都是由控股股东完成的。如截至2018年末,控股股东的存量质押股数为1.54千亿股,占全部股东的存量质押股数(2.13千亿股)的72.3%。控股股东的存量质押市值为14.29千亿元,占全部股东质押市值(20.16千亿元)的70.88%。控股股东高比例的质押状况与中国上市公司股权结构高度集中这一特征相吻合(Jiang & Kim,2015)。

表3-3　　中国A股上市公司控股股东历年股权质押情况

年份	质押公司数（家）	占A股上市公司比例（%）	质押股数（十亿股）	占A股总股本比例（%）	质押市值（十亿元）	占A股总市值比例（%）
2003	31	2.46	1.90	0.30	13.85	0.31
2004	102	7.54	6.45	0.90	39.48	1.00
2005	171	12.60	12.32	1.62	52.84	1.52
2006	178	12.62	13.23	0.89	73.36	0.71
2007	181	11.86	13.34	0.60	187.42	0.47
2008	234	14.62	20.84	0.86	198.07	1.34
2009	273	16.11	27.35	1.04	291.84	1.00
2010	299	14.66	27.42	0.82	341.32	1.12
2011	413	17.80	41.07	1.13	526.77	2.11
2012	515	20.83	54.53	1.42	484.89	1.81
2013	672	27.23	65.65	1.61	658.10	2.42
2014	826	31.87	98.41	2.24	1191.21	2.78
2015	1123	39.99	145.03	2.89	2948.74	4.97
2016	1333	43.94	211.27	3.77	2817.04	5.05
2017	1578	45.51	200.91	3.27	2478.89	3.91
2018	1508	42.28	154.14	2.36	1429.42	2.92

资料来源：根据Wind资讯数据资料整理。

为了对全市场质押状况有一个更深入的了解,接下来本书对2003~

2018年沪深A股上市公司控股股东的质押比例、质押期限和平仓压力的总体分布状况进行描述。图3-3展示了上市公司控股股东质押股数占自身持股数量的比例分布情况。图中显示，在2003~2018年间有34.32%的上市公司，其控股股东质押股数超过了其自身持股数量的60%，而质押比例低于10%的上市公司比例仅占8.21%。该结果表明，控股股东的质押数量和质押比例都显著更高，控股股东是股权质押市场上最活跃的出质人。

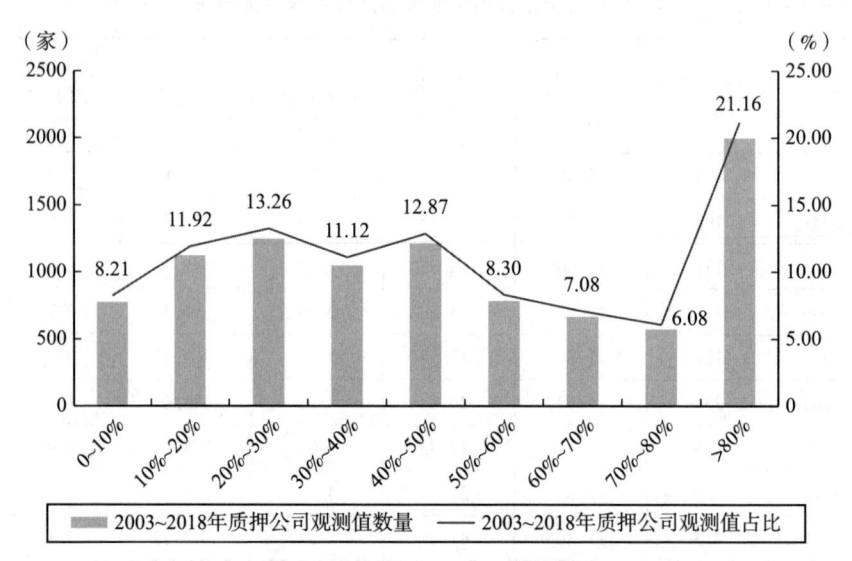

图3-3 2003~2018年A股上市公司控股股东质押比例总体分布

资料来源：根据Wind资讯数据资料整理。

高比例质押的原因复杂多重，可能既有民企融资难的缩影，也有上市公司控股股东为扩张版图而盲目追求杠杆，以及控股股东二级市场减持不畅等其他原因。质押比例较高的控股股东可能面临更大的解押压力，一旦出现极端负面事件导致股价急速下跌，不但控股股东要面临控制权转移的风险，上市公司也会面临较大的流动性损失，更有可能加剧市场下跌并引发系统性风险。

图3-4展示了2003~2018年上市公司控股股东质押期限的分布情况。

图中显示，质押合同期限在 1~2 年的上市公司最多，占比 48.6%；约有 16.87% 的上市公司其控股股东质押期限超过 3 年；21.46% 的上市公司其控股股东质押期限不到 1 年。

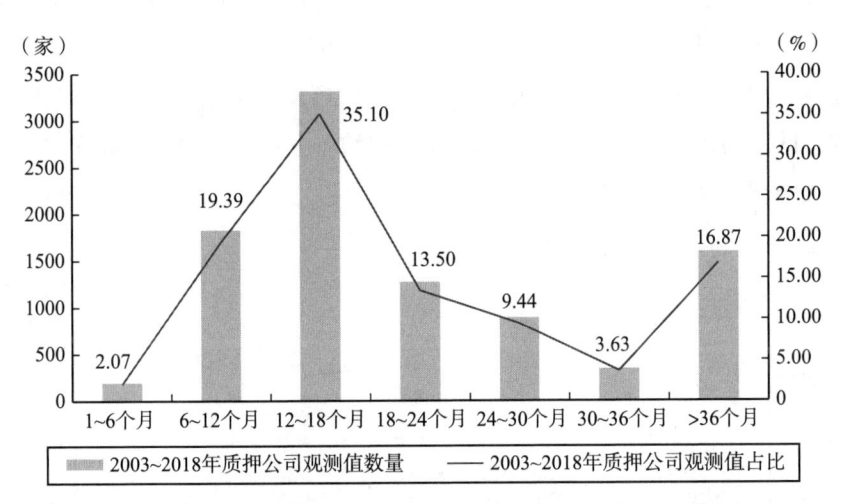

图 3-4 2003~2018 年 A 股上市公司控股股东质押期限总体分布

资料来源：根据 Wind 资讯数据资料整理。

标准的股权质押合同一般会约定平仓线和警戒线，即被质押股票的实际市值与借贷款项金额的比值，其中平仓线通常为 120%~140%。当股价跌至警戒线时，出质人需要及时追加质押物或补充资金，若股价持续下跌触及平仓线，质权人有权清算被质押股票。因此，公司股价距离平仓线越近，说明控股股东质押的平仓压力越大；相反，当股价与平仓线的距离相对较远时，控股股东质押的平仓压力较小。

图 3-5 展示了 2003~2018 年上市公司控股股东股权质押的平仓压力区间的分布情况。参照现有文献（李常青、李宇坤和李茂良，2018；Zhao, Zhang, Xiong & Zou, 2019；胡聪慧、朱菲菲和邱卉敏, 2020），平仓价格的计算方法为：平仓价格 = 质押日均价 × 质押比率 × (1 + 融资成本) × 平仓线。在本书中，假定质押日均价为质押前 7 个交易日的收盘价均值；主板、中小板、创业板的质押比率分别为 50%、40% 与 30%；融资成本即质

押年利率为7%；主板和中小创板的平仓线分别为130%和140%。而距平仓线股价跌幅=［(质押期间最低股价-平仓价)/质押期间最低股价］×100%，如图3-5所示，本书将平仓压力划分为跌破平仓线、距平仓线0~20%、距平仓线20%~40%、距平仓线40%~60%以及距平仓线60%以上。图中显示，在2003~2018年，有17.6%的上市公司股价曾跌破平仓线，19.2%上市公司质押期间最低股价距离质押平仓线仅有0~20%下跌空间，而距平仓线60%以上的上市公司约占11.3%。可见，股权质押风险逐渐积聚且不容忽视。

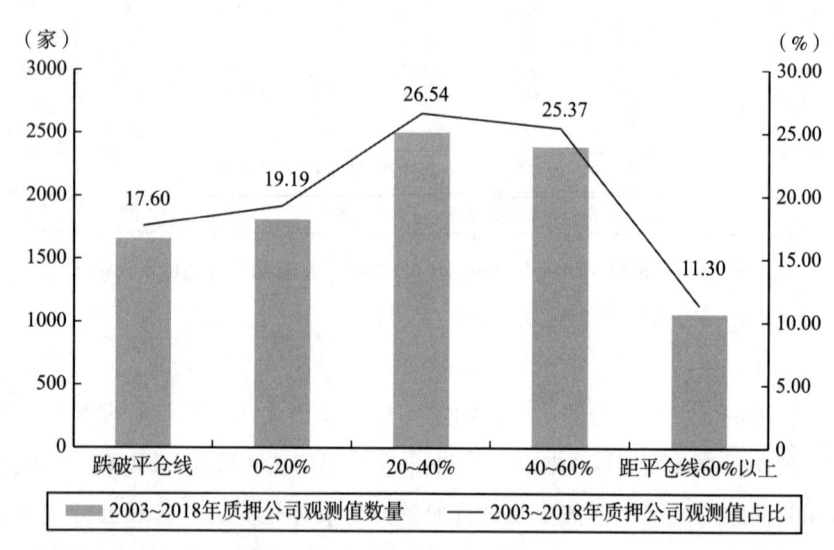

图3-5 2003~2018年A股上市公司控股股东股权质押平仓压力区间总体分布
资料来源：根据Wind资讯数据资料整理。

总体而言，随着股权质押的快速发展，其带来的股价下行风险也逐渐暴露出来。不少公司股东，甚至控股股东都以高比例质押股份来获取较高的流动性，也不断有控股股东被爆出质押股票价格跌破警戒线或平仓线。高比例质押或平仓压力大的控股股东丧失控股权的风险很高，那么为什么控股股东会"铤而走险"，宁愿冒着失去控制权的风险也要质押股权？这一问题需要从控股股东的动机出发进行系统深入的理论研究。

3.2 理论基础

3.2.1 不完全信息理论

1. 理论概述

不完全信息（Imperfect Information）是指市场参与者不拥有关于某种经济环境状态的全部知识。在实际经济活动中，决策者往往无法掌握全部信息，对经济环境的认识存在不确定性，从而导致其决策行为面临或承担风险的可能。

不完全信息理论是信息经济学的起源和核心。不完全信息理论认为，现实经济生活中具有完全信息的市场是不可能存在的，不同市场不同程度地存在着不完全信息。最早以不完全信息标准考察市场经济问题的是海克（Hayek，1945），他认为，市场信息分散地存在于每个市场参与者之中，任何一个市场参与者都不可能掌握市场的全部信息。也就是说，即使信息优势方掌握了大量市场信息，但信息优势方所掌握的市场信息中仍然可能没有包括许多重要的、经济决策所必需的市场信息。

纵观不完全信息理论的发展，施蒂格勒（Stigler，1961）研究了价格信息和劳动力市场信息的不完全性问题，首次提出了"信息不完备性"概念，打破了以往传统经济理论的完全信息假设，认为不完备信息会导致资源的不合理配置。阿克洛夫（Akerlof，1970）通过对二手车市场质量的分析，发现商品市场存在不完全信息。此外，不完全信息分析还涉及保险、资本市场信息的不完全性问题（Rothschild & Stiglitz，1976；Stiglitz & Weiss，1981；Greenwald，Stiglitz & Weiss，1984；Greenwald & Stiglitz，1986）。施蒂格利茨（Stiglitz，1985）概括性地将不完全信息分析模型总结为九种，其中包括具有逆向选择和道德风险条件下市场价格的不完全信息,也就是说非对称信息是不完全信息的一种典型表现形式。

除了信息不对称外,不完全信息还表现为信息不确定(Knight,1921;Arrow,1984;高鸿业,2011),即信息的来源、内容以及真伪等方面存在不同程度的不确定性,不能确切地判定其可靠性、完整性和有用性的状况。信息不确定使市场参与者只能预见自己的行为有几种可能的结果以及这些结果的可能性,从而导致市场参与者在决策时面临风险。

蒋、李和张(Jiang,Lee & Zhang,2005)将信息不确定性定义为"价值模糊或即使是最有见识的投资者也无法合理估计公司价值的程度"。张(Zhang,2006)将信息不确定性定义为"新信息对公司价值的影响的模糊性",并指出信息不确定来源于公司基本面的波动以及信息不足两个方面。

风险产生的根源来自事物发展的不确定性,任何不确定性决策问题就必须面对或承担风险(Miller,1977)。上市公司信息不确定性可能包括未来市场拓展风险、产品研发失败风险及政策环境风险等。信息在风险决策中起着关键作用,但决策者在现实情境中却往往无法掌握明确的信息,在面临信息不确定的条件下,理性的市场参与者根据其所掌握的信息情况,从满足自身效用最大化的角度出发进行有效决策、规避风险。

2. 不完全信息条件下的控股股东股权质押行为

根据不完全信息理论,控股股东尽管作为公司内部人具有一定的信息优势(Myers & Majluf,1984),但注意力有限不能掌握所有的信息(Hayek,1945;Edmans,Goldstein & Jiang,2015),也无法准确衡量潜在坏消息的影响程度(Knight,1921;Arrow,1984),对潜在坏消息导致的公司未来状况及公司价值认知模糊(Jiang,Lee & Zhang,2005;Zhang,2006),这种信息不确定性大大增加了控股股东的自身风险(Miller,1977;高鸿业,2011)。在这种情况下,出于对自身利益的保护,控股股东采用股权质押进行对冲是锁定收益、减小风险的较优方案,尽管股权质押可能会面临平仓风险(谢德仁、郑登津和崔宸瑜,2016),但是,控股股东可以提前锁定股权质押套现的收益,并用质押获得的资金来冲销上市公司信息不确定性带来的自身风险损失。由此可见,控股股东股权质押在一定程度上可以反映控股股东由于接收到的信息不确定而采取的对冲自身风险行为。

3.2.2 信息不对称理论

1. 理论概述

如上节所述,非对称信息是不完全信息的一种典型表现形式。信息不对称理论是在 20 世纪 70 年代由乔治·阿克洛夫、迈克尔·斯宾塞(George Akerlof & Michael Spence)和约瑟夫·斯蒂格利茨(Joseph Stiglitz)等数位杰出的经济学家提出和发展的。1970 年,阿克洛夫(Akerlof, 1970)首次提出了"信息不对称"的理论概念,并从二手车市场入手系统研究了信息不对称导致的"逆向选择"问题。自此,信息不对称理论被正式引入经济学研究。

信息不对称理论认为,信息是决策制定的基础,然而市场中各类参与主体在对信息掌握的完备性上存在明显差异,既有信息完备性较高的优势方,也有信息掌握较差的劣势方,信息优势方比信息劣势方掌握更多的信息。在产品市场上,信息不对称会导致"逆向选择"和"道德风险"问题。"逆向选择"发生在交易之前,表现为信息优势方对信息的隐藏,而信息劣势方被迫作出反向选择。"道德风险"发生在交易之后,是指拥有信息优势的一方会利用其信息优势使自己的效用最大化,同时做出不利于信息劣势方利益的行为。

资本市场中的各类主体也存在严重的信息不对称问题,主要有两种表现形式:一类是企业外部人与企业内部人之间的信息不对称,诸如公司管理者和其他公司内部人比外部投资者更了解公司的现状和未来前景;另一类是企业股东与经理人之间的信息不对称,即下文所述的委托代理问题。

2. 信息不对称下的控股股东股权质押与股价崩盘风险

我国上市公司股权集中现象普遍存在,控股股东可以直接影响上市公司信息环境、控制公司决策,或者对高管团队成员施加影响(Fan et al.,

2002；Gopalan et al.，2012；Boubaker et al.，2014）。作为公司内部人，控股股东相较于企业外部中小投资者具有一定的信息优势。外部投资者在缺乏可靠的质押信息披露下，难以及时了解质押背后及伴随质押产生的负面信息，一些负面信息可能被隐藏而未能有效被股价反映出来。信息不对称下负面信息的累积是股价崩盘风险的主要诱因（Jin & Myers，2006），随着时间的推移，公司内部的负面消息不断积累，一旦超过某个阈值，累积的坏消息无法再隐藏下去时会瞬间集中释放到市场，引发个股价格崩盘（Jin & Myers，2006；Hutton，Marcus & Tehranian，2009）。

3.2.3 委托代理理论

1. 理论概述

如上节所述，委托代理理论是信息不对称理论在委托代理关系中的应用和延伸，是"道德风险"模型的别称。1976年，詹森和梅克林（Jensen & Meckling，1976）正式提出了代理成本的概念，指出代理成本由委托人监督成本、代理人的保证性支出和剩余损失构成，并深入分析了代理成本产生的原因、表现以及缓解方式等。这篇论文的发表标志着委托代理理论的正式确立。

委托代理理论指出，现代企业的委托代理问题主要有以下两种类型：

第一类代理问题存在于股东和经理人之间，由于股东与经理人存在不完全一致的目标函数，并且经理人对企业经营情况具有更大的信息优势，股东无法对经理人所有决策进行有效监督。此时经理人可能为了满足私有收益而制定损害股东利益的决策，产生"道德风险"问题（Jensen & Meckling，1976）。

第二类代理问题发生在中小股东与大股东之间，这类代理问题在股权集中的新兴资本市场中更为普遍。什莱弗和维什尼（Shleifer & Vishney，1997）指出，当中小股东无法有效监督大股东决策且大股东控制权和现金流权出现严重偏离时，大股东可能为了私有收益而侵害中小股东利益。两类代理问题的出现,损害了企业的长期价值,制约了企业持续发展的能力。

2. 控股股东股权质押中的委托代理问题

股权质押期间,被质押的股权产生的现金流收益被暂时冻结,这在一定程度上会限制控股股东基于现金流权的部分权利,无法获得股息,不能进行股权再融资以及与股权交易有关的其他活动。因此,对于持有质押股份的控股股东来说,相应的现金流权被暂时冻结,但控制权仍被保留在股东自己手中,质押期间控股股东的现金流权明显小于控制权。根据委托代理理论,控制权与现金流权的分离会导致控股股东的掏空行为。因此,股权质押为控股股东掏空上市公司与侵占中小股东的利益从而获取控制权私人收益创造了条件与空间。股权质押反映了控股股东的掏空动机。

3.3 概念要素

3.3.1 控股股东股权质押

本书主要考察直接控股股东(上市公司第一大股东)的股权质押行为。另外,由于持股比例低于10%的直接控股股东对上市公司的影响很小,所以,在众多关于股权质押的研究中(Chan et al., 2018;Dou et al., 2019;Li et al., 2020;Pang & Wang, 2020;Wang et al., 2020),控股股东为至少持有10%股份的第一大股东。借鉴以往文献,本书研究的控股股东是指持股10%以上的直接控股股东。

控股股东股权质押是指控股股东以其持有的上市公司的部分股权作为质押标的物,从金融机构(如银行、信托、券商等)获得贷款资金的一种债务融资行为。控股股东股权质押有以下三个特征:①控股股东保有被质押股权的控制权;②被质押股票产生的现金流权被暂时冻结;③质押物的价值取决于股价的高低，若股价触及平仓线而控股股东质押比例又过高，则可能面临丧失对上市公司控制权的风险。

现有关于控股股东股权质押的研究更多地从控股股东掏空和为避免控制权转移进而维持股价的伪市值管理视角关注控股股东股权质押对企业价值与行为的影响，包括公司价值、盈余管理、股利决策、信息披露决策、投资决策等。上述研究对控股股东股权质押这一研究要素均采用了一致的衡量方法，即当年年末控股股东是否存在股权质押（不包括当年质押且在当期解除质押的样本）的哑变量，并以此进行直接回归。

本书在现有股权质押哑变量衡量方法的基础上，借鉴周、李、鄢和吕（Zhou, Li, Yan & Lyu, 2021）以及邓、高和金（Deng, Gao & Kim, 2020）和李、金、吴和余（Li, Kim, Wu & Yu, 2021）的研究，将时间序列划分为三段：质押开始前期（pre-pledging benchmark period）、控股股东股权质押期间（*During* = 1）和质押结束后期（post-pledging benchmark period），并采用倾向得分匹配方法（PSM）设计多时点双重差分回归模型（Staggered Difference – in – Differences Model），以期缓解内生性问题。

除此之外，本书还关注了质押的三个特征：质押比例、质押期限和质押期间的平仓压力，具体解释如下：

（1）质押比例：参照现有研究（黄登仕、黄禹舜和周嘉南，2018；曹丰和李珂，2019；Li, Zhou, Yan & Zhang, 2020；王秀丽、齐荻和吕文栋，2020），用控股股东质押股份数占控股股东持有上市公司股份数的比重来衡量控股股东股权质押的比例。

（2）质押期限：参照现有研究（何威风、刘怡君和吴玉宇，2018；马连福和张晓庆，2020；胡珺、彭远怀、宋献中和周林子，2020；Zhou, Li, Yan & Lyu, 2021），用从控股股东质押开始日期到质押结束日期的月份的自然对数来衡量控股股东股权质押的期限。

（3）平仓压力：参照现有研究（廖珂、崔宸瑜和谢德仁，2018；李常青、李宇坤和李茂良，2018；Zhao, Zhang, Xiong & Zou, 2019；胡聪慧、朱菲菲和邱卉敏，2020；姜军、江轩宇和伊志宏，2020），以股票的价格是否逼近控股股东股权质押的平仓线来衡量其质押期间的平仓压力大小，具体来说，将当年内最低收盘价与股权质押平仓价格［质押日均价×质押比率×(1＋融资成本)×平仓线］的比值与1相比较，若该比值小于1则说明平仓压力较大。

3.3.2 上市公司股价崩盘风险

股价崩盘风险是指个股的特有收益率出现极端负偏分布的可能性，是反映非系统性风险的关键指标（Chen，Hong & Stein，2001；Hutton，Marcus & Tehranian，2009；Kim，Li & Zhang，2011）。当个股收益负偏程度高时，股价发生崩盘的可能性就越大。早期关于股价崩盘风险的研究认为市场层面的投资者异质信念是造成股价崩盘的重要原因（Hong & Stein，2003），然而近期研究更多地基于代理理论认为股价崩盘风险根源于企业层面的内部负面消息隐藏，伴随着负面消息的不断累积，企业股票的市场价格与内在价值偏离程度不断升高，最终负面消息的集中释放会引发个股价格崩盘（Jin & Myers，2006；Hutton，Marcus & Tehranian，2009）。

现有关于股价崩盘风险的研究主要结合负面消息产生和负面消息隐藏的相关理论探讨股价崩盘风险的影响因素，包括公司治理、信息披露与外部利益相关者对上市公司股价崩盘风险的影响。然而，关于股权质押与股价崩盘风险关系的研究中，却鲜有文献基于公司内部坏消息囤积理论解释股权质押对股价崩盘风险的影响。例如，谢德仁、郑登津和崔宸瑜（2016）从避免控制权转移风险视角出发认为控股股东股权质押后进行应计性盈余管理等操纵性市值管理降低了质押期间的股价崩盘风险；窦、马苏里斯和蔡恩（Dou，Masulis & Zein，2019）从股权质押本身的违约风险视角出发认为频繁变化的股价容易触发追加保证金通知和强制抛售继而引发股价崩盘；夏常源和贾凡胜（2019）从投资者情绪视角出发认为股权质押引发股价崩盘的根本原因在于市场信息环境不透明引发的投资者猜测和恐慌。不同于上述三类文献，本书基于公司内部坏消息囤积的理论解释研究控股股东股权质押对股价崩盘风险的影响。

至于股价崩盘风险的衡量办法，现有文献主要采用哑变量、个股的负收益偏态系数和收益上下波动比率三种指标衡量上市公司股价崩盘风险，本书同样采用这三类衡量指标，具体计算方法将在第 4 章中详细介绍。

3.3.3 对冲及对冲效应

1. 对冲

对冲（Hedge）一词最早出现于 1949 年，指通过管理并降低组合系统风险以应对金融市场变化。金融学上，对冲一般是指同时进行两笔行情相关、方向相反、数量相当、盈亏相抵的交易，旨在降低或减轻资产不利价格变动风险的一种风险管理策略。不同于金融学中关于"对冲"的传统概念，本书对于"对冲"的定义为规避上市公司信息不确定性带来的自身风险损失。本书的"对冲"和金融学中的"对冲"的相同点在于本质都是锁定收益、规避风险。

在实际生活中，对冲的应用极其广泛。对冲的本质是风险规避，因此对冲不一定要在同一市场或同一件事物上进行，只要锁定了收益、规避了潜在风险损失的风险控制策略都可以叫作对冲。美国证券交易委员会（2018）把对冲交易定义为"……对冲或抵消，或旨在对冲或抵消作为薪酬授予的或直接或间接由员工或董事持有的股票证券的市场价值的任何下降"。对冲的目的不是获利，是在付出一定成本的基础上抵抗或补偿投资潜在的风险损失。对冲的意义在于去掉某种投资者不想承担的不确定的风险，而只保留投资者可以承担的有把握的确定的风险，以取得收益。

2012 年，美国机构股东服务公司（Institutional Shareholder Services Inc.）提出股权质押可作为公司高管对冲或货币化策略的一部分，即允许高管免受公司股票带来的经济风险敞口。拉克和塔扬（Larcker & Tayan, 2010）以美国上市公司为研究对象发现质押股票是公司内部人对冲公司风险的手段之一。法比斯克（Fabisik, 2019）也表明股权质押允许首席执行官免受上市公司预期未来业绩下滑或未来股价不确定性带来的风险。沈、王和周（Shen, Wang & Zhou, 2021）的研究认为由于管理层承担了公司特有的风险,因此风险厌恶的公司内部人会利用股权质押来对冲风险。

借鉴以上文献,本书对于"对冲"的概念界定与沈、王和周(Shen, Wang & Zhou, 2021)和拉克、塔扬(Larcker & Tayan, 2010)以及法比斯克(Fabisik, 2019)的研究一致,即规避上市公司信息不确定性带来的自身风险损失。虽然不同于金融学中关于"对冲"的传统概念,但本书的"对冲"和金融学中的"对冲"的相同点在于本质都是锁定收益、规避风险。

2. 对冲效应

根据不完全信息理论,控股股东尽管作为公司内部人具有一定的信息优势,但注意力有限不能掌握所有的信息,也无法准确衡量潜在坏消息的影响程度,对潜在坏消息导致的公司未来状况及公司价值认知模糊,这种信息不确定性大大增加了控股股东的自身风险。

因此,借鉴以上文献(Shen, Wang & Zhou, 2021;Larcker & Tayan, 2010;Fabisik, 2019),本书认为,当控股股东事先知道一些潜在的坏消息或坏消息的来源,却对潜在坏消息导致的公司未来状况及公司价值认知模糊的情况下,控股股东采用股权质押进行对冲是锁定收益、减小风险的较优方案,尽管股权质押可能会面临平仓风险(谢德仁、郑登津和崔宸瑜,2016),但是,控股股东可以提前锁定股权质押套现的收益、并用质押获得的资金来冲销上市公司信息不确定性带来的自身风险损失。由此可见,控股股东股权质押在一定程度上可以反映控股股东由于接收到的信息不确定而采取的对冲自身风险行为。

蒋、李和张(Jiang, Lee & Zhang, 2005)将信息不确定性定义为"价值模糊或即使是最有见识的投资者也无法合理估计公司价值的程度"。张(Zhang, 2006)将信息不确定性定义为"新信息对公司价值的影响的模糊性"。具体来说,本书以分析师预测分歧度和管理层讨论与分析(MD&A)描述性风险信息作为衡量公司信息不确定性的代理变量。

(1)分析师预测分歧度。由于大量的分析师跟进同一家公司,而每个分析师获取私人信息的渠道来源不同,因此各个分析师拥有的私人信息不甚相同，对于同一事项作出的决策和分析就存在着意见不一致，这通常被称为分析师预测分歧（Imhoff & Lobo，1992；Lang & Lundholm，1996）。分析师预测分歧度衡量了分析师之间获取的私有信息的差异，分歧度越大表明分析师对上市公司未来盈余或经营事项的不确定性程度越大（Barron，Kim，Lim & Stevens，1998；Barron & Stuerke，1998）。因此，当公开信息保持一定时，分析师预测分歧度越大，说明上市公司私有信息不确定性越大，公司未来状况的不确定性越高（Zhang，2006；储一昀和仓勇涛，2008；Lu，Chen & Liao，2010）。

现有文献主要采用以下三种方法衡量分析师预测分歧度：A. 跟踪同一家上市公司的所有分析师当年最后一次每股盈余预测的标准差与每股收益预测均值的绝对值的比值（Lu，Chen & Liao，2010；王玉涛和王彦超，2012；何熙琼和尹长萍，2018）；B. 跟踪同一家上市公司的所有分析师当年最后一次每股盈余预测的标准差与期初股价的比值（Zhang，2006；褚剑、秦璇和方军雄，2019）；C. 跟踪同一家上市公司的所有分析师当年最后一次每股盈余预测的标准差与年末每股资产的比值（吴锡皓和胡国柳，2015）。

本书采用文献中最普遍的分析师预测分歧度衡量方法，即跟踪同一家上市公司的所有分析师当年最后一次每股盈余预测的标准差与每股收益预测均值的绝对值的比值。该比值越大，公司的信息不确定性就越高。

（2）管理层讨论与分析（MD&A）描述性风险信息。管理层讨论与分析（Management Discussion and Analysis，MD&A）是上市公司财务报告中最重要、最有信息含量的部分（Tavcar，1998），着重于对公司未来经营成果与财务状况产生不利影响的重大事项和不确定性因素的分析讨论。国内外不少研究表明MD&A具有反映企业特质的管理层私有信息增量内容（Bryan，1997；Cole & Jones，2004；贺建刚、孙铮和周友梅，2013；Mayew，Sethuraman & Venkatachalam，2015；孟庆斌、杨俊华和鲁冰，2017）。

MD&A描述性风险信息是MD&A中重要的非财务信息，具有信息、风险与文本的多重属性。首先，MD&A描述性风险信息重在说明未来的不确定性对公司实现其目标的影响，提供了异质性较强的特殊信息，突出了信息的不确定性（Kim & Verrecchia，1991；Kravet & Muslu，2013；Campbell，Chen，Lu & Steele，2014）。其次，风险信息通常被视为负面消息，反映了管理层对未来不确定或未来经营业绩可能出现损失的警示（Filzen，2015；姚颐和赵梅，2016）。最后，MD&A 风险信息以文本方式展示，很难精确量化，增加了投资者理解信息的难度，提高了信息的不确定性（Todd & Volkan，2013）。由以上分析可知，MD&A 描述性风险信息可以反映管理层持有的内部信息不确定性。

本书的 MD&A 描述性风险信息指标构建的相关文本数据来源于 WinGo 财经文本数据平台①，该平台是中国首家财经文本智能研究平台，具有专业的财经领域中文文本数据分析技术。WinGo 描述性风险指标基于深度学习技术、结合财经文本语境，采用"种子词集 + Word Embedding 相似词扩充"的方法构建而成。本书选取管理层讨论与分析（MD&A）风险指标数据库，并在此基础上乘以 100% 后得到本书的 MD&A 文本风险指标，该指标值越大，表明公司的信息不确定性就越高。

3.3.4 掏空及掏空效应

1. 掏空

在股权结构高度集中的新兴资本市场，控股股东具有相对甚至绝对控股权，可以直接影响上市公司信息环境、控制公司决策，或者对高管团队成员施加影响（Shleifer & Vishny，1986；Fan et al.，2002）。委托代理理论认为，当中小股东无法有效监督控股股东决策且控股股东控制权和现金流权出现严重偏离时，控股股东可能为了私有收益而侵害中小股东利益，这也被称作第二类代理问题。其中，控制权是股东对公司行使决策的权

---

① 胡楠、薛付婧和王昊楠（2021）发表在《管理世界》一文中的 MD&A 管理者短视主义文本指标数据也来源于 WinGo 财经文本数据平台，在一定程度上说明了 WinGo 财经文本数据平台的数据有效性。

利,现金流权是股东拥有的公司财产分红权。

詹森、拉波尔塔、洛佩兹·德·西兰内斯和施莱费尔（Johnson, La Porta, Lopez‐de‐Silanes & Shleifer, 2000）首次提出"掏空"（Tunneling）的概念,指控股股东为了自身利益而将公司资产和利润转移出去的行为。然而,控股股东往往采取较为隐蔽的方式实施掏空,因此,直接衡量控股股东对中小股东利益的掏空方式和程度较为困难。

现有研究表明,控股股东实施"掏空"行为的主要方式有：（1）资金占用（李增泉、孙铮和王志伟, 2004；岳衡, 2006；王鹏和周黎安, 2006；罗党论和唐清泉, 2007；Jiang, Rao & Yue, 2015），反映为财务报表中大量的其他应收款,债务人就是控股股东或其控制的其他企业。（2）关联交易（余明桂和夏新平, 2004；Cheung, Jing, Lu, Rau & Stouraitis, 2009；佟岩和王化成, 2007），即控股股东与上市公司之间的产品和服务交易。关联交易的掏空方式在我国资本市场中尤为普遍。（3）现金股利。一些研究认为高额派现是控股股东转移上市公司利益的一种相对隐蔽的方式,派发的现金股利越多,控股股东掏空越多（刘峰和贺建刚, 2004；唐跃军和谢仍明, 2006；邓建平、曾勇和何佳, 2007；黄娟娟和沈艺峰, 2007；Chen, Jian & Xu, 2009）；然而还有一些研究认为发放现金股利有利于抑制控股股东的掏空行为,也就是说,控股股东掏空越多,派发的现金股利越少（Lee & Xiao, 2004；王化成、李春玲和卢闯, 2007；Aoki et al., 2014；Liu et al., 2014）。（4）贷款担保（Berkman et al., 2009；Jiang, Lee & Yue, 2010），即控股股东要求上市公司为其自身或控制的其他企业提供贷款担保,当债务人到期后仍未清偿债务时,上市公司就得承担连带赔偿责任。

本书对"掏空"的界定与以往文献一致,即控股股东为了自身利益而转移公司资产和利润的行为。

2. 掏空效应

控股股东质押股权后,相应的现金流权被暂时冻结,但控制权仍被保留在股东自己手中,质押期间控股股东的现金流权小于控制权。现有文献认为控制权与现金流权的分离①会导致控股股东的掏空行为（Shleifer & Vishny，1997；La Porta，Lopez‐de‐Silanes，Shleifer & Vishny，1999；Claessens et al.，2000；Faccio，Lang & Young，2001）。因此，股权质押为控股股东掏空上市公司与侵占中小股东的利益从而获取控制权私人收益创造了条件与空间。股权质押反映了控股股东的掏空动机。

具体来说，本书以侵占型关联交易（掏空的程度）、上市公司成长机会（掏空的成本）和现金股利分配（掏空的经济后果）作为衡量控股股东掏空的代理变量。

（1）侵占型关联交易。关联交易是指关联方之间转移资源、劳务或义务的行为。关联交易作为企业资源配置的一种方式，学术界对于关联交易的作用存在两种相互竞争的观点：一类认为关联交易有助于降低交易成本，具有效率促进作用（Khanna & Palepu，2000；Jian & Wong，2010），一类认为关联交易是控股股东转移上市公司资源、侵占中小股东利益的重要手段（Berkman et al.，2009；Cheung et al.，2009；Peng et al.，2011）。

而对于股权集中的新兴市场，大部分文献均表明控股股东与上市公司之间发生的关联交易是控股股东实现其自身控制权私人收益的"掏空"行为（余明桂和夏新平，2004；佟岩和王化成，2007；郑国坚，2009；吕怀立和李婉丽，2010；姜付秀、马云飙和王运通，2015；侯青川、靳庆鲁、苏玲和于潇潇，2017）。

现有文献主要采用控股股东与上市公司之间商品购销及资产交易类别的关联交易总额与上市公司期末总资产的比值来衡量关联交易水平。本书借鉴张、荆、卢、劳、斯图拉蒂斯（Cheung，Jing，Lu，Rau & Stouraitis，2009）、吕怀立、李婉丽（2010）以及苏等（Su et al.，2014）的研究，关注的是上市公司与其控股股东（包括受同一控股股东控制的其他企业）之间的侵占型关联交易程度，具体来说，采用控股股东与上市公司之间商品

---

① 虽然衡量控制权与现金流权分离的常见指标是两权分离度，但两权分离度常见于金字塔结构的实际控制人，而本书的控股股东指的是持股10%以上的直接控股股东。直接控股股东本不存在两权分离问题，但因股权质押后控股股东的现金流权小于控制权，所以股权质押期间控股股东存在掏空动机。

购销及资产交易类别的侵占型关联交易总额与上市公司期末总资产的比值来衡量关联交易程度,其中,在关联交易的计算中,不包括交易方向为关联方的贷款、担保、捐赠等可能对企业有利的交易。侵占型关联交易程度越高,控股股东"掏空"的程度相对越严重。

(2) 上市公司成长机会。现有研究表明当上市公司面临更好的成长机会时,控股股东侵占中小股东利益而获取私人控制收益的机会成本更高(Johnson et al., 2000; Gopalan & Jayaraman, 2012)。这是因为对于控股股东而言,对高成长企业未能进行有效投资资源所放弃的回报更大,当企业从生产用途转移资源的机会成本较高时,控股股东消费私人控制收益的成本也会增加。洪、金和韦尔克(Hong, Kim & Welker, 2018)发现即使在公司信息不透明的情况下,高增长机会公司的实际控制人也较少参与私人控制利益的消费,这是因为高增长公司中存在的不透明可能源于实际控制人避免专有成本的努力,而不是掩盖私人利益的消费。

以上研究表明当上市公司成长机会较高时,控股股东消费私人控制利益的机会成本较大。因此,本书采用上市公司成长机会来衡量控股股东的掏空成本。上市公司成长机会越高,控股股东的掏空成本越大,越会抑制控股股东的掏空行为。

与现有研究一致(Liu et al., 2007; Cull et al., 2015; Hong, Kim & Welker, 2018),本书采用销售增长率衡量上市公司成长机会。

(3) 现金股利分配。现金股利政策作为上市公司的一项重要财务决策,一直受到学术界的广泛关注。在我国,尽管现金股利分配曾经被视为控股股东掏空的一种手段,即控股股东通过现金股利进行掏空,上市公司现金股利分配越多,控股股东掏空的程度越大(Chen, Jian & Xu, 2009)。但随着我国股权分置改革的完成,同股同权的约束使得有掏空动机的控股股东要求上市公司仅派发少量现金股利以积累便于其转移的留存收益,通过关联交易、资金占用、以低于市价的价格转让公司资产等方式进行掏空(Jiang et al., 2010; Liu et al., 2014; Aoki et al., 2014; 陆正飞, 2016)。王化成、李春玲和卢闯(2007)基于终极控制权理论,发现控股股东控制权和现金流权分离度越高,上市公司现金股利分配就越低。

本书之所以选择现金股利分配衡量控股股东的掏空行为，是因为现金作为公司最具流动性的资产，很容易被控股股东异化为资源转移的对象（Fresard & Salva，2010），控股股东若有掏空意愿，有能力且方便要求上市公司支付更低的现金股利、增加留存收益，以便对公司施加影响以侵占现金资产获取私人控制收益（Shleifer A.，1997；Jiang et al.，2010；陆正飞，2016）。

现有文献主要采取以下两种指标衡量上市公司现金股利分配：A. 现金股利支付意愿的哑变量，即当年公司发放现金股利计为1，否则为0（Li & Zhao，2008；Firth et al.，2016）；B. 现金股利支付比率，即每股现金股利与每股收益的比值（Lintner，1956；Benartzi et al.，1997；Jiang et al.，2017）。与现有研究一致，本书也采用以上两种指标衡量上市公司现金股利分配。

3.3.5 公司内外部信息环境

每个企业都嵌入在一个特定的内外部信息环境中，公司的信息披露行为会受到企业内外部信息环境的影响。在本研究中，公司的内外部信息环境主要从三个方面来考虑，它们是内部控制、分析师跟踪（侧重信息收集）和媒体关注（侧重信息传播）。

1. 内部控制

企业内部控制制度作为一种正式的制度安排，确保了企业业务的有效性、财务报告的可靠性和相关活动的合规性，有利于提高信息透明度和改善风险管理（叶康涛、曹丰和王化成，2015；Chen, Chan, Dong & Zhang, 2017；Wang et al.，2018）。

本书借鉴王等（Wang et al.，2018）和李等（Li et al.，2019）的研究，采用DIB内部控制与风险管理数据库（以下简称DIB数据库）中的内部控制指数衡量上市公司内部控制水平。DIB数据库是中国首个内部控制和风险管理领域的专业数据库，由迪博风险管理技术有限公司在国外Audit

Analytics Database 的基础之上研发而成。其中的内部控制指数为连续变量，是基于 COSO 内部控制体系五要素（内部环境、风险评估、控制活动、信息与沟通以及内部监督）的综合评分，取值范围为 0~999。

2. 分析师跟踪

分析师作为股票市场的信息中介，在缓解公司与投资者之间的信息不对称、抑制公司内部人机会主义行为中发挥了重要作用（Lang, Lins & Miller, 2003）。

一方面，分析师具备专业的财务技能和信息搜索能力，能够产生机构和个人投资者使用的公司披露信息以外的公司特定信息（Huang, Zang & Zheng, 2014），缓解了外部投资者和公司内部人之间的信息不对称，降低了信息传递成本，提高了信息传递质量；另一方面，分析师可以抑制公司内部人囤积坏消息的行为，提高信息披露的质量（Kim, Lu & Yu, 2019；伊志宏、朱琳和陈钦源, 2019）。

与现有研究一致（Yu, 2008；Irani & Oesch, 2016；韩艳锦、冯晓晴和宋建波, 2021），本书采用某一年度对同一家上市公司出具盈余预测的分析师的人数来衡量分析师跟踪，具体来说，分析师跟踪为 1 加上某一年度跟踪该上市公司的分析师人数的和的自然对数。

3. 媒体关注

媒体作为资本市场中重要的信息中介和外部监督者，通过向更广泛的受众生产和传播高质量的信息，可以有效帮助减少信息不对称和改善公司治理（Miller, 2006；Bushee et al., 2010；Tetlock, 2010；Dai et al., 2015；Gao et al., 2020）。

媒体报道有助于遏制内部人的机会主义行为。一方面，媒体的报道使得大量投资者能够抢先获得未披露的公司相关信息。大量研究发现，媒体报道促进了更多公司特定信息（而不仅仅是公司披露的信息）被纳入市场，提高了公司透明度和市场效率（Peress, 2014；Kim et al., 2016；Dang et al., 2020）。另一方面，对于媒体关注度较高的公司来说，内部人囤积坏消息的成本更高。多项研究指出媒体可以曝光公司的违规行为，如会计欺诈和内幕交易（Miller，2006；Dyck et al.，2010；Dai et al.，2015）。

与现有研究一致（Dang et al.，2020；Gao et al.，2020），本书采用某一年度该上市公司的新闻文章数量来衡量媒体关注度，具体来说，媒体关注度为1加上该公司在某一年度的新闻文章数量的和的自然对数。

3.4 模型构建

1. 基于不完全信息理论、信息不对称理论和委托代理理论探讨控股股东股权质押对上市公司股价崩盘风险的影响

根据不完全信息理论，控股股东尽管作为公司内部人具有一定的信息优势，但注意力有限不能掌握所有的信息，也无法准确衡量潜在坏消息的影响程度。当控股股东事先知道一些潜在的坏消息或坏消息的来源，却对潜在坏消息导致的公司未来状况及公司价值认知模糊的情况下，控股股东采用股权质押进行对冲是锁定收益、减小风险的较优方案，尽管股权质押可能会面临平仓风险（谢德仁、郑登津和崔宸瑜，2016），但是，控股股东可以提前锁定股权质押套现的收益、并用质押获得的资金来冲销上市公司信息不确定性带来的自身风险损失（即"对冲效应"），而控股股东手中握有这份"保险"之后，对公司的监管、治理效应减弱，导致公司内部坏消息的囤积。

根据委托代理理论，控股股东两权分离时会导致控股股东的掏空行为。对于持有质押股份的控股股东来说，相应的现金流权被暂时冻结，但控制权仍被保留在股东自己手中，质押期间控股股东的现金流权明显小于控制权（Kao et al.，2004；Li et al.，2020）。因此，股权质押为控股股东侵占上市公司与中小股东的利益从而获取控制权私人收益创造了条件与空间（即"掏空效应"），加剧了信息的不透明度，使得控股股东在质押期间方便隐藏坏消息。

根据信息不对称理论，股价崩盘风险根源于企业层面的内部负面消息

隐藏，随着时间的推移，公司内部的负面消息不断积累，一旦超过某个阈值，累积的坏消息无法再隐藏下去时会瞬间集中释放到市场引发个股价格崩盘（Jin & Myers, 2006; Hutton, Marcus & Tehranian, 2009）。

因此，本研究认为控股股东股权质押会对上市公司股价崩盘风险产生重要影响，并进一步分析质押特征（如比例、期限、平仓压力等）对股价崩盘风险的影响。图3-6展示了两者之间的关系。①

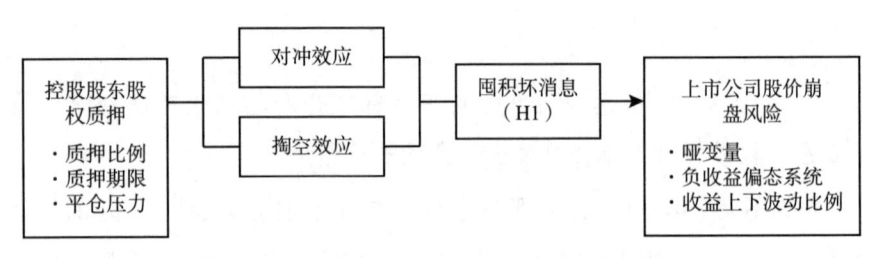

图3-6　控股股东股权质押与股价崩盘风险之间的关系

2. 内在机制

正如前文所述，控股股东股权质押会影响上市公司股价崩盘风险，无论是控股股东股权质押的对冲效应还是掏空效应，都会导致公司内部坏消息的囤积，进而增加股价崩盘风险。接下来本研究分别考察控股股东股权质押如何通过"对冲效应"和"掏空效应"影响上市公司股价崩盘风险的路径机理。

（1）从控股股东的"对冲"动机视角探讨股权质押对股价崩盘风险的影响机制。

控股股东股权质押在一定程度上可以反映控股股东由于接收到的信息不确定而采取的对冲自身风险行为，而这种对冲行为又会使得控股股东累积坏消息，从而影响上市公司的股价崩盘风险。蒋、李和张（Jiang, Lee & Zhang, 2005）将信息不确定性定义为"价值模糊或即使是最有见识的投

---

① 该研究模型的绝大部分内容已发表于《International Review of Financial Analysis》和《Emerging Markets Review》。

资者也无法合理估计公司价值的程度"。张（Zhang，2006）将信息不确定性定义为"新信息对公司价值的影响的模糊性"。

由于上市公司信息不确定性很难被直接观测到，因此直接检验信息不确定性在控股股东股权质押与上市公司股价崩盘风险之间的机制作用就显得较为困难。如果可以选择一些有关信息不确定性的代理变量，并且发现这些代理变量在控股股东股权质押与上市公司股价崩盘风险之间的调节作用，那么控股股东股权质押的对冲效应就能在一定程度上得以体现。

具体来说，本书以分析师预测分歧度和管理层讨论与分析（MD&A）描述性风险信息作为衡量公司信息不确定性的代理变量。分析师预测分歧度衡量了分析师之间获取的私有信息的差异，分歧度越大表明上市公司信息不确定性越大，公司未来状况的不确定性越高（Barron，Kim，Lim & Stevens，1998；Zhang，2006；储一昀和仓勇涛，2008；Lu，Chen & Liao，2010）。管理层讨论与分析（MD&A）描述性风险信息反映了企业特质的管理层私有信息的不确定性（Kim & Verrecchia，1991；Cole & Jones，2004；Campbell，Chen，Lu & Steele，2014；姚颐和赵梅，2016）。

因此，信息不确定性对控股股东股权质押与上市公司股价崩盘风险关系的影响途径如图3-7所示。

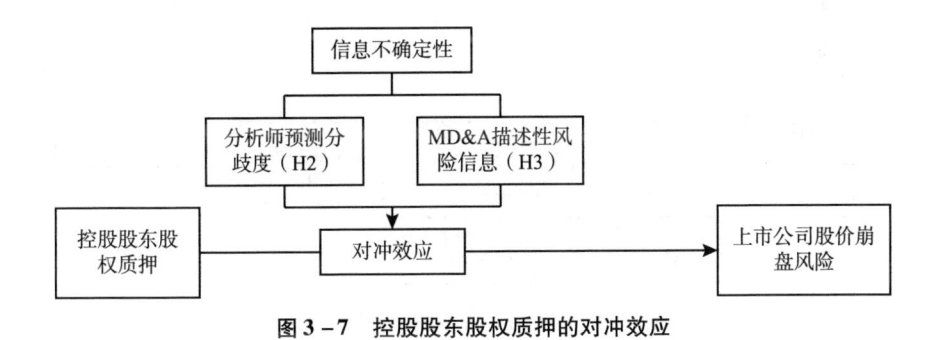

图3-7 控股股东股权质押的对冲效应

（2）从控股股东的"掏空"动机视角探讨股权质押对股价崩盘风险的影响机制。股权质押反映了控股股东的利益侵占，为控股股东隐瞒坏消息创造了条件与空间，增加了上市公司股价崩盘风险。

首先，本研究以侵占型关联交易和上市公司成长机会分别衡量控股股东掏空的程度与成本，考察侵占型关联交易程度和上市公司成长机会对控股股东股权质押与股价崩盘风险之间的调节作用，以检验控股股东股权质押的掏空效应。关联交易是控股股东进行"掏空"的一种重要方式，侵占型关联交易程度越高，控股股东"掏空"的程度相对越严重（Berkman et al., 2009；Cheung et al., 2009；Peng et al., 2011）。另外，现有研究表明上市公司成长机会反映了控股股东消费私人控制利益的机会成本（Johnson et al., 2000；Gopalan & Jayaraman, 2012；Hong, Kim & Welker, 2018），上市公司成长机会越高，控股股东的掏空成本越大，越会抑制控股股东的掏空行为。

其次，本研究进一步考察控股股东股权质押对上市公司现金股利分配的影响，为验证质押的掏空效应提供支持。由于现金作为公司中流动性最强的资产，容易异化为控股股东资源转移的对象（Fresard & Salva, 2010），控股股东若有掏空意愿，则倾向于要求上市公司支付更低的现金股利、增加留存收益，以便对公司施加影响以侵占现金资产获取私人控制收益（Shleifer A., 1997；Jiang et al., 2010；陆正飞，2016）。

综上所述，控股股东股权质押的掏空效应影响上市公司股价崩盘风险的途径如图 3-8 所示。

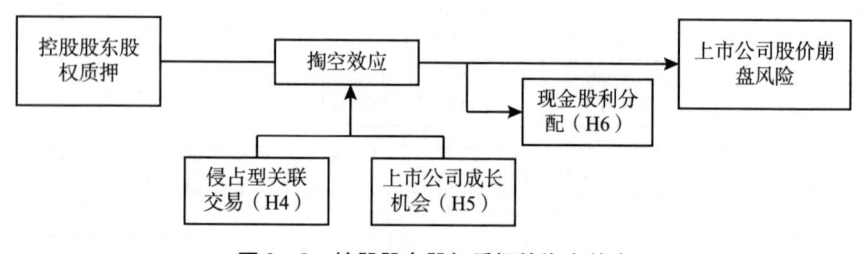

图 3-8 控股股东股权质押的掏空效应

（3）探讨公司内外部信息环境对控股股东股权质押与股价崩盘风险的调节作用。

根据信息不对称理论，信息不对称下负面信息的累积是股价崩盘风险的主要诱因（Jin & Myers，2006）。控股股东作为公司内部人相较于企业外部中小投资者具有一定的信息优势，外部投资者在缺乏可靠的质押信息披露下，难以及时了解质押背后及伴随质押产生的负面信息，这些负面信息可能被隐藏而未能有效被股价反映出来。

而每个企业都嵌入在一个特定的内外部信息环境中，公司的信息披露行为会受到企业内外部信息环境的影响。当企业处在一个信息较透明的内外部环境中时，即使是对冲动机和掏空动机较高的控股股东其隐瞒坏消息的行为也会受到抑制，从而股权质押所带来的股价崩盘风险更有可能降低到可接受的水平。因此，控股股东股权质押与上市公司股价崩盘风险的关系可能会受到企业内外部信息环境的影响。

企业内部控制制度作为一种正式的制度安排，确保了企业业务的有效性、财务报告的可靠性和相关活动的合规性，有利于提高信息透明度和改善风险管理（Chen，Chan，Dong & Zhang，2017；Wang et al.，2018）。分析师和媒体分别作为公司特定信息的信息收集和信息传播的中介和外部监督者，在缓解企业与投资者信息不对称中发挥了重要作用（Bushee et al.，2010；Kim，Lu & Yu，2019；伊志宏、朱琳和陈钦源，2019；Dang，Dang，Hoang，Nguyen & Phan，2020）。

因此，本研究从以上三个内外部信息环境入手分析控股股东股权质押与上市公司股价崩盘风险关系的调节作用，明确不同情境下两者之间的不同影响。内外部信息环境对控股股东股权质押与上市公司股价崩盘风险关系的调节作用具体如图3-9所示。

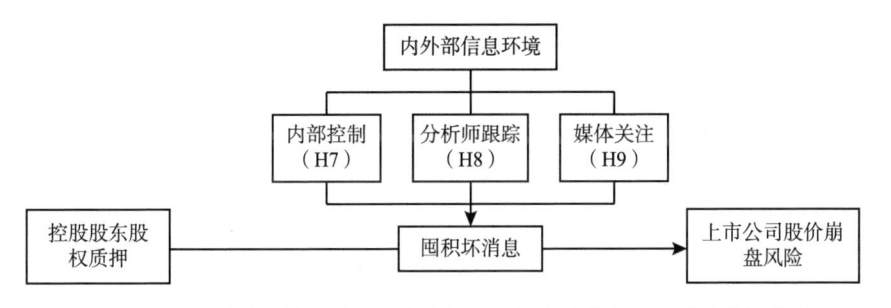

图3-9 内外部信息环境对控股股东股权质押与股价崩盘风险关系的调节作用

3.5 本章小结

本章 3.1 节介绍了股权质押的相关制度背景,首先比较分析了世界主要资本市场股权质押的规模及其监管规定,随后着重介绍了我国股权质押的制度背景与市场发展情况。3.2 节阐述了本书涉及的经典基础理论。3.3 节在相关理论基础上,构建了概念要素的逻辑关系,3.4 节建立了本书的概念模型。

第 4 章 控股股东股权质押对股价崩盘风险的影响

根据第 3 章提出的概念模型，本章基于不完全信息理论、信息不对称理论和委托代理理论，结合相关现实案例，理论分析控股股东股权质押的"对冲效应"和"掏空效应"对上市公司股价崩盘风险的影响，实证检验控股股东股权质押与上市公司股价崩盘风险之间的关系，并进一步探讨质押特征（如比例、期限、平仓压力等）对股价崩盘风险的影响，为第 5 章、第 6 章、第 7 章研究的开展奠定理论基础。

4.1 理论分析与研究假设

我国上市公司股权集中现象普遍存在，控股股东[①]可以直接影响上市公司信息环境、控制公司决策，或者对高管团队成员施加影响（Fan et al., 2002; Gopalan et al., 2012; Boubaker et al., 2014）。

控股股东通常会提前掌握一些私有信息（Myers & Majluf, 1984）。然而，根据不完全信息理论，控股股东尽管作为公司内部人具有一定的信息优势，但注意力有限不能掌握所有的信息（Hayek, 1945; Edmans, Gold-

---

[①] 在众多股权质押文献中，控股股东一般指的是第一大股东（Jiang et al., 2010; Pang et al., 2020）。

stein & Jiang，2015），也无法准确衡量潜在坏消息①的影响程度（Knight，1921；Arrow，1984），对潜在坏消息导致的公司未来状况及公司价值认知模糊②（Jiang，Lee & Zhang，2005；Zhang，2006），这种信息不确定性大大增加了控股股东的自身风险（Miller，1977；高鸿业，2011）。

在我国，股权质押行为十分普遍，截至2019年末，控股股东质押股数5947.5亿股，占A股总股本的8.58%，质押市值达到54816.8亿元，占当年市场总市值的9.25%。以往研究认为我国控股股东股权质押主要出于融资动机以满足上市公司生产经营需要或缓解控股股东自身融资约束（艾大力和王斌，2012；王斌等，2013；谭燕和吴静，2013；郑国坚等，2014；Li et al.，2020；Guo et al.，2020；Cheng et al.，2020），尽管有学者研究发现公司内部人质押股票还有规避上市公司预期未来业绩下滑或未来股价不确定性带来的风险的目的，即对冲动机（Shen，Wang & Zhou，2021；Larcker & Tayan，2010；Fabisik，2019），但基于这一视角的研究以国外成果为主，且仅仅在案例分析层面或影响因素实证研究中有所涉及，结合我国特殊制度背景的研究相对匮乏。此外，若股价大幅下跌触及平仓线，而控股股东又无法及时补足质押品价值，控股股东就会面临质押股票被强制平仓甚至丧失对上市公司控制权的风险（谢德仁、郑登津和崔宸瑜，2016；王雄元、欧阳才越和史震阳，2018）。

然而，我们认为：

(1) 当控股股东事先知道一些潜在的坏消息或坏消息的来源，却无法准确衡量潜在坏消息的影响程度，对潜在坏消息导致的公司未来状况及公司价值认知模糊的情况下（Jiang，Lee & Zhang，2005；Zhang，2006），控

---

① 比如，存在绩效不佳的风险，这个风险只有内部人员才知道，因为只有内部人员才了解实际的运营状况和项目状态。然而，它终究还是一种风险，而不是一个确定的结果。风险发生的概率和风险发生后对公司绩效的影响程度是不确定的。控股股东只是敏感得察觉到项目可能出现问题了。

② 蒋、李和张（Jiang，Lee & Zhang，2005）将信息不确定性定义为"价值模糊或即使是最有见识的投资者也无法合理估计公司价值的程度"。张（Zhang，2006）将信息不确定性定义为"新信息对公司价值的影响的模糊性"，并指出信息不确定来源于公司基本面的波动以及信息不足两个方面。

股股东采用股权质押进行对冲是锁定收益、减小风险的较优方案,即,控股股东锁定股权质押套现的收益、并用质押获得的资金来冲销上市公司信息不确定性带来的自身风险损失(此定义为股权质押的"对冲效应")[①]。

首先,由于控股股东对潜在坏消息导致的公司未来状况及公司价值认知模糊(Jiang, Lee & Zhang, 2005;Zhang, 2006),即信息不确定性给控股股东带来自身投资风险损失,尽管股权质押可能会面临平仓风险(谢德仁、郑登津和崔宸瑜,2016),但是质押股票对控股股东来说始终是对自身有利的一种方式[②]。具体来说,潜在的公司特有的坏消息可以分为三类:第一类是重要的但不在年报或临时公告中披露的坏消息,比如上市公司内部的关联交易情况(Cheung et al., 2006;2009),这些坏消息或风险能够在公司内部囤积,没有被释放到市场上,那么控股股东去质押自己的股票,不仅可以获得一定的现金流,还可以维持控制权,并且不会有控制权转移的风险。第二类是一旦披露可能导致股票价格短期急剧下跌的坏消息,比如高管离职和产品质量问题(Bies, 2013;Serfling, 2014;Baginski et al., 2018;Li & Zhan, 2019),但这些潜在坏消息不会对公司价值产生核心性的影响,之后股价还会再恢复到原来的水平,控股股东还是信任上市公司的价值的,那么控股股东去质押自己的股票,不仅可以获得现金流

[①] 本书对于"对冲"的定义与沈、王和周(Shen, Wang & Zhou, 2021)和拉克尔、塔扬(Larcker & Tayan, 2010)以及法比斯克(Fabisik, 2019)的研究一致,即规避上市公司未来股价下跌带来的风险。不同于金融学中关于"对冲"的传统概念,在金融学中,对冲一般是指同时进行两笔行情相关、方向相反、数量相当、盈亏相抵的交易。但本书的"对冲"和金融学中的"对冲"的相同点在于本质都是锁定收益、规避风险。

[②] 在股权质押这一经济活动中,质押股权的控股股东是需求方,银行等金融机构是供给方。控股股东和金融机构是在自愿互利的原则上展开股权质押活动的,这里指在概率上公平合理(actuarially fair)的情况下,即交易双方都没有从概率上吃亏或占对方的便宜。对于银行等金融机构来说,质押股票投资的收益来自融资人支付的利息。股票质押合同中会约定质押期间产生的权益由登记机构一并质押处理,合同到期后一并解质押。质押期间如果含孳息的质押价值高于合同约定履约保障比例,出质人可以要求把高出的部分解质押。一旦触及合同约定的平仓线,银行一定会要求管理人(一般是这只股票的托管券商)进行平仓操作,以保证自己免受财产损失。但是,实操中会出现要求平仓但无法平仓的情况,比如当地政府干预、大股东减持限制、监管窗口指导等。此时由股权质押业务管理部门通知控股股东补仓,如果控股股东无法完成补仓,往往采取停牌、重组、自救,或发布利好消息,组织资金拉升股价等措施,但金融机构具有平仓的权利,所以银行券商等金融机构就算没赚到,也很少会亏。

来对冲股价下跌带来的损失，而且可以继续把控控制权，同时，外部投资者可能会认为股权质押传达了当前股价被低估的信号（Chen & Hu，2018；Li et al.，2019），那么一旦股价再次上涨，控股股东就可以轻松偿还贷款和赎回质押物。第三类是如果这些坏消息会导致股票价格的长期大幅下降，甚至损害公司价值，比如公司重大战略投资项目出现严重亏损（Bleck & Liu，2007；Kumar et al.，2012；Kim，Wang & Zhang，2016），那么控股股东倾向于在股价暴跌之前质押自己的股票，因为相比于在股价大跌之后质押，控股股东至少还可以通过目前还在高位的市值评估作价借款，多贷些资金，以避免进一步的损失①。综上可得质押对控股股东来说始终是受益的②。

其次，控股股东倾向于质押而非减持的原因如下：减持股份会影响控股股东对公司的控制权；减持限制较多、通过减持回笼资金时间过长③；宣布减持后股票价格大幅下跌，由于90天锁定期，最后通过减持回笼的资金极大可能只有原先股票市值的一半。而通过股权质押套现，虽然控股股

---

① 假定控股股东质押1000万股股票，质押时股票均价为20元，质押比率60%，平仓线130%，融资成本7%，则可以计算出控股股东通过质押借到的资金为 1000×20×60% = 12000（万元），控股股东需支付给银行的利息为 1000×20×60×7% = 840（万元），平仓股价为 20×60%×(1+7%)×130% = 16.69（元）。对于银行来说，收益来自质押人支付的利息也就是840万元，银行调控自身风险的股价区域为 [16.69, 20] 元，即股价达到平仓线则立即平仓，保证银行至少能收回来12000万元不给自身造成损失（银行不会等到股价跌到12元才卖，因为如果等到12元再卖，由于出售大规模股票对股价造成进一步冲击，股价会跌得更厉害，最终售价很有可能比12元更低）。对于控股股东来说，他认为第三类坏消息一旦暴露可能会致使股价跌到12元以下甚至10元、8元等，因此他在股价为20元时去质押，就算质押股票被强制平仓，他也能拿到12000万元（控股股东质押的收益）。对于第三类坏消息，控股股东用质押对冲的是股价有可能跌到12元及其以下的风险。

② 前两类坏消息虽然最终没有面临平仓风险，但控股股东在做质押决策时并不清楚股价走势，依然存在对冲动机；而对于第三类坏消息，即使控股股东会面临平仓风险，但收益依然高于成本。

③ 参见证监会《上市公司股东、董监高减持股份的若干规定》。首先，控股股东、实际控制人及其关联方的股票在A股上市后有3年的限售锁定期；其次，控股股东若通过集中竞价交易减持，则在3个月内减持的非限售股份不得超过公司总股本的1%，同时需要提前15个交易日向证券交易所报告并披露减持计划；控股股东若采取大宗交易方式减持，则在3个月内所减持的非限售股份不得超过总股本的2%，也就是说，如果控股股东所持股数占上市公司总股本26%，那么通过大宗交易方式也至少要用13个季度，资金回笼时间过长。

东质押的股票从表面上看市值打了3~6折,但实际上跟控股股东通过减持获得的资金差不多,且远远超过控股股东创办公司时的原始投资(将近20~40倍),此外,质押方便快捷(第2个交易日资金即可到账)、融资成本较低(年化利率低至5%~10%),还保持了控股股东对上市公司的控制权。鉴于以上三个原因,控股股东套现一般会选择质押而不是减持。以往研究普遍认为我国直接控股股东具有"监督效应"和"利益协同效应",能够有效抑制管理层机会主义信息披露行为,从而减少公司内部坏消息的囤积,降低未来股价崩盘风险(王化成、曹丰和叶康涛,2015;邹燕、李梦晓和林微,2020)。根据以上分析,控股股东利用股权质押来对冲自身风险,相当于给自己买了一份保险,而控股股东手中握有这份"保险"之后,容易造成控股股东对公司的监管、治理缺位,导致公司内部坏消息的囤积[①]。因此,随着质押的增加,公司内部囤积的坏消息也会随着时间的推移而增加。

(2) 在质押期间,一些外部投资者可能会通过其他渠道感知一些未披露的坏消息,比如与同行比较从而导致股价波动(Kim, Li, Lu & Yu, 2016)。为了维持质押物价值,同时又不引发追加保证金通知,控股股东宁愿进一步掩盖更多的坏消息(李常青和幸伟,2017)。一些研究发现,质押股票的控股股东更有可能降低会计稳健性,并向上进行盈余管理(谢德仁和廖珂,2016;Huang & Xue, 2016;谢德仁、廖珂和郑登津,2017;陈德萍和陆星廷,2017;Xu, 2019;Zhao et al., 2019)。稳健性较低的财务报告和向上盈余管理都意味着更大的信息不透明,这有利于控股股东隐瞒和推迟发布坏消息(Hutton et al., 2009;Kim & Zhang, 2016;Khurana et al., 2018)。

(3) 股权质押后,根据《中华人民共和国担保法》第68条的规定:"质权人有权收取质物上产生的孳息。"股权质押会在一定程度上限制控股

[①] 这种情况和买保险类似,人买了保险之后就不再注意自己的身体健康。相反,如果控股股东不质押股票对冲自身风险,那么控股股东面临的风险就跟上市公司的风险是一致的,则有动力去监管上市公司。

股东基于所有权（现金流权）的部分权利，无法获得股息，不能进行股权再融资以及与股权交易有关的其他活动。因此，对于持有质押股份的控股股东来说，相应的现金流权被暂时冻结，但控制权依然保留在自己手中，从而导致质押期间控股股东的现金流权明显小于控制权（Kao et al.，2004；Li et al.，2020）。控股股东两权分离破坏了公司信息质量，加剧了控股股东与小股东之间的代理冲突（Attig et al.，2006；Sun et al.，2017）。有研究表明，当控制权超过现金流权时，控股股东更倾向于隐瞒不良信息以掩盖机会主义行为（Boubaker, Mansali & Rjiba, 2014；Hong, Kim & Welker, 2017；沈华玉、吴晓晖和吴世农，2017）。因此，股权质押为控股股东侵占上市公司与中小股东的利益从而获取控制权私人收益创造了条件，加剧了信息的不透明度，使得控股股东在质押期间方便隐藏坏消息（即"掏空效应"）。

因此，质押股权的控股股东在质押期间具有较强的隐瞒负面消息的动机和能力。然而，累积的坏消息并不总是持续，一旦达到某个阈值，所有的坏消息都会同时在市场中出现，导致股价大幅下跌，这就是所谓的股价崩盘（Jin & Myers, 2006）。因此，对于累积了大量坏消息的公司来说，股价面临着巨大的崩盘风险。

此外，一些研究认为股权质押使得大股东和小股东的利益相一致，提高了公司价值和股票收益（Chen & Hu, 2018；Li, Liu & Scott, 2019）。然而，我们认为这个结果是暂时的，因为该公司价值和股票回报的增加并不是因为真正地实现了价值创造，而是由于控股股东在质押股票期间囤积坏消息，抬高股票价格，至少在短期内是这样。长期持有的不良信息最终被揭露出来，导致股价暴跌。因此，在控股股东质押期间，被质押公司可能面临更高的股价崩盘风险。

综上所述，无论是控股股东股权质押的对冲效应还是掏空效应，都会导致公司内部坏消息的囤积，进而增加质押期间的股价崩盘风险。据此得出如下研究假设：

H1：在控股股东股权质押期间，上市公司面临的股价崩盘风险显著增加。

4.2 研究设计

4.2.1 数据来源和样本筛选过程

1. 数据来源

股权质押披露信息来源于 Wind 数据库,该数据库包含了质押公司、出质人、质权人、质押股份数量、质押起止日期等信息。用于构建股价崩盘风险及控制变量的股票收益数据、财务数据和控股股东信息来自 CSMAR 数据库。本研究的初始样本为 2003 年至 2018 年在上海证券交易所(SHSE)和深圳证券交易所(SZSE)上市的全部中国 A 股上市公司。

2. 样本筛选过程

以 Wind 数据库记录的 68617 笔股权质押交易为起点,剔除非控股股东股权质押交易 25322 笔、质押起止日期无法确认的交易 5971 笔、质押期(起止日)小于 1 年的交易 6675 笔。因为控股股东往往在一年内质押多次,因此,在剩余的 30649 笔交易中,按照李等(Li et al., 2020)和普雷奥(Puleo et al., 2021)的方法将同一年同一控股股东的多个交易汇总为一个单一数据点[①]。然后将股权质押交易数据(8494 笔)与 CSMAR 数据相匹配,得到了 2127 家质押公司样本。最后,本书剔除了 180 家股价崩盘风险数据缺失或年度股票交易少于 26 周的质押公司、417 家控制变量数据缺失的质押公司、37 家金融业公司[②]、61 家控股股东持股比例少于 10% 的质押公司[③]以

---

① 由于其他变量(包括控制变量和因变量)都处于公司一年水平,所以将多个同年质押交易汇总的目的是构建一个质押变量的年度计量,以便与其他变量统一计量。
② 金融类上市公司的监管制度和报表结构与其他行业相比存在较大差异。
③ 在众多关于股权质押的研究中(Chan et al., 2018; Dou et al., 2019; Li et al., 2020; Pang & Wang, 2020; Wang et al., 2020),控股股东为至少持有 10% 股份的第一直接大股东。持股比例低于 10% 的直接大股东对上市公司的影响很小,这种公司被称为没有控股股东(Pang & Wang, 2020)。

及与控制组配对失败的 7 家质押公司。经过上述样本筛选过程，最终有 1425 家控股股东在 2003～2018 年间从事股权质押活动的质押公司样本（试验组）。表 4-1 总结了该样本选择的步骤。

表 4-1　　　　　　　　　　　样本选择步骤

步骤	样本数量
初始样本：Wind 数据库中 2003～2018 年全部 A 股上市公司股权质押交易数据	68617
剔除：	
非控股股东股权质押交易数据	(25322)
质押起止日期无法确认的交易数据	(5971)
质押期（起止日）小于 1 年的交易数据	(6675)
将同一年同一控股股东的多个交易汇总为一个单一数据点	(22155)
剩余的股权质押交易数据	8494
剩余的质押公司数	2127
剔除：	
股价崩盘风险数据缺失或年度股票交易少于 26 周的质押公司	(180)
控制变量数据缺失的质押公司	(417)
金融业公司	(37)
控股股东持股比例少于 10% 的质押公司	(61)
与控制组配对失败的质押公司	(7)
质押公司数（试验组样本）	1425
匹配的非质押公司数（控制组样本）	1643
最终样本公司数（2003～2018 年）	3068

4.2.2　倾向得分匹配

为了缓解质押公司和非质押公司之间的系统性差异[①]，本书按照窦等

[①] 可观察选择偏差可以通过倾向得分匹配（PSM）来缓解。此外，本书还采用了 Heckman 两阶段法来解决由不可观察因索引起的选择偏差。

（Dou et al.，2019）和李等（Li et al.，2020）提出的倾向得分匹配方法（PSM）来选择控制组样本。首先选取非质押公司的所有公司—年观测值（firm-year observations）和质押公司质押开始日期之前的公司—年观测值（firm-year observations）并运用 logistic 模型来预测股权质押的事前发生概率。在 Logistic 回归模型中，因变量 *Pledge* 是虚拟变量，质押组为 1，控制组为 0；配对变量包括公司年龄（*Age*）、公司规模（*Size*）、高管薪酬（*Salary*）、市账比（*MB*）、资产负债率（*Leverage*）、无形资产率（*Intangibles*）、资本支出比例（*Capex*）以及上市公司产权性质（*SOE*），此外，年度和行业的固定效应也包括在内。所有解释变量相比股权质押开始年均滞后一期。表 4-2 列出了 Logistic 模型的估计结果。

表 4-2　股权质押发生的可能性 logistic 模型的估计结果

变量	Prob（*Pledge* = 1）
Age	-0.563 *** (-6.51)
Leverage	1.607 *** (5.33)
Size	-0.273 *** (-4.20)
SOE	-1.765 *** (-12.88)
Intangibles	2.939 *** (2.86)
Capex	1.754 *** (2.58)
Salary	-0.404 *** (-5.01)
MB	-0.132 *** (-3.47)

续表

变量	Prob（*Pledge* = 1）
Year fixed effect	Yes
Industry fixed effect	Yes
Firm Cluster	Yes
Observations	15158
Pseudo R^2	0.270

注：括号内是 t 值；*、**、*** 分别表示双尾检验在 10%、5%、1% 水平上显著。

对于每个质押公司，本书在同一行业、同一年度采用最近邻一对一不放回匹配方法来识别控制组样本并实施共同支持。表 4-3 报告了质押样本和非质押样本在应用 PSM 方法之前和之后关于企业特征的平均差异。匹配前，质押组和控制组的企业特征在统计学上存在显著差异；匹配后，配对变量在统计上不显著，支持了平衡假设。匹配后，PSM 样本包括 11342 个公司—年观测值，其中，质押组和试验组分别有 5671 个公司—年观测值。然后，本书补充了质押公司质押开始日期之后的公司—年观测值以及相应的控制组样本观测值。最终样本包括 3068 家上市公司（包括质押公司与匹配的非质押公司）的 24654 个公司—年观测值。

表 4-3　　　　　　　　匹配前后公司特征差异

变量	Pre-match Mean Treated	Pre-match Mean Control	Mean-Diff	Post-match Mean Treated	Post-match Mean Control	Mean-Diff
Age	1.774	2.232	-0.458***	1.776	1.782	-0.006
Leverage	0.434	0.457	-0.024***	0.434	0.437	-0.003
Size	21.410	22.230	-0.821***	21.420	21.372	0.048**
SOE	0.424	0.772	-0.348***	0.424	0.438	-0.014
Intangibles	0.044	0.042	0.002**	0.044	0.044	-0.000
Capex	0.069	0.053	0.015***	0.069	0.067	0.002*

续表

变量	Pre-match Mean Treated	Pre-match Mean Control	Mean – Diff	Post-match Mean Treated	Post-match Mean Control	Mean – Diff
Salary	14.490	15.020	−0.533***	14.490	14.467	0.023
MB	1.507	1.671	−0.164***	1.508	1.489	0.019

注：*、**、***分别表示在10%、5%、1%水平上显著。

4.2.3 变量定义

1. 控股股东股权质押变量

本实证研究采用了两个虚拟变量 *Pledge* 和 *During*。*Pledge* 指当公司在样本期间拥有控股股东质押的股份时取值为1，否则为0。*During* 在基准期间和股权质押期间的值不同。具体来说，对每个被质押公司，将其质押开始后的第一个会计年度至质押结束后的第一个会计年度的期间定义为股份质押期间（*During* = 1）；基准期间（*During* = 0）包括质押开始前期（pre-pledging benchmark period）和质押结束后期（post-pledging benchmark period），即质押开始日期之前的会计年度和质押结束日期之后的会计年度。控制组公司在匹配出质押公司的基础上被分配一个反事实的股权质押期，因此，*During* 对质押公司和配对的非质押公司取相同的值，即对于每个控制组公司，当所对应配对的质押公司在股权质押期间时 *During* 取值为1；若所对应的质押公司在基准期，则控制组公司的 *During* 也取值为0。

2. 股价崩盘风险变量

借鉴以往研究（Chen et al., 2001；Kim et al., 2011；Xu et al., 2014；Kim & Zhang, 2016；Li et al., 2017；Habib et al., 2018），本书采用以下步骤构建了三个股票价格崩盘风险变量 *Crash*、*Ncskew* 和 *Duvol*。

首先，使用如下扩展市场指数模型（4-1）剥离市场因素对个股收益率的影响，求得股票 j 在第 τ 周的特定收益率 $W_{j,\tau}$。具体地，$W_{j,\tau} = \ln(1 + \varepsilon_{j,t})$，$\varepsilon_{j,\tau}$ 为模型（1）估计的残差项。在扩展市场指数模型（4-1）中，残差项 $\varepsilon_{j,\tau}$ 表示个股收益率中不能被市场收益率波动所解释的部分；$r_{j,\tau}$ 和 $r_{m,\tau}$ 分别表示股票 j 在第 τ 周的收益率和市场在第 τ 周的流通市值加权平均收益率。在模型（4-1）中加入市场收益率的超前项和滞后项是为了减少非同步交易可能带来的偏差（Dimson，1979）。

$$r_{j,\tau} = \alpha_j + \beta_{1,j} r_{m,\tau-2} + \beta_{2,j} r_{m,\tau-1} + \beta_{3,j} r_{m,\tau} + \beta_{4,j} r_{m,\tau+1} + \beta_{5,j} r_{m,\tau+2} + \varepsilon_{j,\tau}$$

(4-1)

第一个衡量股价崩盘风险的指标为虚拟变量 Crash。若当年内公司的特定周收益率一次或多次低于其公司特定周收益率平均值至少3.09个标准差，变量 Crash 取值为1，其他情况为0。

第二个衡量股价崩盘风险的指标为负收益偏态系数 Ncskew，即公司特定周收益率 $W_{j,\tau}$ 的三阶矩除以公司特定周收益率 $W_{j,\tau}$ 的标准差的负数。Ncskew 数值越大，崩盘风险越高。其计算方法如公式（4-2）所示，其中，n 为股票 j 在一年中交易的周数。

$$Ncskew = -\left[n(n-1)^{\frac{3}{2}} \sum W_{j,\tau}^3\right] / \left[(n-1)(n-2)\left(\sum W_{j,\tau}^2\right)^{3/2}\right]$$

(4-2)

第三个衡量股价崩盘风险的指标为公司股票收益率上下波动的比率 Duvol。Duvol 的数值越大，说明股价崩盘的风险越大。其计算方法如公式（4-3）所示，其中，n_u 和 n_d 分别表示股票 j 的周特有收益率 $W_{j,\tau}$ 大于（小于）该年特定周回报率均值的周数。

$$Duvol = \log\left\{(n_u - 1) \sum_{Down} W_{j,\tau}^2 / (n_d - 1) \sum_{Up} W_{j,\tau}^2\right\} \quad (4-3)$$

3. 控制变量

参考现有研究（Chen et al.，2001；Hutton et al.，2009；Kim & Zhang，2016），模型包含了股价崩盘风险的标准控制变量：ROA 表示净收入/滞后一期的总资产；Leverage 表示总负债/总资产；Size 为股票市场价值的自然对数；Ret 是该财政年度公司特定周收益率的算术平均值；Dturn 是去趋势化之后的月平均股票成交量；Sigma 是该财政年度公司特定周收益率的标准差；MB 为权益市场价值/权益账面价值；$Opaque$ 是指在修正的 Jones 模型估计下，可操控性应计利润绝对值的前三年移动总和（Dechow et al., 1995）以及前一年的 $Ncskew$ 来控制股票收益第三阶矩的潜在序列相关性。变量的详细定义见表 4-4。

表 4-4　　　　　　　　　　　变量定义

变量	定义
股价崩盘风险变量	
$Crash$	若当年内公司的特定周收益率一次或多次低于其公司特定周收益率平均值至少 3.09 个标准差，变量 Crash 取值为 1，其他情况为 0
$Ncskew$	公司特定周收益率的三阶矩除以公司特定周收益率的标准差的负数。详情参见公式（4-2）
$Duvol$	Down weeks 特定周回报率的标准差与 Up weeks 特定周回报率的标准差之比的自然对数。详情参见公式（4-3）
股权质押变量	
$Pledge$	当公司在样本期间拥有控股股东质押的股份时取值为 1，否则为 0
$During$	当年份在控股股东股权质押期时取值为 1，在基准期时取值为 0。其中，对质押公司和配对的非质押公司取相同的值，并将其质押开始后的第一个会计年度至质押结束后的第一个会计年度的期间定义为股份质押期间
控制变量	
ROA	净收入/滞后一期的总资产
$Leverage$	总负债/总资产
$Size$	股票市场价值的自然对数
Ret	该财政年度公司特定周收益率的算术平均值
$Dturn$	去趋势化之后的月平均股票成交量
$Sigma$	该财政年度公司特定周收益率的标准差
MB	权益市场价值/权益账面价值
$Opaque$	在修正的 Jones 模型估计下，可操控性应计利润绝对值的前三年移动总和（Dechow et al., 1995）

4.2.4 模型设定

参照现有文献（Bertrand & Mullainathan, 2003; Deng, Gao & Kim, 2020; Li, Kim, Wu & Yu, 2021），本书采用多时点双重差分模型（Staggered Difference – in – Differences model），将时间段分成质押开始前期（pre-pledging benchmark period）、控股股东股权质押期间（During = 1）和质押结束后期（post-pledging benchmark period）三段，通过对比控股股东股权质押期间与基准期间，控制组公司与质押公司股价崩盘风险的差异是否显著，反映控股股东股权质押对上市公司股价崩盘风险的影响，有利于缓解内生性问题。具体模型设定如下：

$$Crashrisk_{i,t+1} = \gamma_0 + \gamma_1 Pledge_{i,t} + \gamma_2 During_{i,t} + \gamma_3 Pledge_{i,t} \times During_{i,t} + \mu' X_{i,t} + Year + Industry + \delta_{i,t} \qquad (4-4)$$

式（4-4）中，i 表示公司 i，t 表示年份 t。因变量 Crashrisk 为股价崩盘风险变量，即 Crash、Ncskew 或 Duvol；变量 Pledge 对于质押公司和非质押控制组公司来说分别取值为 1 和 0；当 t 为控股股东质押期时，变量 During 取值为 1，其他情况下为 0。与以往的文献一致（Chen et al., 2001; Hutton et al., 2009; Kim & Zhang, 2016），向量 X 包含了上文所述的股价崩盘风险的标准控制变量。模型中加入了年份固定效应（Year）和行业固定效应（Industry）。为了消除异常值对估计结果的影响，模型中所有连续变量在上下 1% 的水平上进行了双边缩尾处理。根据股价崩盘风险变量的类型，本书采用 Logit/OLS 回归对上述模型进行估计，具体来说，当因变量为 Crash 时采用 Logit 回归方法，当因变量为 Ncskew 或 Duvol 时采用 OLS 回归方法。对于所有的回归模型，本书对标准误进行了公司层面的聚类处理（Petersen, 2009）。

对于上述回归模型（4-4），系数 γ_3 反映了质押公司相比于控制组公司在控股股东股权质押期间和基准期之间的股价崩盘风险是否有显著增加。如果进行股权质押的控股股东有对冲动机或者掏空动机，那么就会促使控股股东在质押期间囤积坏消息，进而上市公司在控股股东股权质押期间将面临较高的股价崩盘风险,则系数 γ_3 的符号显著为正,假设 H1 得到支持。另外,请注意,系数 γ_1 反映的是质押公司和控制组公司在基准期间(*During* = 0)的股价崩盘风险的差异;系数 γ_2 反映的是控制组公司(*Pledge* = 0)在股权质押期与基准期之间的股价崩盘风险的差异。

4.3 实证结果分析

4.3.1 描述性统计分析与单变量均值差异 T 检验

1. 描述性统计分析

表 4 - 5 汇报了变量的描述性统计结果。*Crash* 的均值表示 9.2% 的样本公司每年经历不少于一次的崩盘周。*Ncskew* 的均值(- 0.266)和 *Duvol* 的均值(- 0.177)与陈等(Chen et al.,2018)的研究相似。在本书的样本中,质押公司占观测值的 64.9%,50.6% 的观测值来自股权质押期,说明了研究样本的相对平衡。其他控制变量的描述性统计结果与以往研究基本一致(Yuan et al.,2016;Chen et al.,2018;Cao et al.,2019)。

表 4 - 5　　　　　　　变量描述性统计

变量	均值	标准差	Q1	中位数	Q3
股价崩盘风险变量					
$Crash_{t+1}$	0.092	0.289	0	0	0
$Ncskew_{t+1}$	- 0.266	0.700	- 0.648	- 0.232	0.147
$Duvol_{t+1}$	- 0.177	0.473	- 0.492	- 0.179	0.132
股权质押变量					
Pledge	0.649	0.477	0	1	1
During	0.506	0.500	0	1	1

续表

变量	均值	标准差	Q1	中位数	Q3
控制变量					
ROA_t	0.042	0.065	0.014	0.037	0.070
$Leverage_t$	0.516	0.277	0.316	0.496	0.676
$Size_t$	21.82	1.355	20.84	21.78	22.69
Ret_t	-0.001	0.001	-0.002	-0.001	-0.001
$Dturn_t$	-0.093	0.439	-0.264	-0.037	0.130
$Sigma_t$	0.047	0.018	0.034	0.044	0.057
MB_t	1.802	1.253	1.033	1.412	2.108
$Ncskew_t$	-0.230	0.690	-0.613	-0.205	0.173
$Opaque_t$	0.174	0.139	0.080	0.136	0.224

2. 单变量均值差异 T 检验

表 4-6 报告了质押公司和控制组公司在基准期和股权质押期内股价崩盘风险的单变量均值差异结果。结果显示，对于控制组公司来说，股权质押期与基准期之间的平均崩盘风险不存在显著差异；相反，质押公司的平均崩盘风险从基准期到股权质押期在 1% 的水平上显著增加。质押公司在基准期内的平均崩盘风险与控制组公司无显著差异，符合平行趋势假设，缓解了反向因果的内生性问题；然而，在相对应的股权质押期间，质押公司相对于控制组公司面临明显更高的平均崩盘风险。表 4-6 表明，质押公司在控股股东质押期间面临的股价崩盘风险高于其自身的基准期，也高于相对应的质押期间的控制组公司。

表 4-6　　　　　　单变量均值差异 T 检验

时间段	控制组公司	质押公司	均值差异检验
(1) Means of $Crash_{t+1}$			
Benchmark	0.082	0.089	-0.007
During	0.083	0.103	-0.020***

续表

时间段	控制组公司	质押公司	均值差异检验
Difference	-0.001	-0.014***	-0.018***
(2) Means of $Ncskew_{t+1}$			
Benchmark	-0.399	-0.397	-0.002
During	-0.420	-0.354	-0.066***
Difference	0.020	-0.044***	-0.050***
(3) Means of $Duvol_{t+1}$			
Benchmark	-0.212	-0.208	-0.004
During	-0.213	-0.190	-0.023***
Difference	0.001	-0.018***	-0.021***

注：*、**、***分别表示在10%、5%、1%水平上显著。

4.3.2 相关性分析

表4-7汇报了主要变量的Pearson和Spearman相关系数矩阵。结果显示，股价崩盘风险的三个度量指标显示出很强的相关性。此外，这些指标与变量Pledge显著正相关，表明质押公司相对于非质押控制组公司面临更高的股价崩盘风险。最后，其他控制变量之间的相关系数均小于0.5，说明不存在严重的多重共线性问题。相关性分析提供了变量间关系的初步判断，但仍需要使用多元回归方法进行因果关系研究。

表4-7　主要变量的Pearson和Spearman相关系数矩阵

变量	1	2	3	4	5	6	7
股价崩盘风险变量							
1. $Crash_{t+1}$		0.432	0.353	0.024	0.020	0.040	-0.040
2. $Ncskew_{t+1}$	0.485		0.884	0.050	-0.026	-0.004	0.005
3. $Duvol_{t+1}$	0.388	0.879		0.054	-0.027	0.004	-0.004

续表

变量	1	2	3	4	5	6	7
股权质押变量							
4. Pledge	0.024	0.051	0.056		0.145	−0.066	0.066
5. During	0.020	−0.023	−0.026	0.145		−0.031	0.031
控制变量							
6. Ret_t	0.031	0.007	0.020	−0.055	−0.038		−0.376
7. $Sigma_t$	−0.036	0.001	−0.013	0.064	0.037	−0.373	
8. $Dturn_t$	−0.031	−0.014	−0.023	−0.055	−0.021	−0.309	0.299
9. ROA_t	−0.015	0.041	0.034	−0.052	−0.021	0.038	−0.036
10. MB_t	0.038	0.082	0.084	0.051	0.120	−0.323	0.325
11. $Size_t$	0.011	−0.048	−0.058	−0.093	0.338	0.128	−0.146
12. $Leverage_t$	−0.021	−0.031	−0.050	−0.025	−0.017	−0.086	0.084
13. $Ncskew_t$	0.010	0.055	0.049	0.052	−0.028	0.123	−0.107
14. $Opaque_t$	0.024	0.035	0.028	0.056	−0.001	−0.108	0.114

变量	8	9	10	11	12	13	14
股价崩盘风险变量							
1. $Crash_{t+1}$	−0.032	−0.005	0.034	0.011	−0.022	0.012	0.012
2. $Ncskew_{t+1}$	0.004	0.072	0.083	−0.065	−0.041	0.061	0.025
3. $Duvol_{t+1}$	−0.007	0.062	0.082	−0.070	−0.052	0.055	0.019
股权质押变量							
4. Pledge	−0.050	−0.043	0.074	−0.078	−0.031	0.050	0.054
5. During	−0.051	−0.023	0.193	0.348	−0.021	−0.031	−0.013
控制变量							
6. Ret_t	−0.339	0.030	−0.334	0.139	−0.052	0.122	−0.091
7. $Sigma_t$	0.338	−0.030	0.334	−0.139	0.051	−0.110	0.091
8. $Dturn_t$		−0.084	0.007	−0.184	0.130	−0.093	0.003
9. ROA_t	−0.077		0.178	0.082	−0.219	0.037	0.017
10. MB_t	0.042	0.128		0.244	−0.230	−0.021	0.040
11. $Size_t$	−0.095	0.103	0.131		0.058	−0.042	−0.059

续表

变量	8	9	10	11	12	13	14
12. $Leverage_t$	**0.141**	－0.096	－**0.205**	**0.049**		－**0.054**	**0.121**
13. $Ncskew_t$	－0.067	0.004	－0.007	－**0.038**	－**0.046**		**0.011**
14. $Opaque_t$	0.016	－0.060	**0.051**	－**0.062**	**0.208**	0.010	

注：左下为 Pearson 相关系数，右上为 Spearman 相关系数。粗体表示至少在10%的水平上显著。

4.3.3 多元回归分析

表 4-8 报告了假设 H1 的多元回归结果。第（1）列、第（2）列、第（3）列分别以 Crash、Ncskew、Duvol 作为因变量。结果显示，交乘项 Pledge × During 的回归系数均在 1% 的水平上显著为正，说明相对于在股权质押期间的控制组公司和质押公司自身的基准期间，被质押公司（Pledge = 1）在控股股东质押期间（During = 1）面临更高的股价崩盘风险。基于多时点双重差分模型的检验结果表明，控股股东股权质押显著增加了上市公司的股价崩盘风险。

系数估计也具有重要的经济意义。以第（1）列为例，当所有其他变量保持在平均水平时，质押公司在股权质押期间发生股价崩盘的概率比控制组公司高 2.11%；同理，再以第（2）列为例，当其他变量取均值时，质押公司在控股股东股权质押期间增加的股价崩盘风险比控制组公司多 8.27%。由此可见，控股股东股权质押对上市公司股价崩盘风险的影响不仅在统计意义上是显著的，在经济意义上同样产生了显著影响，实证结果支持了假设 H1。

总之，表 4-8 所示的回归结果显示，被质押公司在控股股东股权质押期间的股价崩盘风险明显增加，这符合本书关于股权质押促使有对冲动机和掏空动机的控股股东在股权质押期间隐瞒坏消息从而增加了股价崩盘风险的假设。

表4-8　　　　控股股东股权质押与上市公司股价崩盘风险

Variable	Logit Model	OLS Model	
	$Crash_{t+1}$	$Ncskew_{t+1}$	$Duvol_{t+1}$
	(1)	(2)	(3)
Pledge variables			
$Pledge$	0.016 (0.24)	0.029** (2.31)	0.023** (2.55)
$During$	-0.134 (-1.43)	-0.063*** (-3.66)	-0.042*** (-3.64)
$Pledge \times During$	**0.267*** (2.60)**	**0.083*** (4.26)**	**0.047*** (3.60)**
Control variables			
ROA_t	-0.780** (-2.18)	0.289*** (4.03)	0.155*** (3.06)
$Leverage_t$	-0.071 (-0.71)	-0.036* (-1.94)	-0.039*** (-3.04)
$Size_t$	-0.027 (-0.95)	0.011** (2.15)	-0.005 (-1.37)
Ret_t	-11.794* (-1.65)	7.508*** (3.90)	5.743*** (4.15)
$Dturn_t$	-0.146** (-2.48)	-0.036*** (-2.83)	-0.021** (-2.46)
$Sigma_t$	-10.747* (-1.85)	6.439*** (5.51)	4.138*** (5.29)
MB_t	0.104*** (5.19)	0.035*** (7.31)	0.024*** (7.47)
$Ncskew_t$	0.003 (0.09)	0.052*** (7.59)	0.032*** (7.13)
$Opaque_t$	1.064*** (3.06)	0.289*** (3.92)	0.167*** (3.41)

续表

Variable	Logit Model	OLS Model	
	$Crash_{t+1}$	$Ncskew_{t+1}$	$Duvol_{t+1}$
	(1)	(2)	(3)
Year fixed effect	Yes	Yes	Yes
Industry fixed effect	Yes	Yes	Yes
Firm Cluster	Yes	Yes	Yes
Observations	24634	24654	24654
Pseudo/Adjusted R^2	0.043	0.066	0.068

注：*、**、***分别表示在10%、5%、1%的水平上显著；括号内数字为 t 值。

本书的研究结果提供了控股股东股权质押显著增加上市公司股价崩盘风险的经验证据。尽管以往文献也证明了控股股东股权质押与上市公司股价崩盘风险之间的正相关关系（夏常源和贾凡胜，2019；沈冰和陈锡娟，2019；Xu，Chang，Li & Wang，2019；邵剑兵和费宝萱，2020），但本书的研究视角与逻辑、研究设计等均与以往文献不同。首先，研究视角与逻辑不同。夏常源和贾凡胜（2019）、沈冰和陈锡娟（2019）的研究从投资者情绪视角出发，认为股权质押引发股价崩盘的根本原因在于市场信息环境不透明引发的投资者猜测和恐慌，而不在于股权质押背后的利益侵占或盈余管理；徐、张、李和王（Xu，Chang，Li & Wang，2019）从股权质押本身的违约风险视角出发，认为外生股价的大幅下跌可能导致追加保证金通知和强制抛售被质押股票，增加了股权质押的违约风险，进而加大了上市公司股价崩盘风险；邵剑兵和费宝萱（2020）从操纵性市值管理的视角发现控股股东股权质押后为避免控制权转移风险，会通过真实盈余管理等信息披露操纵方式进行伪市值管理，增加了股价崩盘风险。而本书从控股股东的对冲动机和掏空动机出发，认为质押股权的控股股东为了自身利益而在质押期间囤积坏消息，使得上市公司在控股股东股权质押期间将面临较高的股价崩盘风险。后续章节将详细阐述控股股东股权质押背后的掏空动机和对冲动机，并进行实证检验。其次，研究设计不同。以往文献均以当年年末控股股东是否存在股权质押的哑变量进行全样本直接回归,而本书采用PSM配对样本和多时点双重差分模型,将时间段分成质押开始前期、控股股东股权质押期间和质押结束后期三段,通过对比控股股东股权质押期间与基准期间,控制组公司与质押公司股价崩盘风险的差异是否显著,反映控股股东股权质押对上市公司股价崩盘风险的影响,有利于缓解内生性问题。

4.4 进一步分析

本节进一步探讨控股股东股权质押对股价崩盘风险的影响。4.4.1节检验质押特征(比例、期限及平仓压力)对股价崩盘风险的影响;4.4.2节检验控股股东质押期结束后被质押公司面临的股价崩盘风险的变化;4.4.3节检验股权质押对坏消息囤积的影响。

4.4.1 质押特征对股价崩盘风险的影响

以往研究表明解释股权质押活动的重要因素包括质押比例、质押期限及平仓压力等(李常青和幸伟,2017;Dou et al., 2019;Li, Zhou, Yan & Zhang, 2020)。本书在主假设 H1 中提及,控股股东股权质押伴随的对冲效应和掏空效应会显著增加上市公司的股价崩盘风险。基于对冲效应和掏空效应的存在性,本书认为控股股东质押比例越高、质押期限越长、平仓压力越大,上市公司面临的股价崩盘风险越高。具体分析如下:

质押比例是指期末控股股东累计质押余额占其持有公司股份的百分比(谢德仁和廖珂,2016;黄登仕、黄禹舜和周嘉南,2018;曹丰和李珂,2019)。从2017年开始,上市公司控股股东高比例质押的问题越来越突出。2018年11月,296家上市公司的控股股东股权质押比例达99%,430家上市公司的控股股东股权质押比例达95%。如果控股股东质押比例过高,则说明有两种可能:一是控股股东自身资金链紧张,不得不过度质押换取资金来周转（Li，Zhou，Yan & Zhang，2020）。那么质押比例越高，说明其面临警戒线或平仓线时可用于补仓的股票越少，而在其本身就面临融资约束的情况下，控股股东较难提供更多的担保金额或还款金额，在质押期间，控股股东很有可能利用自己的控制权优势侵占转移上市公司的资产，也就是说控股股东质押比例越高，说明控股股东的控制权与现金流权的偏离程度越大，其侵占同样的利益所需付出的自有成本越低，其掏空上市公司的动机越强，加剧了上市公司的信息不透明度，为控股股东在质押期间隐藏坏消息创造了条件与空间，上市公司面临的股价崩盘风险越高。二是控股股东对上市公司的前景不是十分看好，通过质押进行套利出逃（王秀丽、齐荻和吕文栋，2020；Zhou，Li，Yan & Lyu，2021）。高比例质押的控股股东丧失控股权的风险很高，之所以"铤而走险"，说明控股股东提前感知到潜在坏消息会导致股票价格的长期大幅下降，甚至损害公司价值，为了规避自身风险拿到远高于原始投资几十倍的资金，控股股东锁定股权质押套现的收益，并用质押获得的资金来对冲上市公司潜在坏消息带来的自身风险损失，也就是说控股股东质押比例越高，其对冲上市公司风险的动机越强，而控股股东已通过高比例质押套现，对上市公司的监督治理缺位，公司内部囤积的坏消息越多，上市公司面临的股价崩盘风险越高。

《中华人民共和国担保法》对担保期限没有作强制性规定，担保期限属于当事人意思自治的范畴。但实践中，上市公司股权质押一般都设有质押期限。质押期限是指质押开始日期到质押结束日期的时间段（李常青和幸伟，2017；胡珺、彭远怀、宋献中和周林子，2020）。相对于质押期限较短的控股股东股权质押，质押期限过长一方面意味着控股股东的资金需求较为强烈（马连福和张晓庆，2020），也意味着现金流权无法行使的时间越长，其通过资金占用、关联交易等方式掏空上市公司以满足自身资金需求的动机越强，进而公司内部囤积的坏消息越多，上市公司面临的股价崩盘风险越高；另一方面意味着控股股东股权质押很有可能是控股股东曲线套现的一个手段，质押期越长，其面临的股价波动可能性越大（何威风、刘怡君和吴玉宇，2018），公司未来状况及公司价值不确定性越高，控股股东利用较长的质押期限来冲销上市公司信息不确定性带来的自身风险损失，由此造成控股股东对上市公司的长期监督治理缺位，导致公司内部累积的坏消息增多，上市公司面临的股价崩盘风险显著增加。

标准的股权质押合同一般会约定平仓线和警戒线，即被质押股票的实际市值与借贷款项金额的比值，其中平仓线通常为120%～140%。当股价跌至警戒线时，出质人需要及时追加质押物或补充资金，若股价持续下跌触及平仓线，质权人有权清算被质押股票。因此，公司股价距离平仓线越近，说明控股股东质押的平仓压力越大；相反，当股价与平仓线的距离相对较远时，控股股东质押的平仓压力较小（李常青和幸伟，2017；黄登仕、黄禹舜和周嘉南，2018；胡聪慧、朱菲菲和邱卉敏，2020；胡珺、彭远怀、宋献中和周林子，2020）。股权质押以股票作为质押物，当股票的价值发生变化时，控股股东进行股权质押的对冲动机和掏空动机的强弱也会发生变化。当控股股东平仓压力较小时，说明上市公司股价处于上升通道，股价不会触及预警线和平仓线，控股股东便不会有较强的欲望通过股权质押对冲上市公司风险，也不会以较高的消费私人控制利益的机会成本为代价来掏空上市公司。虽然一些研究表明上市公司有可能在股价未下跌到预警线前就进行伪市值管理推高股价（谢德仁、廖珂和郑登津，2017；廖珂、崔宸瑜和谢德仁，2018；廖珂、谢德仁和张新一，2020），但我们认为，相对于平仓压力较小的控股股东，当控股股东平仓压力较大时，说明上市公司的经营状况出现恶化，未来不确定性较大，同时上市公司创造自由现金流的能力和分红能力也在下降，控股股东面临的风险敞口大大增加，那么此时控股股东便会有较强的动机通过股权质押对冲上市公司风险和掏空上市公司，以保证自身的利益不受影响，这样就会导致公司内部坏消息的囤积，增加上市公司的股价崩盘风险[①]。

[①] 除了本书的主要逻辑外，当然也可从市场情绪的角度来解释，一方面，平仓压力越大，股价越接近于平仓线，市场中的投资者越能感知公司内部的坏消息，也就是说上市公司内部囤积的坏消息即将到达阈值，崩盘风险显著增加。另一方面，股价越接近于平仓线，控股股东所质押的股份越可能被银行等金融机构强制出售，由于大量的股票在二级市场抛售会导致股价短期大幅度的快速下降，因此股价越接近于平仓线，上市公司崩盘风险越高。为了排除市场情绪的可替代性解释，本书在4.5.1小节控制了市场情绪，结果依然稳健。

基于上述分析，控股股东质押比例越高、质押期限越长、平仓压力越大，其对冲上市公司风险和掏空上市公司的动机越强，隐瞒坏消息的意愿就越高，公司内部囤积的坏消息越多，上市公司面临的股价崩盘风险越高。据此得出如下研究假设：

H1a：控股股东质押比例越高，上市公司面临的股价崩盘风险越高。

H1b：控股股东质押期限越长，上市公司面临的股价崩盘风险越高。

H1c：控股股东平仓压力越大，上市公司面临的股价崩盘风险越高。

1. 模型设定与变量定义

参照现有研究（黄登仕、黄禹舜和周嘉南，2018；曹丰和李珂，2019；Li, Zhou, Yan & Zhang, 2020；王秀丽、齐荻和吕文栋，2020），质押比例 *Pledge_Ratio* 用控股股东质押股份数占控股股东持有上市公司股份数的比重来衡量。参照现有研究（何威风、刘怡君和吴玉宇，2018；马连福和张晓庆，2020；胡珺、彭远怀、宋献中和周林子，2020；Zhou, Li, Yan & Lyu, 2021），质押期限 *Pledge_Length* 为从控股股东质押开始日期到质押结束日期的月份的自然对数。参照现有研究（廖珂、崔宸瑜和谢德仁，2018；李常青、李宇坤和李茂良，2018；Zhao, Zhang, Xiong & Zou, 2019；胡聪慧、朱菲菲和邱卉敏，2020；姜军、江轩宇和伊志宏，2020），以股票的价格是否逼近控股股东股权质押的平仓线来衡量其质押期间的平仓压力大小，具体来说，将当年内最低收盘价与股权质押平仓价格[①]的比值与1相比较，若该比值小于1则平仓压力 *Margin Call* 赋值为1，否则为0。变量的详细定义见表4-9。

[①] 参照现有文献（李常青、李宇坤和李茂良，2018；Zhao, Zhang, Xiong & Zou, 2019；胡聪慧、朱菲菲和邱卉敏，2020），平仓价格的计算方法为：平仓价格 = 质押日均价×质押比率×(1+融资成本)×平仓线。在本书中，假定质押日均价为质押前7个交易日的收盘价均值；主板、中小板、创业板的质押比率分别为50%、40%、30%；融资成本即质押年利率为7%；主板和中小创板的平仓线分别为130%和140%。

表 4-9　　　　　　　　　　　变量定义

质押特征变量	定义
Pledge_Ratio	控股股东质押股份数占控股股东持有上市公司股份数的比重
Pledge_Length	从控股股东质押开始日期到质押结束日期的月份的自然对数
Margin Call	以股票的价格是否逼近控股股东股权质押的平仓线来衡量其质押期间的平仓压力大小，具体来说，将当年内最低收盘价与股权质押平仓价格 [质押日均价×质押比率×(1+融资成本)×平仓线] 的比值与1相比较，若该比值小于1则平仓压力 Margin Call 赋值为1，否则为0

然后，本书分别使用 Pledge_Ratio、Pledge_Length 和 Margin Call 来替换模型（4-4）中的 Pledge 变量，即：

$$Crashrisk_{i,t+1} = \gamma_0 + \gamma_1 Pledge\_Ratio_{i,t} + \gamma_2 During_{i,t} + \gamma_3 Pledge\_Ratio_{i,t}$$
$$\times During_{i,t} + \mu' X_{i,t} + Year + Industry + \delta_{i,t} \qquad (4-5)$$

$$Crashrisk_{i,t+1} = \gamma_0 + \gamma_1 Pledge\_Length_{i,t} + \gamma_2 During_{i,t} + \gamma_3 Pledge\_Length_{i,t}$$
$$\times During_{i,t} + \mu' X_{i,t} + Year + Industry + \delta_{i,t} \qquad (4-6)$$

$$Crashrisk_{i,t+1} = \gamma_0 + \gamma_1 Margin\ Call_{i,t} + \gamma_2 During_{i,t} + \gamma_3 Margin\ Call_{i,t}$$
$$\times During_{i,t} + \mu' X_{i,t} + Year + Industry + \delta_{i,t} \qquad (4-7)$$

以上三个公式中，i 表示公司 i，t 表示年份 t。因变量 Crashrisk 为股价崩盘风险变量，即 Ncskew 或 Duvol；当 t 为控股股东质押期时，变量 During 取值为1，其他情况下为0。参照以往文献（Chen et al., 2001；Hutton et al., 2009；Kim & Zhang, 2016），向量 X 包含了上文所述的股价崩盘风险的标准控制变量，与模型（4-4）一致。

对于上述回归模型，系数 γ_3 分别反映了相比于控制组公司，控股股东质押比例、质押期限和平仓压力是否导致质押公司在控股股东股权质押期间和基准期之间的股价崩盘风险显著增加。如果质押特征（比例、期限和平仓压力）可以解释控股股东股权质押的囤积坏消息的动机，那么上市公司在控股股东股权质押期间将面临较高的股价崩盘风险，则系数 γ_3 的符号显著为正，假设 H1a～假设 H1c 得到支持。

2. 回归结果分析

表 4-10 汇报了质押特征对股价崩盘风险影响的实证结果。如表 4-10

所示，*Pledge_Ratio × During*、*Pledge_Length × During* 和 *Margin Call × During* 的回归系数均在1%水平上显著为正。回归结果表明，控股股东质押比例越高、质押期限越长、平仓压力越大，上市公司面临的股价崩盘风险越高，支持了假设 H1a～假设 H1c。具体分析如下：

表 4－10　　　　　　　　质押特征对股价崩盘风险的影响

Variable	$Ncskew_{t+1}$			$Duvol_{t+1}$		
	(1)	(2)	(3)	(4)	(5)	(6)
Pledge variables						
Pledge_Ratio	0.022* (1.72)			0.013 (1.43)		
Pledge_Ratio × **During**	**0.058*** **(3.13)**			**0.039*** **(3.16)**		
Pledge_Length		0.033*** (2.62)			0.020** (2.24)	
Pledge_Length × **During**		**0.055*** **(2.95)**			**0.037*** **(2.93)**	
Margin Call			0.034*** (2.66)			0.023** (2.53)
Margin Call × During			**0.044**** **(2.41)**			**0.027**** **(2.19)**
During	-0.039*** (-2.68)	-0.043*** (-2.81)	-0.032** (-2.24)	-0.032*** (-3.24)	-0.034*** (-3.34)	-0.026*** (-2.69)
Control variables						
Control	Yes	Yes	Yes	Yes	Yes	Yes
Year fixed effect	Yes	Yes	Yes	Yes	Yes	Yes
Industry fixed effect	Yes	Yes	Yes	Yes	Yes	Yes
Firm Cluster	Yes	Yes	Yes	Yes	Yes	Yes
Observations	24654	24654	24654	24654	24654	24654
Adjusted R²	0.065	0.065	0.065	0.068	0.068	0.068

注：*、**、*** 分别表示在10%、5%、1%的水平上显著；括号内数字为 t 值。

$Pledge\_Ratio \times During$ 的回归系数在 1% 水平上显著为正，该回归结果表明，控股股东质押比例越高，其对冲上市公司风险的动机越强，而控股股东已通过高比例质押套现，对上市公司的监督治理缺位，公司内部囤积的坏消息越多，上市公司面临的股价崩盘风险越高；质押比例越高也说明了控股股东的控制权与现金流权的偏离程度越大，其侵占同样的利益所需付出的自有成本越低，其掏空上市公司的动机越强，加剧了上市公司的信息不透明度，为控股股东在质押期间隐藏坏消息创造了条件与空间，上市公司面临的股价崩盘风险越高。实证结果支持了假设 H1a。

$Pledge\_Length \times During$ 的回归系数在 1% 水平上显著为正，该回归结果表明，控股股东质押期限越长，意味着现金流权无法行使的时间越长，其通过资金占用、关联交易等方式掏空上市公司以满足自身资金需求的动机越强，进而公司内部囤积的坏消息越多，上市公司面临的股价崩盘风险越高；也意味着其面临的股价波动可能性越大，公司未来状况及公司价值不确定性越高，控股股东利用较长的质押期限来冲销上市公司信息不确定性带来的自身风险损失，由此造成控股股东对上市公司的长期监督治理缺位，导致公司内部累积的坏消息增多，上市公司面临的股价崩盘风险显著增加。实证结果支持了假设 H1b。

$Margin\ Call \times During$ 的回归系数在 1% 水平上显著为正，该回归结果表明，控股股东平仓压力越大，说明上市公司的经营状况出现恶化，未来不确定性越大，同时上市公司创造自由现金流的能力和分红能力也在下降，控股股东面临的风险敞口大大增加，那么此时控股股东便会有较强的动机通过股权质押对冲上市公司风险和掏空上市公司，以保证自身的利益不受影响，这样就会导致公司内部坏消息的囤积，增加上市公司的股价崩盘风险。实证结果支持了假设 H1c。

4.4.2 质押期结束后股价崩盘风险变化

为了观察控股股东质押期结束后被质押公司面临的股价崩盘风险的变

化，参照已有文献（Deng, Gao & Kim, 2020），本书将虚拟变量 After 定义为质押结束日期之后的会计年度为1，其他会计年度为0。然后将变量 After 及其与变量 Pledge 的交乘项（Pledge × After）加入模型（4-4），构建模型（4-8），具体设定如下：

$$Crashrisk_{i,t+1} = \gamma_0 + \gamma_1 Pledge_{i,t} + \gamma_2 During'_{i,t} + \gamma_3 Pledge_{i,t} \times During'_{i,t} \\ + \gamma_4 After_{i,t} + \gamma_5 Pledge_{i,t} \times After_{i,t} + \mu' X_{i,t} + Year \\ + Industry + \delta_{i,t} \quad (4-8)$$

其中，i 表示公司 i，t 表示年份 t。因变量与控制变量的设定与模型（4-4）一致。模型中加入了年份固定效应（Year）和行业固定效应（Industry）。为了消除异常值对估计结果的影响，模型中所有连续变量在上下1%的水平上进行了双边缩尾处理。根据股价崩盘风险变量的类型，本书采用 Logit/OLS 回归对上述模型进行估计，具体来说，当因变量为 Crash 时采用 Logit 回归方法，当因变量为 Ncskew 或 Duvol 时采用 OLS 回归方法。此外，本书对标准误进行了公司层面的聚类处理（Petersen, 2009）。

对于上述回归模型（4-8），系数 γ_1 反映的是质押公司和控制组公司在质押开始日期之前（$During' = 0$ 且 $After = 0$）的股价崩盘风险的差异；系数 γ_5 反映的是质押公司和控制组公司在质押结束日期之后（$After = 1$）的股价崩盘风险的差异。如果控股股东股权质押导致上市公司股价崩盘风险显著增加，则系数 γ_3 的符号应显著为正且系数 γ_5 的符号应不显著。

如表4-11所示，交乘项 Pledge × During' 的系数均显著为正，表明上市公司在控股股东股权质押期间面临较高的股价崩盘风险，而交乘项 Pledge × After 的系数均不显著，说明在控股股东质押期结束后质押公司的股价崩盘风险与控制组公司没有显著差异。这一证据强化了本书的观点，即在控股股东股权质押期间，上市公司面临的股价崩盘风险显著增加。

表 4-11　　　　　　　　质押结束后期股价崩盘风险变化

Variable	Logit Model $Crash_{t+1}$ (1)	OLS Model $Ncskew_{t+1}$ (2)	$Duvol_{t+1}$ (3)
Pledge variables			
Pledge	0.027 (0.38)	0.043*** (3.18)	0.030*** (3.17)
During'	-0.077 (-0.74)	-0.073*** (-3.76)	-0.047*** (-3.57)
Pledge × During'	**0.193*** **(1.69)**	**0.074**** **(3.43)**	**0.041**** **(2.81)**
After	-0.240* (-1.90)	-0.070*** (-2.98)	-0.048*** (-3.02)
Pledge × After	**0.199** **(1.37)**	**0.019** **(0.67)**	**0.019** **(1.00)**
Control variables			
ROA_t	-0.797** (-2.22)	0.277*** (3.84)	0.148*** (2.91)
$Leverage_t$	-0.070 (-0.70)	-0.033* (-1.79)	-0.037*** (-2.92)
$Size_t$	-0.023 (-0.79)	0.013** (2.35)	-0.004 (-1.16)
Ret_t	-9.263* (-1.69)	7.529*** (3.90)	5.706*** (4.15)
$Dturn_t$	-0.144** (-2.43)	-0.033*** (-2.60)	-0.019** (-2.27)
$Sigma_t$	-10.990* (-1.90)	6.410*** (5.49)	4.119*** (5.26)
MB_t	0.104*** (5.14)	0.035*** (7.40)	0.025*** (7.54)

续表

Variable	Logit Model	OLS Model	
	$Crash_{t+1}$	$Ncskew_{t+1}$	$Duvol_{t+1}$
	(1)	(2)	(3)
$Ncskew_t$	0.003 (0.08)	0.052*** (7.55)	0.032*** (7.10)
$Opaque_t$	1.067*** (3.07)	0.291*** (3.94)	0.168*** (3.43)
Year fixed effects	Yes	Yes	Yes
Industry fixed effects	Yes	Yes	Yes
Firm Cluster	Yes	Yes	Yes
Observations	24634	24654	24654
Pseudo/Adjusted R^2	0.043	0.066	0.068

注：*、**、***分别表示在10%、5%、1%的水平上显著；括号内数字为 t 值。

4.4.3 信息不透明的中介检验

为了直接探究控股股东股权质押的对冲效应和掏空效应是否会通过囤积坏消息增加股价崩盘风险，本书按照 Chen et al. (2018) 和 Khurana et al. (2018) 的方法进行了两步回归。具体来说，财务报告的不透明度（Opaque）被用来衡量坏消息囤积（Jin & Myers, 2006; Hutton et al., 2009; Hong et al., 2017）。由于股权质押和坏消息囤积对股价崩盘风险的影响（即第二步回归）已经在表 4-8 的第（1）列~第（3）列汇报过，所以接下来本节检验股权质押对坏消息囤积的影响（即第一步回归）。具体模型设定如下：

$$Opaque_{i,t} = \gamma_0 + \gamma_1 Pledge_{i,t} + \gamma_2 During_{i,t} + \gamma_3 Pledge_{i,t} \times During_{i,t} + \mu' X_{i,t} + Year + Industry + \delta_{i,t} \quad (4-9)$$

式（4-9）中，i 表示公司 i，t 表示年份 t。变量 Pledge 对于质押公司和非质押控制组公司来说分别取值为 1 和 0；当 t 为控股股东质押期时，变量 During 取值为 1，其他情况下为 0。控制变量的设定与模型（4-4）相同。模型中加入了年份固定效应（Year）和行业固定效应（Industry）。对于上述回归模型（4-9），系数 γ_3 反映了质押公司相比于控制组公司在控股股东股权质押期间和基准期之间的财务报告不透明度是否有显著增加。

表 4-12 报告了股权质押对坏消息囤积影响的回归结果。对于因变量 Opaque，交乘项 Pledge × During 的系数在 1% 的水平上显著为正，符合股权质押促使控股股东在质押期间隐瞒坏消息的论点。如前文表 4-8 所示，信息不透明度 Opaque 对股价崩盘风险 Crash、Ncskew 和 Duvol 的估计系数均在 1% 水平上显著为正，这符合赫顿（Hutton et al.，2009）坏消息囤积导致股价崩盘风险的结论。至于经济含义，以因变量 Ncskew 为例，股权质押通过囤积坏消息对股价崩盘风险的间接影响占总效应的 5.59%，直接证明了股权质押通过囤积坏消息增加股价崩盘风险。

表 4-12　　　　　　　　　信息不透明的中介检验

Variable	OLS Model $Opaque_t$ (4)
Pledge variables	
Pledge	0.003 (0.74)
During	-0.006 (-1.18)
Pledge × During	**0.017*** (3.20)**
Control variables	
ROA_t	-0.029 (-1.29)
$Leverage_t$	0.102*** (15.70)

续表

Variable	OLS Model
	$Opaque_t$
	(4)
$Size_t$	-0.004**
	(-2.41)
Ret_t	10.507***
	(2.75)
$Dturn_t$	0.032***
	(15.46)
$Sigma_t$	0.806***
	(3.62)
MB_t	0.014***
	(10.10)
$Ncskew_t$	0.006***
	(4.71)
Year fixed effect	Yes
Industry fixed effect	Yes
Firm Cluster	Yes
Observations	24654
Pseudo/Adjusted R^2	0.177

注：*、**、*** 分别表示在10%、5%、1%的水平上显著；括号内数字为 t 值。

4.5 稳健性检验

为了增强研究结果的稳健性，本节从五个方面对回归结果进行稳健性检验：第一，控制投资者情绪的影响；第二，检验控股股东股权质押对股价跳涨的影响；第三，进行平行趋势检验；第四，使用含行业回报的扩展市场指数模型重新衡量股价崩盘风险变量；第五，控制股权分置改革的影响。

4.5.1 控制投资者情绪

多项研究指出反映投资者对股价预期的投资者情绪是影响股价崩盘风险的重要因素之一（李昊洋、程小可和郑立东，2017；Yin & Tian，2017；Fu et al.，2021）。徐、张、李和王（Xu, Chang, Li & Wang，2019）认为2015 年中国股市危机引发的质押股强制清盘导致投资者非理性行为，进而导致股价暴跌。夏常源和贾凡胜（2019）也表明股权质押导致股价崩盘的根本原因在于不透明的市场信息环境诱发的投资者猜测和恐慌。因此，除了控股股东的坏消息囤积外，投资者情绪等市场因素也需要加以考虑。

借鉴现有研究（Baker & Wurgler，2006；Zhu & Niu，2016；Hao & Xiong，2021），本书构建基于主成分的投资者情绪指数（$ISI\ index$）[①] 用来代表中国股市的投资者情绪。本书将主回归（表 4-8）中用到的全样本按照投资者情绪指数的中位数将其划分为两个子样本，然后，分别基于两个子样本对模型（4-4）进行回归。从表 4-13 中可以看出，无论投资者情绪是看涨还是看跌，$Pledge \times During$ 的系数均显著为正。因此，本书基于控股股东囤积坏消息的论证在控制投资者情绪后仍然成立。

表 4-13 控制投资者情绪

Variable	Logit Model		OLS Model			
	$Crash_{t+1}$		$Ncskew_{t+1}$		$Duvol_{t+1}$	
	Low-ISI index	High-ISI index	Low-ISI index	High-ISI index	Low-ISI index	High-ISI index
	(1)	(2)	(3)	(4)	(5)	(6)
Pledge variables						
$Pledge$	0.006 (0.07)	0.052 (0.54)	0.022 (1.39)	0.028 (1.43)	0.017 (1.48)	0.021 (1.55)

---

① 基于主成分的投资者情绪指数（$ISI\ index$）来自 CSMAR 数据库，其计算公式为 0.64×新账户数 +0.521×成交量 +0.229×消费者信心指数 +0.351×封闭式基金折价 +0.227×IPO 数 + 0.463×IPO 首日收益率。

续表

Variable	Logit Model Crash$_{t+1}$ Low-ISI index (1)	Logit Model Crash$_{t+1}$ High-ISI index (2)	OLS Model Ncskew$_{t+1}$ Low-ISI index (3)	OLS Model Ncskew$_{t+1}$ High-ISI index (4)	OLS Model Duvol$_{t+1}$ Low-ISI index (5)	OLS Model Duvol$_{t+1}$ High-ISI index (6)
During	-0.199 (-1.01)	-0.089 (-0.78)	-0.101*** (-3.58)	-0.048** (-2.14)	-0.064*** (-3.25)	-0.037** (-2.43)
Pledge × During	0.280 (1.31)	0.229* (1.76)	0.119*** (3.81)	0.079*** (3.00)	0.078*** (3.56)	0.044** (2.49)
Control variables						
Control	Yes	Yes	Yes	Yes	Yes	Yes
Year fixed effect	Yes	Yes	Yes	Yes	Yes	Yes
Industry fixed effect	Yes	Yes	Yes	Yes	Yes	Yes
Firm Cluster	Yes	Yes	Yes	Yes	Yes	Yes
Observations	10448	14179	10463	14189	10463	14189
Pseudo/Adjusted R²	0.062	0.030	0.077	0.066	0.082	0.067

注：*、**、***分别表示在10%、5%、1%的水平上显著；括号内数字为 t 值。

4.5.2 控股股东股权质押对股价跳涨的影响

本书还研究了股权质押对股价崩盘风险的影响是否可以扩展到衡量利好消息囤积的股价跳涨。虚拟变量 Jump 用来衡量积极的价格跳涨风险，当公司在一年内至少经历一次公司特定周收益率高于其当年特定周收益率均值的3.09个标准差时 Jump 取值为1，否则为0（Hutton et al., 2009）。然后将模型（4-4）中的 $Crash_{t+1}$ 替换为 $Jump_{t+1}$，运用 Logit 模型估计回归。具体模型设定如下：

$$Jump_{i,t+1} = \gamma_0 + \gamma_1 Pledge_{i,t} + \gamma_2 During_{i,t} + \gamma_3 Pledge_{i,t} \times During_{i,t}$$
$$+ \mu' X_{i,t} + Year + Industry + \delta_{i,t} \qquad (4-10)$$

式（4-10）中，i 表示公司 i，t 表示年份 t。变量 Pledge 对于质押公司和非质押控制组公司来说分别取值为 1 和 0；当 t 为控股股东质押期时，变量 During 取值为 1，其他情况下为 0。控制变量的设定与模型 (4-4) 相同。模型中加入了年份固定效应（Year）和行业固定效应（Industry）。此外，本书对标准误进行了公司层面的聚类处理（Petersen，2009）。对于上述回归模型（4-10），系数 γ_3 反映了质押公司相比于控制组公司在控股股东股权质押期间和基准期之间的股价跳涨是否有显著增加。

表 4-14 汇报了控股股东股权质押对股价跳涨的影响。可以看出，$Pledge \times During$ 的系数不显著，说明股权质押仅预示着股价的负崩盘。

表 4-14 控股股东股权质押对股价跳涨的影响

Variable	Logit Model
	$Jump_{t+1}$
	(1)
Pledge variables	
Pledge	-0.021 (-0.42)
During	0.051 (0.82)
Pledge × During	**-0.113** (**-1.56**)
Control variables	
ROA_t	-1.828*** (-7.10)
$Leverage_t$	-0.023 (-0.32)
$Size_t$	-0.061*** (-2.98)
Ret_t	-11.898*** (-3.05)

续表

Variable	Logit Model
	$Jump_{t+1}$
	(1)
$Dturn_t$	0.059 (1.21)
$Sigma_t$	-11.305*** (-5.24)
MB_t	-0.049*** (-2.69)
$Ncskew_t$	-0.169*** (-6.55)
$Opaque_t$	-0.642** (-2.26)
Year fixed effect	Yes
Industry fixed effect	Yes
Firm Cluster	Yes
Observations	24653
Pseudo R^2	0.036

注：*、**、*** 分别表示在10%、5%、1%的水平上显著；括号内数字为 t 值。

4.5.3 平行趋势检验

多时点双重差分模型（Staggered Difference – in – Differences model）的有效性取决于平行趋势假设。其基本逻辑是，两组的结果变量应遵循外生冲击之前的平行趋势（Bertrand & Mullainathan, 2003）。参照以往文献（Deng, Gao & Kim, 2020; Li, Kim, Wu & Yu, 2021; Shen, Cheng, Ouyang, Li & Chan, 2021），本书进行了平行趋势检验。具体模型设定如下：

$$Crashrisk_{i,t+1} = \gamma_0 + \gamma_1 Pledge_{i,t} + \gamma_2 Pledge_{i,t} \times Pre^3 + \gamma_3 Pledge_{i,t} \times Pre^2$$
$$+ \gamma_4 Pledge_{i,t} \times Pre^1 + \gamma_5 Pledge_{i,t} \times Current^0 + \gamma_6 Pledge_{i,t}$$

$$\times Post^1 + \gamma_7 Pledge_{i,t} \times Post^2 + \gamma_8 Pledge_{i,t} \times Post^{3+}$$
$$+ \gamma_9 Pre^3 + \gamma_{10} Pre^2 + \gamma_{11} Pre^1 + \gamma_{12} Current^0 + \gamma_{13} Post^1$$
$$+ \gamma_{14} Post^2 + \gamma_{15} Post^{3+} + \mu' X_{i,t} + Year + Industry + \delta_{i,t}$$

(4-11)

式（4-11）中，因变量 Crashrisk 为股价崩盘风险变量，即 Ncskew 或 Duvol；虚拟变量 Pledge 对于质押公司和非质押控制组公司来说分别取值为1和0。控制变量的设定与模型（4-4）相同。此外，该模型引入了8个虚拟变量：Pre^3（质押前的第3年赋值为1，否则为0）、Pre^2（质押前的第2年赋值为1，否则为0）、Pre^1（质押前的第1年赋值为1，否则为0）、$Current^0$（质押当年赋值为1，否则为0）、$Post^1$（质押后的第1年赋值为1，否则为0）、$Post^2$（质押后的第2年赋值为1，否则为0）、$Post^{3+}$（质押后的第3年及以后年份均赋值为1，否则为0）。根据平行趋势假设，系数 γ_2 至系数 γ_4 的符号应不显著，说明在控股股东质押股权之前，质押公司和匹配的非质押公司的股价崩盘风险预处理趋势相似；而系数 γ_5 至系数 γ_8 的符号反映的是由于控股股东股权质押导致的上市公司股价崩盘风险的变化。

表4-15报告了平行趋势检验的结果。结果显示，交乘项 Pledge × Pre^3、Pledge × Pre^2 和 Pledge × Pre^1 的回归系数不显著，说明在控股股东质押股权之前，质押公司和匹配的非质押公司的股价崩盘风险预处理趋势相似，符合平行趋势假设；相比之下，交乘项 Pledge × $Current^0$、Pledge × $Post^1$、Pledge × $Post^2$ 和 Pledge × $Post^{3+}$ 的回归系数均显著为正，说明由于控股股东股权质押导致的上市公司股价崩盘风险显著增加是合理的。该回归结果证明了本书所采用的多时点双重差分模型的有效性。

表4-15　　　　　　　　　平行趋势检验

Variable	$Ncskew_{t+1}$	$Duvol_{t+1}$
	(1)	(2)
Pledge	0.032**	0.024**
	(2.32)	(2.56)

第 4 章 控股股东股权质押对股价崩盘风险的影响

续表

Variable	$Ncskew_{t+1}$	$Duvol_{t+1}$
	(1)	(2)
$Pledge \times Pre^3$	0.007 (0.16)	0.004 (0.12)
$Pledge \times Pre^2$	0.004 (0.11)	-0.018 (-0.64)
$Pledge \times Pre^1$	0.036 (1.09)	0.021 (0.95)
$Pledge \times Current^0$	0.126*** (3.91)	0.072*** (3.26)
$Pledge \times Post^1$	0.090*** (2.64)	0.058** (2.52)
$Pledge \times Post^2$	0.082** (2.18)	0.045* (1.81)
$Pledge \times Post^{3+}$	0.082* (1.90)	0.058** (2.02)
Pre^3	0.035 (1.10)	0.032 (1.55)
Pre^2	0.015 (0.50)	0.023 (1.13)
Pre^1	-0.020 (-0.80)	-0.002 (-0.14)
$Current^0$	-0.077*** (-2.88)	-0.041** (-2.25)
$Post^1$	-0.038 (-1.32)	-0.029 (-1.50)
$Post^2$	-0.045 (-1.40)	-0.016 (-0.76)

续表

Variable	$Ncskew_{t+1}$ (1)	$Duvol_{t+1}$ (2)
$Post^{3+}$	-0.083** (-2.22)	-0.051** (-2.02)
Control	Yes	Yes
Year fixed effect	Yes	Yes
Industry fixed effect	Yes	Yes
Firm Cluster	Yes	Yes
Observations	24654	24654
Adjusted R^2	0.066	0.068

注：*、**、*** 分别表示在 10%、5%、1% 的水平上显著；括号内数字为 t 值。

4.5.4 包含行业回报的扩展市场指数模型

参照赫顿等（Hutton et al., 2009），本书在扩展市场指数模型（4-1）的基础上加入行业收益率的超前项和滞后项，构建模型（4-12）用来计算公司特定周收益率，并以此为基础重新衡量股价崩盘风险变量。包含行业回报的扩展市场指数模型（4-12）如下：

$$r_{j,\tau} = \alpha_j + \beta_{1,j} r_{m,\tau-1} + \beta_{2,j} r_{ind,\tau-1} + \beta_{3,j} r_{m,\tau} + \beta_{4,j} r_{ind,\tau} + \beta_{5,j} r_{m,\tau+1} + \beta_{6,j} r_{ind,\tau+1} + \varepsilon_{j,\tau} \quad (4-12)$$

其中，$r_{j,\tau}$、$r_{m,\tau}$、$r_{ind,\tau}$ 分别表示在第 τ 周的股票 j 收益率、流通市值加权平均收益率和行业指数加权平均收益率。基于模型（4-12）估计的残差项重新构建公司特定周收益率，并以此为基础构建变量 Crash、Ncskew、Duvol、Ret 和 Sigma 等。

表 4-16 汇报了用包含行业回报的扩展市场指数模型构建的股价崩盘风险作为被解释变量的回归结果。结果显示，Pledge × During 的系数依然显著为正，支持了假设 H1。

表4-16　　　　　　　　更换股价崩盘风险衡量方法

Variable	Logit Model	OLS Model	
	$Crash_{t+1}$	$Ncskew_{t+1}$	$Duvol_{t+1}$
	(1)	(2)	(3)
Pledge variables			
$Pledge$	0.093 (1.41)	0.032** (2.48)	0.023*** (2.61)
$During$	-0.046 (-0.54)	-0.044** (-2.55)	-0.030*** (-2.67)
Pledge × During	**0.171*** **(1.81)**	**0.073**** **(3.73)**	**0.041**** **(3.21)**
Control variables			
ROA_t	-0.514 (-1.45)	0.022 (0.29)	-0.062 (-1.22)
$Leverage_t$	-0.092 (-0.98)	-0.034* (-1.76)	-0.033** (-2.54)
$Size_t$	-0.012 (-0.46)	0.029*** (5.47)	0.013*** (3.50)
Ret_t	11.631*** (3.24)	9.758*** (13.17)	6.355*** (12.87)
$Dturn_t$	-0.137** (-2.44)	-0.066*** (-5.19)	-0.048*** (-5.75)
$Sigma_t$	-3.354** (-2.16)	0.085 (0.27)	-0.158 (-0.75)
MB_t	0.055*** (2.79)	0.022*** (4.61)	0.015*** (4.50)
$Ncskew_t$	0.062** (1.97)	0.063*** (9.26)	0.037*** (8.19)
$Opaque_t$	0.731** (2.19)	0.321*** (4.44)	0.205*** (4.31)

续表

Variable	Logit Model	OLS Model	
	$Crash_{t+1}$	$Ncskew_{t+1}$	$Duvol_{t+1}$
	(1)	(2)	(3)
Year fixed effect	Yes	Yes	Yes
Industry fixed effect	Yes	Yes	Yes
Firm Cluster	Yes	Yes	Yes
Observations	24621	24640	24640
Pseudo/Adjusted R^2	0.035	0.057	0.058

注：*、**、*** 分别表示在10%、5%、1%的水平上显著；括号内数字为 t 值。

4.5.5 控制股权分置改革

考虑到2007年底完成的股权分置改革，本书利用子样本和子周期进行稳健性检验。表4-17汇报了股权分置改革前后的回归结果。股权分置改革后股权质押对股价崩盘风险的正向影响仍然显著，但股权分置改革前控股股东股权质押与股价崩盘风险没有相关性。这可能是因为股权分置改革前控股股东的非流通股不受股价的影响，因此质押非流通股的控股股东在股权分置改革前隐瞒坏消息的动机较低。

表4-17　　　　　　　控制股权分置改革

Variable	Logit Model		OLS Model			
	$Crash_{t+1}$		$Ncskew_{t+1}$		$Duvol_{t+1}$	
	Pre-reform	Post-reform	Pre-reform	Post-reform	Pre-reform	Post-reform
	(1)	(2)	(3)	(4)	(5)	(6)
Pledge variables						
Pledge	-0.004 (-0.04)	0.047 (0.56)	0.022 (1.06)	0.034** (2.10)	0.018 (1.18)	0.025** (2.28)
During	0.057 (0.10)	-0.089 (-0.89)	0.010 (0.13)	-0.054*** (-2.93)	0.076 (1.35)	-0.039*** (-3.17)

续表

Variable	Logit Model		OLS Model			
	$Crash_{t+1}$		$Ncskew_{t+1}$		$Duvol_{t+1}$	
	Pre-reform	Post-reform	Pre-reform	Post-reform	Pre-reform	Post-reform
	(1)	(2)	(3)	(4)	(5)	(6)
Pledge × During	-0.315 (-0.54)	0.241** (2.10)	-0.014 (-0.17)	0.072*** (3.32)	-0.054 (-0.92)	0.039*** (2.66)
Control variables						
Control	Yes	Yes	Yes	Yes	Yes	Yes
Year fixed effect	Yes	Yes	Yes	Yes	Yes	Yes
Industry fixed effect	Yes	Yes	Yes	Yes	Yes	Yes
Firm Cluster	Yes	Yes	Yes	Yes	Yes	Yes
Observations	4400	20214	4424	20228	4424	20228
Pseudo/Adjusted R^2	0.089	0.037	0.069	0.063	0.074	0.067

4.6 本章小结

本章基于不完全信息理论、委托代理理论和信息不对称理论，系统性分析控股股东股权质押的对冲效应和掏空效应对上市公司股价崩盘风险的影响，实证检验了控股股东股权质押与上市公司股价崩盘风险之间的关系，并进一步探讨了质押特征（如比例、期限、平仓压力等）对股价崩盘风险的影响。此外，通过观察控股股东质押期结束后被质押公司面临的股价崩盘风险的变化和检验信息不透明的中介效应，进一步验证了股权质押促使有对冲动机和掏空动机的控股股东在股权质押期间隐瞒坏消息从而增加了股价崩盘风险的观点。具体来说，

使用2003～2018年我国A股上市公司作为研究对象，采用PSM配对样本和多时点双重差分模型，实证研究了控股股东股权质押对上市公司股价崩盘风险的影响。研究发现，控股股东股权质押显著增加了上市公司的

股价崩盘风险，以负收益偏态系数为因变量时，当其他变量取均值时，质押公司在控股股东股权质押期间增加的股价崩盘风险比控制组公司多8.27%，假设 H1 得到支持。进一步分析发现，基于对冲效应和掏空效应的存在性，质押股份比例越高、质押期限越长、平仓压力越大，上市公司在控股股东质押期间面临的股价崩盘风险越高，假设 H1a～假设 H1c 得到支持。

在进一步分析中，通过观察控股股东质押期结束后被质押公司面临的股价崩盘风险的变化，发现在控股股东质押期结束后质押公司的股价崩盘风险与控制组公司没有显著差异，进一步说明了股权质押期间股价崩盘风险的增加。此外，为了直接探究股权质押是否会通过囤积坏消息增加股价崩盘风险，本书检验了信息不透明的中介效应，直接证明了股权质押通过囤积坏消息增加股价崩盘风险。

在稳健性检验中，本书控制了投资者情绪、股权分置改革后结果依然成立。本书还研究了股权质押对股价崩盘风险的影响是否可以扩展到衡量利好消息囤积的股价跳涨，结果发现股权质押仅预示着股价的负崩盘。此外，本书进行了平行趋势检验，并使用了包含行业回报的扩展市场指数模型计算股价崩盘风险，结果依然稳健。

表 4-18 汇总了本章研究假设的检验结果。

表 4-18　　　　　　　　本章研究假设内容与结果汇总

研究假设		检验结果
假设 H1	在控股股东股权质押期间，上市公司面临的股价崩盘风险显著增加。	通过
假设 H1a	控股股东质押比例越高，上市公司面临的股价崩盘风险越高。	通过
假设 H1b	控股股东质押期限越长，上市公司面临的股价崩盘风险越高。	通过
假设 H1c	控股股东平仓压力越大，上市公司面临的股价崩盘风险越高。	通过

第5章 控股股东股权质押对股价崩盘风险的影响：对冲效应检验

根据不完全信息理论，控股股东尽管作为公司内部人具有一定的信息优势，但注意力有限，不能掌握所有的信息，也无法准确衡量潜在坏消息的影响程度，对潜在坏消息导致的公司未来状况及公司价值认知模糊，这种信息不确定性大大增加了控股股东的自身风险。第4章指出，当上市公司信息不确定程度较大时，质押股票是一种对控股股东自身有利的方式，因为控股股东可以利用质押获得的资金来规避上市公司信息不确定性带来的风险损失并锁定股权质押套现的收益，而控股股东手中握有这份"保险"之后，对公司的监管、治理效应减弱，导致公司内部坏消息的囤积，增加了上市公司的股价崩盘风险。此为控股股东股权质押的"对冲效应"[1]。

本章在此基础上，从控股股东的对冲动机视角探讨控股股东股权质押的对冲效应影响上市公司股价崩盘风险的路径机理。具体来说，以分析师预测分歧度和MD&A描述性风险信息两个方面反映上市公司信息不

---

[1] 2012年，美国机构股东服务公司（Institutional Shareholder Services Inc.）提出股权质押可作为公司高管对冲或货币化策略的一部分，即允许高管免受公司股票带来的经济风险敞口。美国证券交易委员会（2018）把对冲交易定义为"……对冲或抵消，或旨在对冲或抵消作为薪酬授予的或直接或间接由员工或董事持有的股票证券的市场价值的任何下降"。本书对于"对冲"的定义与拉克和塔扬（Larcker & Tayan, 2010）、（Fabisik, 2019）以及沈、王和周（Shen, Wang & Zhou, 2021）的研究相似，即规避上市公司预期未来业绩下滑或未来股价不确定性带来的风险。不同于金融学中关于"对冲"的传统概念，在金融学中，对冲一般是指同时进行两笔行情相关、方向相反、数量相当、盈亏相抵的交易。但本书的"对冲"和金融学中的"对冲"的相同点在于本质都是锁定收益、规避风险。

确定性①，实证检验信息不确定性对控股股东股权质押与上市公司股价崩盘风险关系的影响，进而为验证控股股东股权质押的对冲效应提供直接经验证据。

5.1 理论分析与研究假设

5.1.1 分析师预测分歧度

分析师通过收集挖掘公共和私有信息来分析和评估上市公司的未来前景，其预测的目标价格是有信息含量的，能够向市场提供有价值的信息（Brav & Lehavy，2003；Asquith，Mikhail & Au，2004；储一昀和仓勇涛，2008）。

分析师进行盈余预测的主要信息来自上市公司公开披露的信息和分析师自身通过私人渠道获取的信息（Schipper，1991），其中，公共信息是指所有分析师和投资者都可以观察到的信息，而私有信息是指某个分析师个人拥有但其他分析师和投资者无法观察到的信息。巴伦、金、林和史蒂文斯（Barron，Kim，Lim & Stevens，1998）指出私有信息获取是对分析师活动更为精细的代理。陈和蒋（Chen & Jiang，2006）发现相比于公开信息，分析师对私有信息的依赖程度更高。在中国，由于公共信息总体质量较低，所以国内分析师更加倚重私有信息来进行上市公司盈余预测（郭杰和洪洁瑛，2009；何贵华、廖珂和谢德仁，2021）。

由于大量的分析师跟进同一家公司，而每个分析师获取私有信息的渠

---

① 蒋、李和张（Jiang，Lee & Zhang，2005）将信息不确定性定义为"价值模糊或即使是最有见识的投资者也无法合理估计公司价值的程度"。张（Zhang，2006）将信息不确定性定义为"新信息对公司价值的影响的模糊性"。而上市公司未来业绩的信息主要来源于分析师和管理层两个方面（纪新伟和宋云玲，2011），因此本书用分析师预测分歧度和管理层讨论与分析（MD&A）描述性风险信息两个方面反映上市公司信息不确定性。

道来源不同，因此各个分析师拥有的私有信息不甚相同，对于同一事项作出的决策和分析就存在着意见不一致，这通常被称为分析师预测分歧（Imhoff & Lobo，1992；Lang & Lundholm，1996）。分析师预测分歧度衡量了分析师之间获取的私有信息的差异，分歧度越大表明分析师对上市公司未来盈余或经营事项的不确定性程度越大（Barron，Kim，Lim & Stevens，1998；Barron & Stuerke，1998）。因此，当公开信息保持一定时，分析师预测分歧度越大，说明上市公司私有信息不确定性越大，公司未来状况的不确定性越高（Zhang，2006；储一昀和仓勇涛，2008；Lu，Chen & Liao，2010）。

由以上分析可知，分析师预测分歧度较大意味着上市公司私有信息不确定性程度较大。相比于信息不确定程度较小的上市公司，当上市公司信息不确定程度较大时，控股股东自身的投资风险也大大增加（Miller，1977；高鸿业，2011），出于对自身利益的保护，控股股东越倾向于在市场感知之前去质押股票从而锁定股权质押套现的收益、并用质押获得的资金来规避上市公司信息不确定性带来的自身风险损失[1]。即使这些潜在信息最终会导致股票价格长期大幅下降、甚至触及平仓线致使被质押股票强制抛售，控股股东也已经通过股权质押套现，且远远超过控股股东的原始投资（将近20~40倍）。而控股股东利用质押对冲自身风险后，相当于给自己买了一份保险，而控股股东手中握有这份"保险"就没有动力再关注潜在坏消息给上市公司带来的风险[2]，对上市公司的监管、治理效应减弱，导致公司内部坏消息的囤积（王化成、曹丰和叶康涛，2015；邹燕、李梦晓和林微，2020），增加了上市公司的股价崩盘风险。

基于上述分析，提出如下研究假设：

---

[1] 正是由于信息不确定，所以控股股东才会去质押股票来对冲潜在风险；如果私有信息确定是坏消息，则控股股东更有可能减持股票以保留其权益。

[2] 这种情况和买保险类似，人买了保险之后就不再注意自己的身体健康。相反，如果控股股东不质押股票对冲自身风险，那么控股股东面临的风险就跟上市公司的风险是一致的，则有动力去监管上市公司。

H2：分析师预测分歧度越大，股权质押对股价崩盘风险的正向影响越显著。

5.1.2　管理层讨论与分析（MD&A）描述性风险信息

管理层讨论与分析（Management Discussion and Analysis，MD&A）是上市公司财务报告中最重要、最有信息含量的部分（Tavcar，1998），着重于对公司未来经营成果与财务状况产生不利影响的重大事项和不确定性因素的分析讨论。国内外不少研究通过文本分析法对 MD&A 的大量文本信息进行量化分析，表明 MD&A 具有反映企业特质的管理层私有信息增量内容，验证了 MD&A 的信息有用性和真实性（Bryan，1997；Cole & Jones，2004；贺建刚、孙铮和周友梅，2013；Mayew，Sethuraman & Venkatachalam，2015；孟庆斌、杨俊华和鲁冰，2017）。

MD&A 描述性风险信息是 MD&A 中重要的非财务信息，具有信息、风险与文本的多重属性。首先，MD&A 描述性风险信息主要揭示未知风险与突发事件，重在说明未来的不确定性对公司实现其目标的影响。有研究表明 MD&A 描述性风险信息提供了异质性较强的特殊信息，突出了信息的不确定性（Kim & Verrecchia，1991；Kravet & Muslu，2013；Campbell，Chen，Lu & Steele，2014）。其次，风险信息通常被视为负面消息（Li，2010）。有研究表明 MD&A 描述性风险信息指标反映了管理层对未来不确定或未来经营业绩可能出现损失的警示（Filzen，2015；姚颐和赵梅，2016）。最后，MD&A 风险信息以文本方式展示，其处理难度和成本远高于数字信息，因此市场往往需要更长的时间来对 MD&A 描述性风险信息进行解读（Loughran & Mcdonald，2011；Tan et al.，2014）。蒋、李和张（Jiang，Lee & Zhang，2005）将信息不确定性定义为"价值模糊或即使是最有见识的投资者也无法合理估计公司价值的程度"。张（Zhang，2006）将信息不确定性定义为"新信息对公司价值的影响的模糊性"。有研究表明尽管管理层披露了风险信息，但 MD&A 描述性风险信息很难精确量化，增加了投资者理解信息的难度，增强了市场参与者的认知异质性，提高了信息的不确定性（Todd & Volkan，2013）。

由以上分析可知，MD&A 描述性风险信息可以反映管理层持有的内部信息不确定性。信息不确定使得控股股东难以精确预测公司的特有信息，削弱了控股股东识别项目好坏的能力，大大增加了控股股东投资失败的风险。因此，相比于信息不确定程度较小的上市公司，当上市公司信息不确定程度较大、公司当期及未来经营风险较大时，控股股东为了避免自身风险更倾向于去质押股票从而利用质押获得的资金来规避上市公司潜在坏消息带来的损失，但质押之后，控股股东的监管治理效应减弱，方便管理层囤积坏消息，显著增加了上市公司的股价崩盘风险。

基于上述分析，提出如下研究假设：

H3：管理层讨论与分析（MD&A）描述性风险信息指标越高，股权质押对股价崩盘风险的正向影响越显著。

5.2 研究设计

5.2.1 数据来源与样本选取

分析师预测分歧度相关数据来自 CSMAR 数据库；管理层讨论与分析（MD&A）描述性风险信息指标构建的相关文本数据来自 WinGo 文构财经文本数据平台，该平台是中国首家财经文本智能研究平台，具有专业的财经领域中文文本数据分析技术。

本章样本选取与第 4 章一致，同样是以 2003～2018 年作为样本期间，并在第 4 章样本的基础上剔除了上述变量缺失样本。最终样本包括 3060 家上市公司（包括质押公司与匹配的非质押公司）的 23728 个公司—年观测值。

5.2.2 变量定义

1. 调节变量

（1）分析师预测分歧度。参照现有文献（Lu, Chen & Liao, 2010；王玉涛和王彦超，2012；何熙琼和尹长萍，2018），分析师预测分歧度 $Fdisp$ 为跟踪同一家上市公司的所有分析师当年最后一次每股盈余预测的标准差与每股收益预测均值的绝对值的比值。$Fdisp$ 越大，分析师预测分歧就越大。

（2）管理层讨论与分析（MD&A）描述性风险信息指标。WinGo 描述性风险指标基于深度学习技术、结合财经文本语境，采用"种子词集 + Word Embedding 相似词扩充"的方法构建而成。具体来讲，描述性风险指标的构建过程如下：首先，由专业的财经文本研究团队通过阅读大量风险信息披露的政策法规、研究文献以及上市公司披露的文本信息，制定与描述风险信息披露相关的种子词集；其次，通过 WinGo 相似词数据库进行种子词集的词汇扩展；最后，验证风险指标词集和最终指标。本书的管理层讨论与分析描述性风险信息指标 $MDArisk$ 选取 WinGo 数据库中的 MD&A 风险指标，并在此基础上乘以 100%，$MDArisk$ 越大，表明管理层讨论与分析（MD&A）信息不确定性就越高。

表 5-1 报告了以上两个调节变量的详细定义情况。

表 5-1　　　　　　　　　　变量定义

变量	定义
$Fdisp$	跟踪同一家上市公司的所有分析师当年最后一次每股盈余预测的标准差与每股收益预测均值的绝对值的比值。
$MDArisk$	WinGo 数据库中的 MD&A 描述性风险指标乘以 100%。

2. 解释变量、被解释变量、控制变量

本章研究模型的被解释变量（股价崩盘风险）、解释变量（控股股东股权质押）和控制变量与第4章一致，于此不再详细说明。具体变量定义见表4-4。

5.2.3 模型设定

1. 分析师预测分歧度调节效应的模型设定

为了检验分析师预测分歧度的调节效应，本书将变量 $Fdisp$ 及其与变量 $Pledge \times During$、变量 $Pledge$ 和变量 $During$ 的交互项代入模型（4-4）中，构建模型（5-1），具体设定如下：

$$Crashrisk_{i,t+1} = \gamma_0 + \gamma_1 Pledge_{i,t} + \gamma_2 During_{i,t} + \gamma_3 Pledge_{i,t} \times During_{i,t}$$
$$+ \gamma_4 Pledge_{i,t} \times During_{i,t} \times Fdisp_{i,t-1} + \gamma_5 Pledge_{i,t}$$
$$\times Fdisp_{i,t-1} + \gamma_6 During_{i,t} \times Fdisp_{i,t-1} + \gamma_7 Fdisp_{i,t-1}$$
$$+ \mu' X_{i,t} + Year + Industry + \delta_{i,t} \quad (5-1)$$

其中，i 表示公司 i，t 表示年份 t。因变量 $Crashrisk$ 为股价崩盘风险变量，即 $Ncskew$ 或 $Duvol$；虚拟变量 $Pledge$ 对于质押公司和非质押控制组公司来说分别取值为1和0；当 t 为控股股东质押期时，虚拟变量 $During$ 取值为1，其他情况下为0。控制变量的设定与模型（4-4）相同。模型中代入了年份固定效应（$Year$）和行业固定效应（$Industry$）。

对于上述回归模型（5-1），系数 γ_4 反映了分析师预测分歧度调节作用。如果分析师预测分歧度越大，质押公司相比于控制组公司在控股股东股权质押期间和基准期之间的股价崩盘风险越显著增加，则系数 γ_4 的符号显著为正，假设 H2 得到支持。

2. MD&A 描述性风险信息指标调节效应的模型设定

为了检验 MD&A 描述性风险信息指标的调节效应，本书将变量 $MDArisk$ 及其与变量 $Pledge \times During$、变量 $Pledge$ 和变量 $During$ 的交互项代入到模型（4-4）中，构建模型（5-2），具体设定如下：

$$Crashrisk_{i,t+1} = \gamma_0 + \gamma_1 Pledge_{i,t} + \gamma_2 During_{i,t} + \gamma_3 Pledge_{i,t} \times During_{i,t}$$
$$+ \gamma_4 Pledge_{i,t} \times During_{i,t} \times MDArisk_{i,t-1} + \gamma_5 Pledge_{i,t}$$

$$\times MDArisk_{i,t-1} + \gamma_6 During_{i,t} \times MDArisk_{i,t-1}$$
$$+ \gamma_7 MDArisk_{i,t-1} + \mu' X_{i,t} + Year + Industry + \delta_{i,t} \quad (5-2)$$

其中，i 表示公司 i，t 表示年份 t。因变量 Crashrisk 为股价崩盘风险变量，即 Ncskew 或 Duvol；变量 Pledge 对于质押公司和非质押控制组公司来说分别取值为 1 和 0；当 t 为控股股东质押期时，变量 During 取值为 1，其他情况下为 0。控制变量的设定与模型（4-4）相同。模型中代入了年份固定效应（Year）和行业固定效应（Industry）。

对于上述回归模型（5-2），系数 γ_4 反映了 MD&A 描述性风险信息的调节作用。如果 MD&A 描述性风险信息指标越高，质押公司相比于控制组公司在控股股东股权质押期间和基准期之间的股价崩盘风险越显著增加，则系数 γ_4 的符号显著为正，假设 H3 得到支持。

5.3 实证结果分析

5.3.1 描述性统计分析

表 5-2 汇报了变量的描述性统计结果。Ncskew 的均值（-0.266）和 Duvol 的均值（-0.177）与陈等（Chen et al.，2018）的研究相似。在本章节的样本中，质押公司占观测值的 65.2%，51.2% 的观测值来自股权质押期，说明了研究样本的相对平衡。调节变量 MDArisk 的均值为 0.923，Fdisp 的均值为 1.293 与以往文献基本一致（王玉涛和王彦超，2012；何熙琼和尹长萍，2018）。其他控制变量的描述性统计结果与以往研究统计结果相似（Yuan et al.，2016；Chen et al.，2018；Cao et al.，2019）。

表 5 - 2　　　　　　　　　变量描述性统计

变量	均值	标准差	Q1	中位数	Q3
股价崩盘风险变量					
$Ncskew_{t+1}$	-0.266	0.701	-0.649	-0.232	0.147
$Duvol_{t+1}$	-0.177	0.473	-0.492	-0.180	0.132
股权质押变量					
$Pledge$	0.652	0.476	0	1	1
$During$	0.512	0.500	0	1	1
调节变量					
$Fdisp_{t-1}$	1.293	1.906	0.153	0.412	1.079
$MDArisk_{t-1}$	0.923	0.512	0.554	0.854	1.212
控制变量					
ROA_t	0.042	0.065	0.013	0.037	0.070
$Leverage_t$	0.514	0.277	0.313	0.494	0.674
$Size_t$	21.84	1.344	20.87	21.80	22.70
Ret_t	-0.001	0.001	-0.002	-0.001	-0.001
$Dturn_t$	-0.094	0.440	-0.266	-0.038	0.131
$Sigma_t$	0.047	0.018	0.034	0.044	0.057
MB_t	1.815	1.258	1.041	1.425	2.122
$Ncskew_t$	0.062	0.065	0.019	0.042	0.081
$Opaque_t$	0.042	0.065	0.013	0.037	0.070

5.3.2　分析师预测分歧度的调节效应

表 5 -3 汇报了分析师预测分歧度对股权质押与股价崩盘风险关系影响的回归结果。交乘项 $Pledge \times During \times Fdisp$ 的系数显著为正，表明分析师预测分歧度越大，股权质押对股价崩盘风险的正向影响越显著，支持了研究假设 H2。也就是说，当分析师预测分歧度较大时，上市公司私有信息不确定性程度较大，公司未来状况的不确定性越高，控股股东更有可能出于"对冲"动机质押股票来规避上市公司信息不确定性带来的自身风险损失，

而这种对冲行为又使得控股股东囤积坏消息，从而增加了上市公司的股价崩盘风险，验证了控股股东股权质押的"对冲效应"。

表 5-3　分析师预测分歧度对股权质押与股价崩盘风险关系的影响

Variable	$Ncskew_{t+1}$ (1)	$Duvol_{t+1}$ (2)
Pledge variables		
$Pledge$	0.045 *** (2.78)	0.023 ** (2.08)
$During$	-0.049 ** (-2.33)	-0.039 *** (-2.76)
$Pledge \times During$	0.056 ** (2.30)	0.036 ** (2.25)
Moderating effect		
$Pledge \times During \times Fdisp$	**0.018 *** **(1.72)**	**0.014 **** **(2.05)**
Control variables		
$Pledge \times Fdisp$	-0.018 *** (-2.62)	-0.008 * (-1.71)
$During \times Fdisp$	-0.002 (-0.20)	-0.003 (-0.51)
$Fdisp_{t-1}$	0.001 (0.29)	-0.003 (-0.87)
ROA_t	0.297 *** (3.48)	0.182 *** (3.13)
$Leverage_t$	-0.023 (-1.05)	-0.034 ** (-2.32)
$Size_t$	0.010 (1.62)	-0.005 (-1.15)
Ret_t	5.811 ** (1.98)	5.550 ** (2.30)

第5章 控股股东股权质押对股价崩盘风险的影响：对冲效应检验

续表

Variable	$Ncskew_{t+1}$ (1)	$Duvol_{t+1}$ (2)
$Dturn_t$	-0.036*** (-2.71)	-0.022** (-2.41)
$Sigma_t$	4.192*** (3.07)	2.769*** (3.06)
MB_t	0.034*** (6.06)	0.024*** (6.17)
$Ncskew_t$	0.053*** (6.42)	0.032*** (5.86)
$Opaque_t$	0.218*** (2.59)	0.128** (2.33)
Year fixed effect	Yes	Yes
Industry fixed effect	Yes	Yes
Firm Cluster	Yes	Yes
Observations	23728	23728
Adjusted R^2	0.056	0.064

注：*、**、***分别表示在10%、5%、1%的水平上显著；括号内数字为 t 值。

5.3.3 管理层讨论与分析（MD&A）描述性风险信息的调节效应

表5-4汇报了MD&A描述性风险信息对股权质押与股价崩盘风险关系影响的回归结果。交乘项 Pledge × During × MDArisk 的系数显著为正，表明MD&A描述性风险信息越高，股权质押对股价崩盘风险的正向影响越显著，支持了研究假设H3。也就是说，MD&A描述性风险信息指标较高时，公司当期及未来经营风险较大，控股股东为了避免自身风险更倾向于去质押股票从而利用质押获得的资金来规避上市公司潜在坏消息带来的损失，但质押之后，控股股东的监管治理效应减弱，方便管理层囤积坏消息，

— 145 —

显著增加了上市公司的股价崩盘风险,验证了控股股东股权质押的"对冲效应"。

表 5-4　MD&A 描述性风险信息对股权质押与股价崩盘风险关系的影响

Variable	$Ncskew_{t+1}$ (1)	$Duvol_{t+1}$ (2)
Pledge variables		
$Pledge$	0.050* (1.92)	0.031* (1.74)
$During$	-0.044 (-1.23)	-0.018 (-0.77)
$Pledge \times During$	0.026 (0.63)	-0.004 (-0.13)
Moderating effect		
$Pledge \times During \times MDArisk$	**0.068*** **(1.72)**	**0.058**** **(2.19)**
Control variables		
$Pledge \times MDArisk$	-0.028 (-1.12)	-0.013 (-0.78)
$During \times MDArisk$	-0.028 (-0.85)	-0.029 (-1.31)
$MDArisk_{t-1}$	-0.021 (-1.12)	-0.017 (-1.32)
ROA_t	0.238*** (3.15)	0.122** (2.30)
$Leverage_t$	-0.0260 (-1.33)	-0.033** (-2.48)
$Size_t$	0.015*** (2.65)	-0.003 (-0.70)

续表

Variable	$Ncskew_{t+1}$ (1)	$Duvol_{t+1}$ (2)
Ret_t	6.341*** (3.15)	5.702*** (3.54)
$Dturn_t$	-0.039*** (-2.98)	-0.022** (-2.55)
$Sigma_t$	5.758*** (4.44)	3.819*** (4.40)
MB_t	0.035*** (7.15)	0.024*** (7.24)
$Ncskew_t$	0.049*** (6.63)	0.031*** (6.26)
$Opaque_t$	0.270*** (3.52)	0.153*** (3.00)
Year fixed effect	Yes	Yes
Industry fixed effect	Yes	Yes
Firm Cluster	Yes	Yes
Observations	23728	23728
Adjusted R^2	0.060	0.064

注：*、**、*** 分别表示在10%、5%、1%的水平上显著；括号内数字为 t 值。

综上分析，本书以分析师预测分歧度和MD&A描述性风险信息指标作为衡量信息不确定性的代理变量，发现信息不确定程度越高，控股股东股权质押对上市公司股价崩盘风险的正向影响越显著。这说明，控股股东股权质押在一定程度上可以反映控股股东由于接收到的信息不确定而采取的对冲自身风险行为，而这种对冲行为又会使得控股股东累积坏消息，从而影响上市公司的股价崩盘风险，实证检验了控股股东股权质押的对冲效应影响上市公司股价崩盘风险的路径机理。

5.4 进一步分析

本节通过检验质押政策变化、IPO 锁定协议、卖空和内部人减持的效应，进一步探讨股权质押与股价崩盘风险之间的关系是否会随着控股股东质押股票决策的成本和收益而变化，从而侧面验证控股股东股权质押的对冲效应。

5.4.1 质押政策变化

2013 年《股权质押式回购交易及登记结算业务办法（试行）》出台，允许证券公司作为质权人进入股权质押市场。与 2013 年以前作为质权人的银行和信托相比，证券公司的利率要求更低，对贷款使用的限制更少，交易审批速度更快。因此，我们认为，《股权质押式回购交易及登记结算业务办法（试行）》生效后，控股股东质押股票的成本更低，加剧了控股股东为自身利益囤积坏消息的情况。

虚拟变量 $Policy2013$ 在 2013 年《股权质押式回购交易及登记结算业务办法（试行）》生效后的会计年度取值为 1，其他情况下为 0。然后，本书将变量 $Policy2013$ 及其与变量 $Pledge \times During$、变量 $Pledge$ 和变量 $During$ 的交互项代入模型（4-4）中，构建模型（5-3），具体设定如下：

$$\begin{aligned}Crashrisk_{i,t+1} = & \gamma_0 + \gamma_1 Pledge_{i,t} + \gamma_2 During_{i,t} + \gamma_3 Pledge_{i,t} \times During_{i,t} \\ & + \gamma_4 Pledge_{i,t} \times During_{i,t} \times Policy2013_{i,t} + \gamma_5 Pledge_{i,t} \\ & \times Policy2013_{i,t} + \gamma_6 During_{i,t} \times Policy2013_{i,t} + \mu' X_{i,t} \\ & + Year + Industry + \delta_{i,t} \end{aligned} \quad (5-3)$$

其中，系数 γ_4 反映了质押公司在 2013 年质押政策生效前后股价崩盘风险的时间序列变化。因变量 $Crashrisk$ 为股价崩盘风险变量，即 $Ncskew$ 或 $Duvol$；变量 $Pledge$ 对于质押公司和非质押控制组公司来说分别取值为 1 和 0；当 t 为控股股东质押期时，变量 $During$ 取值为 1，其他情况下为 0。控制变量的设定与模型（4-4）相同。模型中加入了年份固定效应（Year）和行业固定效应（Industry）。

表5-5汇报了2013年《股权质押式回购交易及登记结算业务办法（试行）》生效之前和之后的回归结果。交乘项 Pledge × During × Policy2013 的系数显著为正，表明随着质押成本的降低，上市公司在控股股东股权质押期间面临明显较高的股价崩盘风险。

表5-5　2013年质押政策变化的效应

Variable	$Ncskew_{t+1}$ (1)	$Duvol_{t+1}$ (2)
Pledge variables		
Pledge	0.036** (2.45)	0.025** (2.47)
During	-0.025 (-0.78)	-0.010 (-0.48)
Pledge × During	0.022 (0.61)	0.010 (0.41)
Moderating effect		
Pledge × During × Policy2013	**0.086* (1.93)**	**0.052* (1.75)**
Control variables		
Pledge × Policy2013	-0.018 (-0.66)	-0.010 (-0.53)
During × Policy2013	-0.047 (-1.22)	-0.043* (-1.68)
Other Controls	Yes	Yes
Year fixed effect	Yes	Yes
Industry fixed effect	Yes	Yes
Firm Cluster	Yes	Yes

续表

Variable	$Ncskew_{t+1}$	$Duvol_{t+1}$
	(1)	(2)
Observations	23728	23728
Adjusted R²	0.066	0.068

注：*、**、*** 分别表示在 10%、5%、1% 的水平上显著；括号内数字为 t 值。

5.4.2 IPO 锁定协议

根据中国证监会（CSRC）的规定，控股股东自首次公开募股（IPO）之日起 36 个月内不得出售所持股份。鉴于 IPO 锁定协议，控股股东要想在不丧失投票权的情况下将其股票货币化，唯一的选择可能是将其股票作为贷款抵押品。因此，本书认为，在 IPO 锁定期，股权质押对控股股东更有利。因此，在锁定期间质押股票的控股股东为了自身利益而隐瞒坏消息的可能性更大，加剧了股价崩盘的风险。

虚拟变量 Lockup 在控股股东受 IPO 锁定期协议约束的会计年度取值为 1，其他情况下为 0。然后，本书将变量 Lockup 及其与变量 Pledge × During、变量 Pledge 和变量 During 的交互项代入模型（4-4）中，构建模型（5-4），具体设定如下：

$$Crashrisk_{i,t+1} = \gamma_0 + \gamma_1 Pledge_{i,t} + \gamma_2 During_{i,t} + \gamma_3 Pledge_{i,t} \times During_{i,t}$$
$$+ \gamma_4 Pledge_{i,t} \times During_{i,t} \times Lockup_{i,t} + \gamma_5 Pledge_{i,t}$$
$$\times Lockup_{i,t} + \gamma_6 During_{i,t} \times Lockup_{i,t} + \gamma_7 Lockup_{i,t}$$
$$+ \mu' X_{i,t} + Year + Industry + \delta_{i,t} \qquad (5-4)$$

其中，因变量 Crashrisk 为股价崩盘风险变量，即 Ncskew 或 Duvol；变量 Pledge 对于质押公司和非质押控制组公司来说分别取值为 1 和 0；当 t 为控股股东质押期时，变量 During 取值为 1，其他情况下为 0。控制变量的设定与模型（4-4）相同。模型中代入了年份固定效应（Year）和行业固定效应（Industry）。

表 5-6 汇报了 IPO 锁定协议效应的回归结果。交乘项 Pledge × During ×

Lockup 的系数显著为正,表明质押限售股的控股股东为自身利益隐瞒坏消息的可能性更大,增加了股价崩盘风险。

表 5-6　　　　　　　　　　IPO 锁定协议效应

Variable	$Ncskew_{t+1}$ (1)	$Duvol_{t+1}$ (2)
Pledge variables		
Pledge	0.034** (2.25)	0.022** (2.16)
During	-0.041** (-2.05)	-0.028** (-2.14)
Pledge × During	0.067*** (2.86)	0.043*** (2.71)
Moderating effect		
Pledge × During × Lockup	**0.132**** **(2.49)**	**0.066*** **(1.82)**
Control variables		
Pledge × Lockup	-0.031 (-1.12)	-0.012 (-0.64)
During × Lockup	-0.139*** (-2.97)	-0.086*** (-2.68)
Lockup	0.117*** (5.24)	0.075*** (4.90)
Other Controls	Yes	Yes
Year fixed effect	Yes	Yes
Industry fixed effect	Yes	Yes
Firm Cluster	Yes	Yes
Observations	23728	23728
Adjusted R²	0.068	0.072

注:*、**、*** 分别表示在 10%、5%、1% 的水平上显著;括号内数字为 t 值。

5.4.3 卖空

卖空者能够发现潜在的公司特定不良信息（Callen & Fang, 2015；唐松、吴秋君、温德尔和杨斯琦, 2016；孟庆斌、侯德帅和汪叔夜, 2018；Bao et al., 2019；Deng, Gao & Kim, 2020），因此, 卖空让更多的散户投资者感知到企业内部坏消息的累积。从 2010 年开始，中国试点解除了对指定股票卖空的限制，指定名单上的股票数量从 2010 年的 96 支逐渐增加到 2018 年的 1022 支（Jin et al., 2018；Jiang, Tian & Zhou, 2020）。我们认为，对于没有卖空限制的公司，控股股东囤积坏消息的成本更高，从而抑制了崩盘风险。

参照现有卖空相关文献（Jin et al., 2018；Jiang et al., 2020），本书使用 2010 年后的子样本，如果该上市公司在会计年度有资格卖空，则虚拟变量 $ShortSale$ 取值为 1，其他情况下为 0。然后，本书将变量 $ShortSale$ 及其与变量 $Pledge \times During$、变量 $Pledge$ 和变量 $During$ 的交互项代入模型（4-4）中，构建模型（5-5），具体设定如下：

$$\begin{aligned} Crashrisk_{i,t+1} = & \gamma_0 + \gamma_1 Pledge_{i,t} + \gamma_2 During_{i,t} + \gamma_3 Pledge_{i,t} \times During_{i,t} \\ & + \gamma_4 Pledge_{i,t} \times During_{i,t} \times ShortSale_{i,t} + \gamma_5 Pledge_{i,t} \\ & \times ShortSale_{i,t} + \gamma_6 During_{i,t} \times ShortSale_{i,t} + \gamma_7 ShortSale_{i,t} \\ & + \mu' X_{i,t} + Year + Industry + \delta_{i,t} \end{aligned} \quad (5-5)$$

表 5-7 汇报了卖空对股权质押与股价崩盘风险关系影响的回归结果。交乘项 $Pledge \times During \times ShortSale$ 的系数显著为负，表明对于没有卖空限制的上市公司，质押股票的控股股东有更高的囤积坏消息的成本，从而抑制了崩盘风险。

表 5-7　　　卖空对股权质押与股价崩盘风险关系的影响

Variable	$Ncskew_{t+1}$	$Duvol_{t+1}$
	(1)	(2)
Pledge variables		
Pledge	0.031 (1.45)	0.025* (1.66)

续表

Variable	$Ncskew_{t+1}$	$Duvol_{t+1}$
	(1)	(2)
During	-0.107***	-0.074***
	(-4.12)	(-4.22)
Pledge × During	0.126***	0.073***
	(4.18)	(3.61)
Moderating effect		
Pledge × During × ShortSale	**-0.129****	**-0.073****
	(-2.43)	**(-2.08)**
Control variables		
Pledge × ShortSale	0.032	0.005
	(0.76)	(0.18)
During × ShortSale	0.141***	0.082***
	(3.40)	(3.00)
ShortSale	-0.105***	-0.050**
	(-3.00)	(-2.16)
Other Controls	Yes	Yes
Year fixed effect	Yes	Yes
Industry fixed effect	Yes	Yes
Firm Cluster	Yes	Yes
Observations	18112	18112
Adjusted R^2	0.058	0.060

注：*、**、***分别表示在10%、5%、1%的水平上显著；括号内数字为 t 值。

5.4.4 内部人减持

由于非控股股东内部人减持与卖空行为具有相似的效应，本书也考察了非控股股东内部人减持对股权质押与股价崩盘风险关系的影响。

具体而言，如果非控股股东内部人（公司高管、董事、前2~10名股东及其亲属）在本会计年度的净卖出股票量大于 0，则虚拟变量 *NcInSell* 取值为 1，其他情况为 0。然后，本书将变量 *NcInSell* 及其与变量 *Pledge* × *During*、变量 *Pledge* 和变量 *During* 的交互项代入模型（4-4）中，构建模型（5-6），具体设定如下：

$$\begin{aligned}Crashrisk_{i,t+1} = & \gamma_0 + \gamma_1 Pledge_{i,t} + \gamma_2 During_{i,t} + \gamma_3 Pledge_{i,t} \times During_{i,t} \\ & + \gamma_4 Pledge_{i,t} \times During_{i,t} \times NcInSell_{i,t} + \gamma_5 Pledge_{i,t} \\ & \times NcInSell_{i,t} + \gamma_6 During_{i,t} \times NcInSell_{i,t} + \gamma_7 NcInSell_{i,t} \\ & + \mu' X_{i,t} + Year + Industry + \delta_{i,t} \end{aligned} \quad (5-6)$$

表 5-8 汇报了内部人减持对股权质押与股价崩盘风险关系影响的回归结果。交乘项 *Pledge* × *During* × *NcInSell* 的系数显著为负，表明对于非控股股东内部人减持的上市公司，质押其股份的控股股东有较高的囤积坏消息成本，从而抑制了股价崩盘风险。

表 5-8　　内部人减持对股权质押与股价崩盘风险关系的影响

Variable	$Ncskew_{t+1}$	$Duvol_{t+1}$
	(1)	(2)
Pledge variables		
Pledge	0.018 (1.25)	0.017* (1.70)
During	-0.075*** (-3.57)	-0.046*** (-3.30)
Pledge × *During*	0.112*** (4.58)	0.067*** (4.04)
Moderating effect		
Pledge × During × NcInSell	-0.107** (-2.43)	-0.067** (-2.19)
Control variables		
Pledge × *NcInSell*	0.031 (1.11)	0.009 (0.50)

续表

Variable	$Ncskew_{t+1}$	$Duvol_{t+1}$
	(1)	(2)
During × NcInSell	0.061 *	0.028
	(1.65)	(1.11)
NcInSell	0.041 *	0.043 ***
	(1.86)	(2.87)
Other Controls	Yes	Yes
Year fixed effect	Yes	Yes
Industry fixed effect	Yes	Yes
Firm Cluster	Yes	Yes
Observations	23728	23728
Adjusted R^2	0.068	0.070

注：*、**、***分别表示在10%、5%、1%的水平上显著；括号内数字为 t 值。

5.5 本章小结

本章基于不完全信息理论，从控股股东的"对冲"动机视角理论分析并实证检验了控股股东股权质押的"对冲效应"影响上市公司股价崩盘风险的路径机理。具体以分析师预测分歧度和 MD&A 描述性风险信息两个方面反映上市公司信息不确定性，以 2003～2018 年我国 A 股上市公司作为研究对象，采用 PSM 配对样本和多时点双重差分模型，探讨信息不确定性对控股股东股权质押与上市公司股价崩盘风险关系的影响。研究发现，分析师预测分歧度越大，股权质押对股价崩盘风险的正向影响越显著，假设 H2 得到支持；MD&A 描述性风险信息指标越高，股权质押对股价崩盘风险的正向影响越显著，假设 H3 得到支持。结果表明，控股股东股权质押在一定程度上可以反映控股股东由于接收到的信息不确定而采取的对冲自身风险行为，而这种对冲行为又会使得控股股东累积坏消息，从而影响上市公司的股价崩盘风险，实证检验了控股股东股权质押的"对冲效应"影响上市公司股价崩盘风险的路径机理。

在进一步分析中，通过检验质押政策变化、IPO 锁定协议、卖空和内部人减持的效应，进一步探讨股权质押与股价崩盘风险之间的关系是否会随着控股股东质押股票决策的成本和收益而变化，从而进一步验证控股股东股权质押的"对冲效应"。研究结果发现，《股权质押式回购交易及登记结算业务办法（试行）》生效后，控股股东质押股票的成本更低，加剧了控股股东为自身利益囤积坏消息的情况；在 IPO 锁定期间质押股票的控股股东为了自身利益而隐瞒坏消息的可能性更大，加剧了股价崩盘的风险；对于没有卖空限制的公司，控股股东囤积坏消息的成本更高，从而抑制了崩盘风险；对于非控股股东内部人减持的上市公司，质押其股份的控股股东有较高的囤积坏消息成本，从而抑制了股价崩盘风险。

表 5-9 汇总了本章研究假设和检验结果。

表 5-9 本章研究假设检验结果汇总

研究假设		检验结果
假设 H2	分析师预测分歧度越大，股权质押对股价崩盘风险的正向影响越显著。	通过
假设 H3	管理层讨论与分析（MD&A）描述性风险信息指标越高，股权质押对股价崩盘风险的正向影响越显著。	通过

第6章 控股股东股权质押对股价崩盘风险的影响：掏空效应检验

第4章指出，控股股东质押股权后，相应的现金流权被暂时冻结，但控制权仍被保留在股东自己手中，这种现金流权与控制权的分离加剧了控股股东与中小股东之间的代理冲突，破坏了公司信息质量，控股股东更倾向于隐瞒不良信息以掩盖机会主义行为。因此，股权质押为控股股东侵占上市公司与中小股东的利益从而获取控制权私人收益创造了条件与空间，加剧了信息的不透明度，使得控股股东在质押期间方便隐藏坏消息，最终导致上市公司的股价崩盘风险显著增加。此为控股股东股权质押的掏空效应。

本章在此基础上，运用委托代理理论，从控股股东的"掏空"动机视角理论分析并实证检验控股股东股权质押的掏空效应影响上市公司股价崩盘风险的路径机理。首先以侵占型关联交易和上市公司成长机会分别衡量控股股东掏空的程度与成本，研究侵占型关联交易程度和上市公司成长机会对控股股东股权质押与股价崩盘风险关系的影响，再进一步探讨控股股东股权质押对上市公司现金股利分配的影响，为验证控股股东股权质押的掏空效应提供直接经验证据。

6.1 理论分析与研究假设

6.1.1 侵占型关联交易

控股股东通过攫取上市公司的资源来实现私人利益最大化的现象被称

为"掏空"（La Porta, Lopez – de – Silanes, Shleifer & Vishny, 2000; Johnson et al., 2000; Faccio et al., 2001）。关联交易是指关联方之间转移资源、劳务或义务的行为。尽管一些文献认为关联交易有助于降低交易成本，具有效率促进作用（Khanna & Palepu, 2000; Jian & Wong, 2010），但现有研究更多地认为关联交易是控股股东转移上市公司资源、侵占中小股东利益的重要手段（Berkman et al., 2009; Cheung et al., 2009; Peng et al., 2011）。尤其对于我国股权集中的新兴市场，大部分文献均指出控股股东与上市公司之间的关联交易是控股股东实现其自身控制权私人收益的"掏空"行为，扭曲了公司的经营、融资和投资决策，损害了中小股东的利益（余明桂和夏新平，2004；佟岩和王化成，2007；郑国坚，2009；吕怀立和李婉丽，2010；姜付秀、马云飙和王运通，2015；侯青川、靳庆鲁、苏玲和于潇潇，2017）。

现有研究表明侵占型关联交易破坏了公司信息质量，加剧了上市公司内部坏消息的囤积（王化成和张伟华，2010；史永和李思昊，2018；Habib, Jiang & Zhou, 2021）。关联交易也可以用来掩盖经营困难、粉饰夸大财务报表和操纵收益（Gordon & Henry, 2005; Hwang, Chiou & Wang, 2013; Kohlbeck & Mayhew, 2010; Jian & Wong, 2010），这种对收益的操纵隐瞒了公司内部坏消息，降低了财务报告的质量，加剧了信息不透明度。

综上所述，控股股东与上市公司之间发生的侵占型关联交易程度越高，控股股东"掏空"的程度相对越严重，上市公司信息透明度也越低。进行股权质押的控股股东可能处于财务困境（郑国坚等，2014；Li, Zhou, Yan & Zhang, 2020），关联交易为持有质押股份的控股股东创造了"掏空"的条件与空间，加剧了信息的不透明性，使得控股股东在质押期间方便隐藏坏消息。因此，当控股股东与上市公司的侵占型关联交易程度较高时，控股股东质押股权后，更有动机有能力侵占转移上市公司的资源、粉饰财务报表和操纵盈余以实现私人控制收益，加剧上市公司内部坏消息的囤积，使得质押期间上市公司的股价崩盘风险更高。

基于上述分析，提出如下研究假设：

H4：控股股东与上市公司的侵占型关联交易程度越高，股权质押对股价崩盘风险的正向影响越显著。

6.1.2 上市公司成长机会

现有研究表明当上市公司面临更好的成长机会时，控股股东侵占中小股东利益而获取私人控制收益的机会成本更高（Johnson et al., 2000; Gopalan & Jayaraman, 2012）。这是因为对于控股股东而言，对高成长企业未能进行有效投资资源所放弃的回报更大，当企业从生产用途转移资源的机会成本较高时，控股股东消费私人控制收益的成本也会增加。例如，消费私人控制利益所产生的效率低下或价值破坏很可能导致公司业绩不佳，甚至不可持续。洪、金和韦克尔（Hong, Kim & Welker, 2018）发现即使在公司信息不透明的情况下，高增长机会公司的实际控制人也较少参与私人控制利益的消费，这是因为高增长公司中存在的不透明可能源于实际控制人避免专有成本的努力，而不是掩盖私人利益的消费。

因此，当上市公司成长机会较低时，控股股东消费私人控制利益的机会成本较小，那么质押股权的控股股东更有可能将通过质押借入的资金用于控股股东自身或由同一控股股东控制的其他（非上市）公司以满足控股股东的私人利益（Li, Zhou, Yan & Zhang, 2020），更倾向于隐瞒不良信息以掩盖其机会主义行为（Boubaker, Mansali & Rjiba, 2014; Hong, Kim & Welker, 2017; 沈华玉、吴晓晖和吴世农，2017），由此加剧了信息的不透明度，使得上市公司内部囤积的坏消息逐渐增多。

而当上市公司成长机会较高时，控股股东消费私人控制利益的机会成本较大，这些成本的发生要么会抵销控股股东的控制权私人收益，要么会降低控股股东的控制权共享收益（即以其所有权比例分配的公司收益），从而在一定程度上抑制了控股股东的掏空行为，控股股东股权质押后更有可能将借入的资金用于支持上市公司以满足上市公司投资和经营的需要，因为对于控股股东而言，将质押获得的资金投入到高增长上市公司所获得的投资回报比转移上市公司资源所获得的回报更大，那么此时控股股东也更有动力积极参与公司治理、关注上市公司的发展，也更有动力去监督管理层，抑制管理层机会主义信息披露行为（王化成、曹丰和叶康涛，2015；邹燕、李梦晓和林微，2020），从而减少公司内部坏消息的囤积。

基于上述分析，提出如下研究假设：

H5：上市公司成长机会越低，股权质押对股价崩盘风险的正向影响越显著。

6.2 研究设计

6.2.1 数据来源与样本选取

侵占型关联交易和上市公司成长机会相关数据均来自 CSMAR 数据库。本章样本选取与第 4 章一致，同样是以 2003～2018 年作为样本期间，并在第 4 章样本的基础上剔除了上述变量缺失样本。最终样本包括 3068 家上市公司（包括质押公司与匹配的非质押公司）的 24615 个公司—年观测值。

6.2.2 变量定义

1. 调节变量

（1）侵占型关联交易。借鉴张等（Cheung et al., 2009）、吕怀立和李婉丽（2010）以及苏等（Su et al., 2014）的研究，本书将 Rpt 衡量为上市公司与其控股股东（包括受同一控股股东控制的其他企业）之间的侵占型关联交易程度，即控股股东与上市公司之间商品购销及资产交易类别的侵占型关联交易总额与上市公司期末总资产的比值，其中，在关联交易的计算中，不包括交易方向为关联方的贷款、担保、捐赠等可能对企业有利的交易。Rpt 越大，说明侵占型关联交易程度越高，控股股东"掏空"的程度相对越严重。

(2) 上市公司成长机会。与现有研究一致（Liu et al.，2007；Cull et al.，2015；Hong，Kim & Welker，2018），本书采用销售增长率 *Growth* 衡量上市公司成长机会。上市公司成长机会越高，控股股东的掏空成本越大，越会抑制控股股东的掏空行为。

表 6-1 报告了以上两个调节变量的详细定义情况。

表 6-1　变量定义

变量	定义
Rpt	控股股东与上市公司之间商品购销及资产交易类别的侵占型关联交易总额与上市公司期末总资产的比值，其中，在关联交易的计算中，不包括交易方向为关联方的贷款、担保、捐赠等可能对企业有利的交易。
Growth	（本年度营业收入－上一年度营业收入）/（上一年度营业收入）。

2. 解释变量、被解释变量、控制变量

本章研究模型的被解释变量（股价崩盘风险）、解释变量（控股股东股权质押）与控制变量与第 4 章一致，于此不再详细说明。具体变量定义见表 4-4。

6.2.3　模型设定

1. 侵占型关联交易调节效应的模型设定

为了检验侵占型关联交易的调节效应，本书将变量 *Rpt* 及其与变量 *Pledge* × *During*、变量 *Pledge* 和变量 *During* 的交互项代入模型（4-4）中，构建模型（6-1），具体设定如下：

$$\begin{aligned} Crashrisk_{i,t+1} = & \gamma_0 + \gamma_1 Pledge_{i,t} + \gamma_2 During_{i,t} + \gamma_3 Pledge_{i,t} \times During_{i,t} \\ & + \gamma_4 Pledge_{i,t} \times During_{i,t} \times Rpt_{i,t} + \gamma_5 Pledge_{i,t} \times Rpt_{i,t} \\ & + \gamma_6 During_{i,t} \times Rpt_{i,t} + \gamma_7 Rpt_{i,t} + \mu' X_{i,t} + Year \\ & + Industry + \delta_{i,t} \end{aligned} \quad (6-1)$$

其中，i 表示公司 i，t 表示年份 t。因变量 Crashrisk 为股价崩盘风险变量，即 Ncskew 或 Duvol；变量 Pledge 对于质押公司和非质押控制组公司来说分别取值为 1 和 0；当 t 为控股股东质押期时，变量 During 取值为 1，其他情况下为 0。控制变量的设定与模型（4-4）相同。模型中加入了年份固定效应（Year）和行业固定效应（Industry）。

对于上述回归模型（6-1），系数 γ_4 反映了侵占型关联交易调节作用。如果关联交易程度越大，质押公司相比于控制组公司在控股股东股权质押期间和基准期之间的股价崩盘风险越显著增加，则系数 γ_4 的符号显著为正，假设 H4 得到支持。

2. 上市公司成长机会调节效应的模型设定

为了检验上市公司成长机会的调节效应，本书将变量 Growth 及其与变量 Pledge × During、变量 Pledge 和变量 During 的交互项代入模型（4-4）中，构建模型（6-2），具体设定如下：

$$Crashrisk_{i,t+1} = \gamma_0 + \gamma_1 Pledge_{i,t} + \gamma_2 During_{i,t} + \gamma_3 Pledge_{i,t} \times During_{i,t}$$
$$+ \gamma_4 Pledge_{i,t} \times During_{i,t} \times Growth_{i,t} + \gamma_5 Pledge_{i,t}$$
$$\times Growth_{i,t} + \gamma_6 During_{i,t} \times Growth_{i,t} + \gamma_7 Growth_{i,t}$$
$$+ \mu' X_{i,t} + Year + Industry + \delta_{i,t} \quad (6-2)$$

式（6-2）中，i 表示公司 i，t 表示年份 t。因变量 Crashrisk 为股价崩盘风险变量，即 Ncskew 或 Duvol；变量 Pledge 对于质押公司和非质押控制组公司来说分别取值为 1 和 0；当 t 为控股股东质押期时，变量 During 取值为 1，其他情况下为 0。控制变量的设定与模型（4-4）相同。模型中代入了年份固定效应（Year）和行业固定效应（Industry）。

对于上述回归模型（6-2），系数 γ_4 反映了上市公司成长机会的调节作用。如果上市公司成长机会越小，则说明控股股东消费私人控制利益的机会成本越小，控股股东更有可能为了获取私人控制收益而侵占上市公司和中小股东的利益，那么质押公司相比于控制组公司在控股股东股权质押期间和基准期之间的股价崩盘风险越显著增加，则系数 γ_4 的符号显著为负，假设 H5 得到支持。

6.3 实证结果分析

6.3.1 描述性统计分析

表6-2汇报了变量的描述性统计结果。$Ncskew$的均值（-0.266）和$Duvol$的均值（-0.177）与陈等（Chen et al.，2018）的研究相似。在本章节的样本中，质押公司占观测值的64.9%，50.6%的观测值来自股权质押期，说明了研究样本的相对平衡。调节变量Rpt的均值为0.037，$Growth$的均值为0.425与以往文献基本一致（吕怀立和李婉丽，2010；Liu et al.，2007）。其他控制变量的描述性统计结果与以往研究统计结果相似（Yuan et al.，2016；Chen et al.，2018；Cao et al.，2019）。

表6-2 变量描述性统计

变量	均值	标准差	Q1	中位数	Q3
股价崩盘风险变量					
$Ncskew_{t+1}$	-0.266	0.701	-0.649	-0.232	0.147
$Duvol_{t+1}$	-0.177	0.473	-0.492	-0.180	0.132
股权质押变量					
$Pledge$	0.649	0.477	0	1	1
$During$	0.506	0.500	0	1	1
调节变量					
Rpt_t	0.037	0.124	0	0	0.012
$Growth_t$	0.425	1.229	-0.036	0.135	0.425
控制变量					
ROA_t	0.042	0.065	0.014	0.037	0.070
$Leverage_t$	0.516	0.277	0.315	0.496	0.676

续表

变量	均值	标准差	Q1	中位数	Q3
$Size_t$	21.82	1.355	20.84	21.79	22.69
Ret_t	-0.001	0.001	-0.002	-0.001	-0.001
$Dturn_t$	-0.093	0.439	-0.264	-0.037	0.131
$Sigma_t$	0.047	0.018	0.034	0.044	0.057
MB_t	1.802	1.254	1.033	1.413	2.108
$Ncskew_t$	0.062	0.065	0.019	0.042	0.081
$Opaque_t$	0.042	0.065	0.014	0.037	0.070

6.3.2 侵占型关联交易的调节效应

表6-3汇报了侵占型关联交易对股权质押与股价崩盘风险关系影响的回归结果。由表6-3可知，交乘项 $Pledge \times During \times Rpt$ 的系数显著为正，表明控股股东与上市公司的侵占型关联交易程度越高，股权质押对股价崩盘风险的正向影响越显著，支持了研究假设H4。也就是说，当控股股东与上市公司的关联交易程度较高时，控股股东质押股权后，更有动机有能力通过关联交易侵占上市公司的资源来实现私人利益，并粉饰财务报表和操纵盈余，隐瞒上市公司内部坏消息，使得质押期间上市公司的股价崩盘风险更高，验证了控股股东股权质押的"掏空效应"。

表6-3 侵占型关联交易对股权质押与股价崩盘风险关系的影响

Variable	$Ncskew_{t+1}$ (1)	$Duvol_{t+1}$ (2)
Pledge variables		
Pledge	0.044*** (3.31)	0.033*** (3.59)
During	-0.054*** (-3.01)	-0.036*** (-2.98)

续表

Variable	$Ncskew_{t+1}$ (1)	$Duvol_{t+1}$ (2)
$Pledge \times During$	0.067 *** (3.31)	0.035 ** (2.55)
Moderating effect		
$Pledge \times During \times Rpt$	**0.309 **** (**1.98**)	**0.285 **** (**2.69**)
Control variables		
$Pledge \times Rpt$	-0.315 *** (-4.48)	-0.231 *** (-4.81)
$During \times Rpt$	-0.146 (-1.32)	-0.100 (-1.32)
Rpt_t	0.132 ** (2.47)	0.103 *** (2.93)
ROA_t	0.289 *** (4.03)	0.157 *** (3.10)
$Leverage_t$	-0.035 * (-1.86)	-0.038 *** (-2.96)
$Size_t$	0.011 ** (2.15)	-0.005 (-1.39)
Ret_t	7.855 *** (3.91)	6.053 *** (4.17)
$Dturn_t$	-0.035 *** (-2.80)	-0.021 ** (-2.45)
$Sigma_t$	6.443 *** (5.52)	4.147 *** (5.30)
MB_t	0.035 *** (7.35)	0.025 *** (7.52)
$Ncskew_t$	0.052 *** (7.51)	0.032 *** (7.06)

续表

Variable	$Ncskew_{t+1}$	$Duvol_{t+1}$
	(1)	(2)
$Opaque_t$	0.293***	0.169***
	(3.98)	(3.45)
Year fixed effect	Yes	Yes
Industry fixed effect	Yes	Yes
Firm Cluster	Yes	Yes
Observations	24615	24615
Adjusted R^2	0.066	0.069

注：*、**、*** 分别表示在 10%、5%、1% 的水平上显著；括号内数字为 t 值。

6.3.3 上市公司成长机会的调节效应

表 6-4 汇报了上市公司成长机会对股权质押与股价崩盘风险关系影响的回归结果。由表 6-4 可知，交乘项 $Pledge \times During \times Growth$ 的系数显著为负，表明控股股东消费私人控制利益的机会成本越小，股权质押对股价崩盘风险的正向影响越显著，支持了研究假设 H5。也就是说，当上市公司成长机会较低时，控股股东消费私人控制利益的机会成本较小，那么控股股东更有可能为了获取私人控制收益，在不考虑其他股东利益的情况下将通过质押借入的资金用于控股股东自身，隐瞒不良信息以掩盖其机会主义行为，加剧了信息的不透明度，使得上市公司股价崩盘风险显著增加，验证了控股股东股权质押的掏空效应。

表 6-4　上市公司成长机会对股权质押与股价崩盘风险关系的影响

Variable	$Ncskew_{t+1}$	$Duvol_{t+1}$
	(1)	(2)
Pledge variables		
Pledge	0.024	0.017
	(1.45)	(1.46)

第6章 控股股东股权质押对股价崩盘风险的影响：掏空效应检验

续表

Variable	$Ncskew_{t+1}$	$Duvol_{t+1}$
	(1)	(2)
During	-0.061***	-0.044***
	(-2.87)	(-3.11)
Pledge × During	0.087***	0.047***
	(3.53)	(2.89)
Moderating effect		
Pledge × During × Growth	**-0.037***	**-0.029****
	(-1.70)	(-2.13)
Control variables		
Pledge × Growth	0.019	0.019**
	(1.34)	(2.12)
During × Growth	0.016	0.018
	(0.83)	(1.50)
$Growth_t$	-0.006	-0.011
	(-0.49)	(-1.38)
ROA_t	0.372***	0.219***
	(4.42)	(3.81)
$Leverage_t$	-0.015	-0.026*
	(-0.69)	(-1.72)
$Size_t$	0.012*	-0.005
	(1.93)	(-1.30)
Ret_t	7.286***	4.574***
	(3.08)	(3.07)
$Dturn_t$	-0.043***	-0.027***
	(-3.17)	(-3.03)
$Sigma_t$	6.109***	3.694***
	(4.47)	(4.06)
MB_t	0.032***	0.022***
	(6.43)	(6.55)

续表

Variable	$Ncskew_{t+1}$	$Duvol_{t+1}$
	(1)	(2)
$Ncskew_t$	0.058***	0.036***
	(7.24)	(6.71)
$Opaque_t$	0.272***	0.173***
	(3.21)	(3.13)
Year fixed effect	Yes	Yes
Industry fixed effect	Yes	Yes
Firm Cluster	Yes	Yes
Observations	24615	24615
Adjusted R²	0.057	0.064

注：*、**、*** 分别表示在10%、5%、1%的水平上显著；括号内数字为 t 值。

综上分析，本书以侵占型关联交易和上市公司成长机会分别衡量控股股东掏空的程度与成本，发现侵占型关联交易程度越高、上市公司成长机会越低，股权质押对股价崩盘风险的正向影响越显著。这说明，股权质押可以反映控股股东的利益侵占，为控股股东隐瞒坏消息创造了条件与空间，增加了上市公司股价崩盘风险，实证检验了控股股东股权质押的"掏空效应"影响上市公司股价崩盘风险的路径机理。

6.4 进一步分析

为进一步验证控股股东股权质押的掏空效应，6.4.1节探讨了控股股东股权质押对上市公司现金股利分配的影响，6.4.2节使用没有控股股东但存在内部人质押的独立匹配样本重新运行回归。

本书之所以选择现金股利分配来进一步验证控股股东股权质押的掏空效应，是因为现金作为公司中流动性最强的资产，容易异化为控股股东资源转移的对象（Fresard & Salva，2010），控股股东若有掏空意愿，有能力且方便要求上市公司支付更低的现金股利、增加留存收益，以便对公司施加影响以侵占现金资产获取私人控制收益（Shleifer A.，1997；Jiang et al.，2010；陆正飞，2016）。

6.4.1 控股股东股权质押对现金股利分配的影响

现金股利政策作为上市公司的一项重要财务决策，一直受到学术界的广泛关注。对于股权结构高度集中的上市公司，控股股东和中小股东之间存在第二类代理冲突，控股股东可以通过影响公司股利政策来剥夺少数股东的利益（Shleifer & Vishny，1997；Claessens et al.，2000，2002；Faccio et al.，2001）。拉波尔塔等（La Porta et al.，2000）提出了两个模型来解释集中型所有权和现金股利之间的关系：根据结果模型，治理质量较高的上市公司会支付更高的现金股利；而根据替代模型，由于公司治理质量较差，上市公司倾向于通过支付现金股利为未来的外部融资建立良好的声誉。

在我国，尽管现金股利分配曾经被视为控股股东掏空的一种手段，即控股股东通过现金股利进行掏空，上市公司现金股利分配越多，控股股东掏空的程度越大（Chen，Jian & Xu，2009）。但随着我国股权分置改革的完成①，同股同权的约束使得有掏空动机的控股股东要求上市公司仅支付少量现金股利以积累方便其转移的留存收益，通过关联交易、资金占用、以低于市价的价格转让公司资产等方式进行掏空（Jiang et al.，2010；Liu et al.，2014；Aoki et al.，2014；陆正飞，2016）。

股权质押期间，被质押的股权产生的现金流收益被暂时冻结，这在一定程度上会限制控股股东基于现金流权的部分权力，无法获得股息，不能进行股权再融资以及与股权交易有关的其他活动，但被质押股票对应的控制权依然保留在控股股东自己手中。有研究表明控股股东以股权质押的方

---

① 考虑到2007年底完成的股权分置改革，本书在4.5.5节已进行了稳健性检验。

式向金融机构融资,说明其资金链紧张且融资能力有限(郑国坚等,2014;Li, Zhou, Yan & Zhang, 2020)。股权质押后,控股股东的现金流权明显低于控制权,而现金作为公司中最具流动性的资产,容易被控股股东异化为资源转移的对象(Fresard & Salva, 2010)。因此,质押期间,控股股东有动机有能力要求上市公司支付更低的现金股利,增加留存收益,方便对公司施加影响以侵占现金资产获取私人控制收益(Shleifer A., 1997;Jiang et al., 2010;陆正飞, 2016)。此外,若质押的股权价值下跌至警戒线,质权人有权要求控股股东偿还一定数额或质押更多的股票,控股股东为减轻自身风险和压力,在保持对公司的控制权的情况下,也有动机通过其控股地位减少派息、转移公司的现金资产,以满足保证金要求。

基于上述分析,提出如下研究假设①:

H6:控股股东股权质押后,上市公司的现金股利分配程度显著降低。

1. 变量定义

(1)现金股利分配。参照现有文献,本书采取以下两种指标衡量上市公司现金股利分配:现金股利支付意愿的哑变量 *Dumdiv*,即当年公司发放现金股利计为1,否则为0(Li & Zhao, 2008;Firth et al., 2016);现金股利支付比率 *Payout*,即每股现金股利与每股收益的比值(Lintner, 1956;Benartzi et al., 1997;Jiang et al., 2017)。

(2)控制变量。参考现有研究(Firth et al., 2016;Jiang et al., 2017),模型包含了影响现金股利分配的标准控制变量:公司年龄(*Age*)、公司规模(*Size*)、资产负债率(*Leverage*)、资产回报率(*ROA*)、销售增长率(*Growth*)、每股净经营现金流(*CFO*)和自由现金流(*FCF*)、第一大股

---

① 本书的前期论文成果较早地从控股股东掏空视角对中国控股股东股权质押与上市公司现金股利分配之间的关系进行了检验(Li, Zhou, Yan & Zhang, 2020)。随后,翟士运、孙兰兰和古朴(2020)以及徐和黄(Xu & Huang, 2021)的研究也支持了这一观点。尽管廖珂、崔宸瑜和谢德仁(2018)也研究了控股股东股权质押与上市公司股利政策选择,但廖珂、崔宸瑜和谢德仁(2018)主要从"为避免控制权转移进而操纵市值管理维持股价"的伪市值管理视角出发认为控股股东股权质押后要求上市公司利用股票高送转来迎合市场非理性从而帮助拉抬股价进行伪市值管理,与本书前期论文成果的研究视角与研究逻辑均不同。

东持股比例（LSHR）、产权性质（SOE）、机构投资者持股比例（INS）、独立董事比例（INDEP）和管理层持股比例（MAO）。所有连续变量都在上下1%的水平上进行了双边缩尾处理。表6-5列出了变量的详细定义。

表6-5　　　　　　　　　　　变量定义

变量	定义
现金股利分配变量	
Dumdiv	当年公司发放现金股利计为1，否则为0。
Payout	每股现金股利与每股收益的比值。
股权质押变量	
Pledge	当公司在样本期间拥有控股股东质押的股份时取值为1，否则为0。
During	当年份在控股股东股权质押期时取值为1，在基准期时取值为0。其中，对质押公司和配对的非质押公司取相同的值，并将其质押开始后的第一个会计年度至质押结束后的第一个会计年度的期间定义为股份质押期间。
控制变量	
Age	1加公司上市的时间之和的自然对数。
Size	总资产的自然对数。
Leverage	总负债/总资产。
ROA	净利润/总资产。
Growth	(本年度营业收入－上一年度营业收入)/(上一年度营业收入)。
CFO	经营活动产生的现金净流量/总股本。
FCF	[(净利润＋利息费用＋非现金支出)－营运资本追加－资本性支出]/总资产。
LSHR	第一大股东所持股份/上市公司总股本。
SOE	国有企业取值为1，非国有企业取值为0。
INS	机构投资者所持股份/上市公司总股本。
INDEP	独立董事人数/董事会总人数。
MAO	管理层所持股份/上市公司总股本。

2. 模型设定

本书将模型（4-4）中的因变量替换为现金股利分配的代理变量

Dumdiv 或 Payout，构建模型（6-3）和模型（6-4），具体设定如下：

$$Dumdiv_{i,t+1} = \gamma_0 + \gamma_1 Pledge_{i,t} + \gamma_2 During_{i,t} + \gamma_3 Pledge_{i,t} \times During_{i,t} \\ + Controls + Year + Industry + \delta_{i,t} \quad (6-3)$$

$$Payout_{i,t+1} = \gamma_0 + \gamma_1 Pledge_{i,t} + \gamma_2 During_{i,t} + \gamma_3 Pledge_{i,t} \times During_{i,t} \\ + Controls + Year + Industry + \delta_{i,t} \quad (6-4)$$

以上两式中，i 表示公司 i，t 表示年份 t。因变量为现金股利分配的代理变量，即 Dumdiv 或 Payout；变量 Pledge 对于质押公司和非质押控制组公司来说分别取值为 1 和 0；当 t 为控股股东质押期时，变量 During 取值为 1，其他情况下为 0。模型中加入了年份固定效应（Year）和行业固定效应（Industry）。为了消除异常值对估计结果的影响，模型中所有连续变量在上下 1% 的水平上进行了双边缩尾处理。根据现金股利分配变量的类型，本书采用 Logit/Tobit 回归对上述模型进行估计，具体来说，当因变量为 Dumdiv 时采用 Logit 回归方法，当因变量为 Payout 时采用 Tobit 回归方法。对于所有的回归模型，本书对标准误进行了公司层面的聚类处理（Petersen，2009）。

对于上述回归模型，系数 γ_3 反映了质押公司相比于控制组公司在控股股东股权质押期间和基准期之间的现金股利分配是否有显著变化。如果进行股权质押的控股股东有掏空动机，那么控股股东很有可能在质押期间要求上市公司支付更低的现金股利，增加留存收益，方便对公司施加影响以侵占现金资产获取私人控制收益，则系数 γ_3 的符号显著为负，假设 H6 得到支持。

3. 实证结果分析

（1）描述性统计分析。表 6-6 汇报了变量的描述性统计结果。Dumdiv 的均值表示 66.8% 的样本公司会发放现金股利。Payout 的均值（0.247）与 Jiang 等（2017）的研究相似。在本书的样本中，质押公司占观测值的 64.9%，50.7% 的观测值来自股权质押期，说明了研究样本的相对平衡。其他控制变量的描述性统计结果与以往研究基本一致（Firth et al.，2016；Jiang et al.，2017）。

表6-6　　　　　　　　　　　变量描述性统计

变量	均值	标准差	Q1	中位数	Q3
现金股利分配变量					
$Dumdiv_{t+1}$	0.668	0.471	0	1	1
$Payout_{t+1}$	0.247	0.310	0	0.174	0.346
股权质押变量					
$Pledge$	0.649	0.477	0	1	1
$During$	0.507	0.500	0	1	1
控制变量					
Age_t	2.137	0.705	1.609	2.197	2.708
$Size_t$	21.98	1.240	21.09	21.82	22.69
$Leverage_t$	0.455	0.204	0.297	0.458	0.612
ROA_t	0.035	0.057	0.013	0.034	0.062
$Growth_t$	0.426	1.229	-0.036	0.135	0.427
CFO_t	0.379	0.774	0.028	0.285	0.670
FCF_t	0.005	0.102	-0.028	0.016	0.057
$LSHR_t$	0.362	0.151	0.241	0.340	0.469
SOE_t	0.466	0.499	0	0	1
INS_t	0.479	0.230	0.320	0.510	0.655
$INDEP_t$	0.368	0.053	0.333	0.333	0.400
MAO_t	0.096	0.179	0	0	0.090

（2）变量相关性分析。表6-7汇报了主要变量的Pearson和Spearman相关系数矩阵。结果显示，现金股利分配的两个度量指标显示出很强的相关性。其他控制变量之间的相关系数均小于0.5，说明不存在严重的多重共线性问题。

（3）多元回归分析。表6-8报告了假设H6的多元回归结果。第（1）列、第（2）列分别以Dumdiv、Payout作为因变量。结果显示，交乘项Pledge×During的回归系数均在10%的水平上显著为正，说明相对于在股权质押期间的控制组公司和质押公司自身的基准期间，被质押公司（Pledge=1）

表6-7 主要变量的 Pearson 和 Spearman 相关系数矩阵

No. Variable	1	2	3	4	5	6	7	8	9	10	11	12	13	14	15	16
现金股利分配变量																
1. $Dumdiv_{t+1}$		0.831	−0.088	0.054	−0.138	0.183	−0.183	0.439	0.047	0.226	0.060	0.122	−0.044	0.089	0.011	0.159
2. $Payout_{t+1}$	0.562		−0.094	0.007	−0.150	0.102	−0.230	0.353	−0.003	0.201	0.086	0.143	−0.035	0.094	−0.010	0.131
股权质押变量																
3. $Pledge$	−0.088	−0.043		0.145	−0.156	−0.128	−0.037	−0.044	0.017	−0.122	−0.014	−0.159	−0.441	−0.254	0.053	0.254
4. $During$	0.054	−0.002	0.145		0.141	0.196	0.002	−0.010	0.057	−0.038	−0.020	−0.061	−0.209	−0.111	0.087	0.152
控制变量																
5. Age_t	−0.151	−0.135	−0.152	0.141		0.372	0.319	−0.194	0.021	0.025	−0.040	−0.094	0.341	0.123	0.002	−0.410
6. $Size_t$	0.183	0.031	−0.152	0.191	0.351		0.423	0.005	0.005	0.232	−0.010	0.149	0.212	0.305	0.046	−0.128
7. $Leverage_t$	−0.188	−0.195	−0.037	0.006	0.335	0.428		−0.410	0.032	0.024	−0.041	0.065	0.279	0.199	−0.033	−0.293
8. ROA_t	0.411	0.202	−0.056	−0.003	−0.158	0.052	−0.370		0.010	0.321	0.143	0.094	−0.146	0.099	−0.014	0.192
9. $Growth_t$	−0.016	−0.050	0.016	0.018	0.090	0.017	0.085	0.002		−0.109	−0.048	−0.031	−0.034	−0.042	0.032	0.045
10. CFO_t	0.172	0.074	−0.113	−0.028	0.049	0.218	0.017	0.259	−0.073		0.143	0.123	0.108	0.220	−0.031	−0.055
11. FCF_t	0.058	0.058	−0.028	−0.031	−0.046	−0.003	−0.011	0.175	−0.048	0.132		0.061	−0.014	0.012	−0.010	0.026
12. $LSHR_t$	0.118	0.111	−0.163	−0.071	−0.092	0.185	0.066	0.107	0.004	0.103	0.069		0.245	0.550	−0.002	−0.248
13. SOE_t	−0.044	−0.050	−0.441	−0.209	0.343	0.226	0.278	−0.092	−0.003	0.108	0.011	0.245		0.377	−0.103	−0.530
14. INS_t	0.068	0.031	−0.262	−0.112	0.175	0.337	0.223	0.090	0.019	0.188	0.001	0.525	0.404		−0.085	−0.537
15. $INDEP_t$	0.015	−0.004	0.055	0.091	−0.008	0.062	−0.033	−0.013	0.022	−0.026	−0.016	0.006	−0.106	−0.099		0.073
16. MAO_t	0.145	0.103	0.237	0.095	−0.519	−0.220	−0.330	0.139	−0.031	−0.074	0.028	−0.135	−0.482	−0.665	0.114	

注: 左下为 Pearson 相关系数, 右上为 Spearman 相关系数。粗体表示至少在10%的水平上显著。

在控股股东质押期间 (During = 1) 的现金股利分配更少。基于多时点双重差分模型的检验结果表明,控股股东股权质押显著降低了上市公司的现金股利支付程度,侧面验证了控股股东股权质押的掏空效应。

表6-8　　控股股东股权质押与上市公司现金股利支付程度

Variable	Logit Model $Dumdiv_{t+1}$ (1)	Tobit Model $Payout_{t+1}$ (2)
Pledge variables		
$Pledge$	-0.168** (-2.15)	-0.025** (-2.08)
$During$	0.431*** (4.79)	0.023** (2.14)
$Pledge \times During$	**-0.526***** **(-5.22)**	**-0.034**** **(-2.51)**
Control variables		
SOE_t	0.167** (2.25)	0.010 (0.88)
Age_t	-0.591*** (-5.96)	-0.068*** (-3.15)
$Size_t$	0.519*** (4.92)	0.056*** (3.11)
$Leverage_t$	-1.649*** (-3.48)	-0.357*** (-6.65)
ROA_t	4.050*** (5.06)	1.628*** (6.02)
$Growth_t$	-0.015 (-0.86)	-0.008*** (-2.87)
CFO_t	0.223*** (7.31)	0.011*** (3.12)

续表

Variable	Logit Model $Dumdiv_{t+1}$ (1)	Tobit Model $Payout_{t+1}$ (2)
FCF_t	0.086 (0.49)	0.079*** (3.20)
$LSHR_t$	0.662*** (2.96)	0.186*** (5.72)
INS_t	0.458** (2.29)	0.032 (1.18)
$INDEP_t$	−0.696 (−1.60)	−0.163** (−2.43)
MAO_t	1.039*** (4.18)	0.105*** (3.11)
Year fixed effect	Yes	Yes
Industry fixed effect	Yes	Yes
Firm Cluster	Yes	Yes
Observations	24508	24513
Pseudo R^2	0.253	0.178

注：*、**、*** 分别表示在10%、5%、1%的水平上显著；括号内数字为 t 值。

6.4.2 无控股股东但存在内部人质押的样本

为了明确股价崩盘风险的增加是否由于控股股东的掏空效应导致，参照陈等（Chan et al., 2018）和李、周、鄢和张（Li, Zhou, Yan & Zhang, 2020）的研究，本书用没有控股股东但存在内部人质押的独立匹配样本重新运行回归，这些样本包含800家公司（质押公司和匹配的未质押公司）的4132个观察值。股权分散型公司由职业经理人运营和控制，他们持有公司不到10%的股权，也不是实际控制人。实验组公司的股票由内部人员（管理团队）质押。对于股权分散的管理团队来说，掏空不是首要考虑因

第6章 控股股东股权质押对股价崩盘风险的影响：掏空效应检验

素，因此管理层的股权质押与无控股股东的企业的股价崩盘风险之间应不存在显著的正相关关系。

表6-9报告了管理团队的股权质押行为对公司股价崩盘风险的影响。由表6-9可知，股价崩盘风险与管理层的股权质押没有显著关系，这一发现侧面验证了控股股东股权质押具有掏空效应。

表6-9 没有控股股东但存在内部人质押的独立匹配样本

Variable	$Ncskew_{t+1}$ (1)	$Duvol_{t+1}$ (2)
Pledge variables		
Pledge	0.023 (0.67)	0.012 (0.51)
During	-0.110 (-1.30)	-0.071 (-1.26)
Pledge × During	**0.117** **(1.35)**	**0.079** **(1.37)**
Control variables		
ROA_t	0.019 (0.13)	0.028 (0.26)
$Leverage_t$	0.009 (0.22)	-0.006 (-0.22)
$Size_t$	0.003 (0.21)	-0.020** (-2.06)
Ret_t	8.860* (1.92)	3.98 (1.24)
$Dturn_t$	-0.076** (-2.09)	-0.051** (-2.03)
$Sigma_t$	8.923*** (3.21)	4.468** (2.28)

续表

Variable	$Ncskew_{t+1}$	$Duvol_{t+1}$
	(1)	(2)
MB_t	0.033 *** (4.09)	0.028 *** (5.05)
$Ncskew_t$	0.075 *** (4.70)	0.046 *** (4.14)
$Opaque_t$	0.052 (0.65)	0.063 (1.19)
Year fixed effect	Yes	Yes
Industry fixed effect	Yes	Yes
Firm Cluster	Yes	Yes
Observations	4132	4132
Adjusted R^2	0.064	0.072

注：*、**、*** 分别表示在10%、5%、1%的水平上显著；括号内数字为 t 值。

6.5 本章小结

本章基于委托代理理论，以 2003~2018 年我国 A 股上市公司作为研究对象，采用 PSM 配对样本和多时点双重差分模型，从控股股东的"掏空"动机视角理论分析并实证检验控股股东股权质押的掏空效应影响上市公司股价崩盘风险的路径机理。首先分别研究了侵占型关联交易程度和上市公司成长机会对控股股东股权质押与上市公司股价崩盘风险关系的影响，研究发现，控股股东与上市公司的侵占型关联交易程度越高，股权质押对股价崩盘风险的正向影响越显著，假设 H4 得到支持；上市公司成长机会越低，股权质押对股价崩盘风险的正向影响越显著，假设 H5 得到支持。结果表明，股权质押为控股股东侵占上市公司与中小股东的利益从而获取控制权私人收益创造了条件与空间，加剧了信息的不透明度，使得控股股东在质押期间方便隐藏坏消息,最终导致上市公司的股价崩盘风险显著增加,验证了控股股东股权质押的掏空效应。

在进一步分析中,探讨了控股股东股权质押对上市公司现金股利分配的影响,研究发现,控股股东股权质押显著降低了上市公司的现金股利支付程度,假设 H6 得到支持,侧面验证了控股股东股权质押的掏空效应。此外,为了弄清楚股价崩盘风险的增加是否由于控股股东的掏空效应导致,用没有控股股东但存在内部人质押的独立匹配样本重新运行回归,发现对于股权分散没有控股股东的上市公司来说,管理层的股权质押与无控股股东的企业的股价崩盘风险之间没有显著关系,这一发现也侧面验证了控股股东股权质押的掏空效应。

表 6-10 汇总了本章研究假设和检验结果。

表 6-10　　　　　　　　本章研究假设检验结果汇总

研究假设		检验结果
假设 H4	控股股东与上市公司的侵占型关联交易程度越高,股权质押对股价崩盘风险的正向影响越显著。	通过
假设 H5	上市公司成长机会越低,股权质押对股价崩盘风险的正向影响越显著。	通过
假设 H6	控股股东股权质押后,上市公司的现金股利支付程度显著降低。	通过

第7章 公司内外部信息环境对控股股东股权质押与股价崩盘风险关系的影响

正如前文所述，无论是控股股东股权质押的对冲效应还是掏空效应，都会导致公司内部坏消息的囤积，进而增加股价崩盘风险。

根据信息不对称理论，信息不对称下负面信息的累积是股价崩盘风险的主要诱因。控股股东作为公司内部人相较于企业外部中小投资者具有一定的信息优势，外部投资者在缺乏可靠的质押信息披露下，难以及时了解质押背后及伴随质押产生的负面信息，这些负面信息可能被隐藏而未能有效地被股价反映出来。每个企业都嵌入一个特定的内外部信息环境中，公司的信息披露行为会受到企业内外部信息环境的影响。当企业处在一个信息较透明的内外部环境中时，即使是对冲动机和掏空动机较高的控股股东其隐瞒坏消息的行为也会受到抑制，从而股权质押所带来的股价崩盘风险更有可能降低到可接受的水平。

因此，本章基于信息不对称理论，探讨有效的上市公司内外部信息环境，即内部控制、分析师跟踪（侧重信息收集）和媒体关注（侧重信息传播），能否有效抑制质押股票的控股股东囤积坏消息，从而削弱控股股东股权质押与上市公司股价崩盘风险之间的正相关关系。

7.1 理论分析与研究假设

7.1.1 内部控制

企业内部控制制度作为一种正式的制度安排，确保了企业业务的有效性、财务报告的可靠性和相关活动的合规性，有利于提高信息透明度和改善风险管理（叶康涛、曹丰和王化成，2015；Chen, Chan, Dong & Zhang, 2017；Wang et al., 2018）。

有研究表明内部控制可以阻止控股股东从企业中获取资源（王超恩和张瑞君，2015；Ge, Li, Liu & McVay, 2020）。一方面，高水平的内部控制质量可以通过提高财务报告质量进而有效降低内部人隐藏坏消息的可能性（叶康涛、曹丰和王化成，2015；黄政和吴国萍，2017；Chen, Chan, Dong & Zhang, 2017）。先前的研究通过讨论内部控制对盈余质量的积极影响证实了这一观点（Doyle et al., 2007；Ashbaugh-Skaife et al., 2008；Chan et al., 2008；孙光国和杨金凤，2013），高质量的内部控制促进了会计信息的及时确认与计量、提高了公司的信息披露质量（杨有红和毛新述，2011；刘启亮等，2013）。戈赫和李（Goh & Li, 2011）以及米特等（Mitra et al., 2013）也指出，内部控制有效的公司表现出较高水平的会计稳健性。此外，不少研究表明内部控制在提升财务报告透明度的同时也约束了盈余管理（方红星和金玉娜，2011；Jarvinen et al., 2016；Chen, Dong, Han & Zhou, 2017）。因此，对于内部控制较强的公司来说，质押股权的控股股东为了自身利益而隐瞒不良信息的行为就更加困难。

另一方面，高水平的内部控制质量可以有效降低企业内部经营风险（Ashbaugh-Skaife et al., 2009；蒋红芸和王雄元，2018；Chen et al., 2020）。有研究表明内部控制有助于降低市场的不确定性，提高股市定价效率（Kim & Park，2009；邱冬阳、陈林和孟卫东，2010；杨清香、俞麟和宋丽，2012）。风险评估作为内部控制的一个方面，可以识别企业日常运营中的潜在风险，并采取预防措施，防止极端负面事件的发生（Chen, Chan, Dong & Zhang，2017）。因此，对于内部控制较强的公司而言，股权质押所产生的或有风险更有可能降低到可接受的水平。

综上所述，当上市公司的内部控制质量较高时，即使是对冲动机和掏空动机较高的控股股东其隐瞒坏消息的行为也会受到抑制，从而使得股权质押所带来的股价崩盘风险更有可能降低到可接受的水平。因此，完善的内部控制制度可以有效地抑制控股股东股权质押所导致的上市公司股价崩盘风险的增加。

据此我们提出如下研究假设：

H7：上市公司的内部控制越强，股权质押对股价崩盘风险的正向影响越弱。

7.1.2 分析师跟踪

作为股票市场的信息中介，分析师在缓解企业与投资者信息不对称、抑制企业内部人机会主义行为中发挥了重要作用（Lang, Lins & Miller，2003）。

一方面，分析师具备专业的财务技能和信息搜索能力，能够产生机构和个人投资者使用的公司披露信息以外的公司特定信息（Huang, Zang & Zheng，2014），缓解了外部投资者和公司内部人之间的信息不对称，降低了信息传递成本，提高了信息传递质量。以往研究表明分析师是关于各种企业风险的新信息来源（Lui, Markov & Tamayo，2007，2012；Joos, Piotroski & Srinivasan，2016）。此外，分析师还提供有关企业活动、业务战略、管理团队质量、竞争力和宏观经济环境方面的信息（Asquith, Mikhail & Au，2005；Huang et al.，2014；Huang, Lehavy, Zang & Zheng，2018）。

另一方面，分析师可以抑制公司内部人囤积坏消息的行为（Kim, Lu &

Yu，2019；伊志宏、朱琳和陈钦源，2019），提高信息披露的质量。随着分析师覆盖面的增加，更多的精力和资源被投入揭露公司特定的私有信息上。当公司有坏消息而不是好消息时，这种私有信息获取和报告过程可能会在更大程度上减少信息不对称，因为公司内部人倾向于延迟坏消息的发布（Kothari et al.，2009）。伊志宏、朱琳和陈钦源（2019）表明分析师在研究报告中披露负面信息使得公司股价能合理反映其基本面信息。余（Yu，2008）发现分析师跟踪人数多的上市公司其机会主义盈余管理行为越少。

尽管有研究表明市场要求达到或超过分析师预测盈余的压力也有可能助长了公司内部人由于过度关注短期结果而隐瞒坏消息的动机（He & Tian，2013；Irani & Oesch，2016）。但通过以上分析，本书推测当一家上市公司有大量分析师跟进时，外部投资者更有可能感知质押背后及伴随质押产生的负面信息，因此，即使质押股权的控股股东有较高的对冲动机和掏空动机，但其隐瞒坏消息的成本也显著增加，其囤积坏消息的行为会受到一定程度的限制，从而使得控股股东股权质押期间的股价崩盘风险更有可能降低到可接受的水平。

综上所述，较高的分析师关注度可以有效抑制控股股东股权质押所导致的上市公司股价崩盘风险的增加。据此提出如下研究假设：

H8：跟踪上市公司的分析师人数越多，股权质押对股价崩盘风险的正向影响越弱。

7.1.3 媒体报道

媒体作为资本市场中重要的信息中介和外部监督者，通过向更广泛的受众生产和传播高质量的信息，可以有效帮助减少信息不对称和改善公司治理（Miller，2006；Bushee et al.，2010；Tetlock，2010；Dai et al.，2015；Gao et al.，2020），在影响股票价格行为的信息处理、传播及公共监督方面发挥着重要作用（Dang，Dang，Hoang，Nguyen & Phan，2020）。

尽管阿曼（Aman，2013）以及巴洛里亚和希斯（Baloria & Heese，2018）认为媒体关注会给公司内部人带来绩效压力，导致他们出于职业考虑和个人经济利益而囤积坏消息，但大多数研究表明媒体报道有助于遏制公司内部人的机会主义行为。

一方面，媒体的报道使得大量投资者能够抢先获得未披露的公司相关信息。大量研究发现，媒体报道促进了更多公司特定信息（而不仅仅是公司披露的信息）纳入市场，提高了公司透明度和市场效率（Peress，2014；Kim et al.，2016；Dang et al.，2020）。根据科塔里等（Kothari et al.，2009）和鲍等（Bao et al.，2019）提供的证据，相比于好消息，内部人更倾向于隐瞒并推迟发布坏消息。而媒体报道有助于深度挖掘上市公司隐藏的内幕消息，避免不利消息在公司持续囤积（罗进辉和杜兴强，2014；刘维奇和李建莹，2019；An, Chen, Naiker & Wang，2020）。因此，对于媒体关注度更高的上市公司，内部人掩盖坏消息的能力较弱。另一方面，对于媒体关注度较高的公司来说，内部人囤积坏消息的成本更高。齐等（Qi et al.，2014）检验了媒体报道与盈余管理之间的负相关关系，发现媒体报道可以抑制公司内部人的机会主义行为。多项研究指出媒体可以曝光公司的违规行为，如会计欺诈和内幕交易（Miller，2006；Dyck et al.，2010；Dai et al.，2015），因此，一旦机会主义行为被媒体报道，内部人可能面临巨大的声誉和诉讼风险。

综上所述，当一家上市公司的媒体关注度较高时，上市公司内部隐藏的不利消息更有可能被媒体广泛传播，使得控股股东在质押期间掩盖坏消息的能力较弱、成本更高，从而有效遏制质押股票的控股股东的机会主义行为。因此，本书推测媒体关注度较高的质押公司在控股股东股权质押期间的股价崩盘风险较低。

据此提出如下研究假设：

H9：上市公司的媒体关注度越高，股权质押对股价崩盘风险的正向影响越弱。

第 7 章　公司内外部信息环境对控股股东股权质押与股价崩盘风险关系的影响

7.2　研究设计

本章基于公司内外部信息环境的调节效应展开研究。这是因为第 4 章的研究结果表明，无论是控股股东股权质押的对冲效应还是掏空效应，都会导致公司内部坏消息的囤积，进而增加股价崩盘风险。因此，公司内外部信息环境很有可能导致控股股东股权质押与股价崩盘风险关系的变化。

本章研究模型的被解释变量（股价崩盘风险）、解释变量（控股股东股权质押）和控制变量与第 4 章一致，于此不再详细说明。具体变量定义见表 4-4。本章样本选取与第 4 章一致，同样是以 2003~2018 年作为样本期间，有 3068 家上市公司（包括质押公司与匹配的非质押公司）的 24654 个公司—年观测值。

内部控制数据来自 DIB 数据库。本书借鉴叶康涛、曹丰和王化成（2015）、黄政和吴国萍（2017）、王等（Wang et al.，2018）和李等（Li et al.，2019）的研究，采用 DIB 内部控制与风险管理数据库（以下简称 DIB 数据库）中的内部控制指数衡量上市公司内部控制水平。DIB 数据库是中国首个内部控制和风险管理领域的专业数据库，其中的内部控制指数为连续变量，是基于 COSO 内部控制体系五要素（内部环境、风险评估、控制活动、信息与沟通以及内部监督）的综合打分，取值范围在 0~999。本书的内部控制质量 *IC* 取自 DIB 数据库中的内部控制指数并以 100 为基础进行调整。

分析师跟踪人数的相关数据来自 CSMAR 数据库。与现有研究一致（Yu，2008；Irani & Oesch，2016；韩艳锦、冯晓晴和宋建波，2021），本书采用某一年度对同一家上市公司出具盈余预测的分析师的人数来衡量分析师跟踪，具体来说，分析师跟踪 *Analyst* 为 1 加上某一年度跟踪该上市公司的分析师人数的和的自然对数。

媒体关注度数据来源于中国研究数据服务平台（CNRDS）数据库。与现有研究一致（Dang et al., 2020; Gao et al., 2020），本书采用某一年度该上市公司的新闻文章数量来衡量媒体关注度，具体来说，媒体关注度 *Media* 为 1 加上该公司在某一年度的新闻文章数量的和的自然对数。

以上三个变量的详细定义见表 7-1。

表 7-1　　　　　　　　　　　变量定义

内外部信息环境变量	定义
IC	DIB 数据库中基于 COSO 内部控制体系五要素（内部环境、风险评估、控制活动、信息与沟通以及内部监督）综合得分取值范围在 0~999 之间的内部控制指数除以 100。
Analyst	1 加上某一年度跟踪该上市公司的分析师人数的和的自然对数。
Media	1 加上该公司在某一年度的新闻文章数量的和的自然对数。

进一步地，本书依据以上三个变量对第四章主检验的结果进行分组回归。具体来说，在研究内部控制对控股股东股权质押与上市公司股价崩盘风险之间关系的影响时（假设 H7），本书基于同一年份 *IC* 的中位数，将样本分为两组并各自在模型 (4-4) 上进行估计，比较两个子样本的交乘项 *Pledge × During* 的系数，以检验内部控制较强和较弱的上市公司在控股股东股权质押期间的股价崩盘风险差异。在研究分析师跟踪对控股股东股权质押与上市公司股价崩盘风险之间关系的影响时（假设 H7），本书基于同一年份 *Analyst* 的中位数，将样本分为两组并各自在模型 (4-4) 上进行估计，比较两个子样本的交乘项 *Pledge × During* 的系数，以检验分析师跟踪人数较多和较少的上市公司在控股股东股权质押期间的股价崩盘风险差异。在研究媒体关注对控股股东股权质押与上市公司股价崩盘风险之间关系的影响时（假设 H7），本书基于同一年份 *Media* 的中位数，将样本分为两组并各自在模型 (4-4) 上进行估计，同时将分析师跟踪（*Analyst*）和负面新闻文章的百分比（*Negratio*）作为额外的控制变量包括在内。比较两个子样本的交乘项 *Pledge × During* 的系数，以检验媒体关注度较高和较低的上市公司在控股股东股权质押期间的股价崩盘风险差异。

第7章 公司内外部信息环境对控股股东股权质押与股价崩盘风险关系的影响

7.3 实证结果分析

7.3.1 描述性统计分析

表7-2汇报了本章中用到的三个内外部信息环境变量的描述性统计结果。内部控制质量 IC 的均值（6.553）与王等（Wang et al., 2018）的研究相似。分析师跟踪 Analyst 的均值为3.748，与以往文献基本一致（Irani & Oesch, 2016；韩艳锦、冯晓晴和宋建波，2021）。媒体关注度 Media 的均值（1.38）与现有研究一致（Dang et al., 2020；Gao et al., 2020）。

表7-2　　　　　　　　变量描述性统计

内外部信息环境变量	均值	标准差	Q1	中位数	Q3
IC_t	6.553	1.264	6.257	6.756	7.091
$Analyst_t$	3.748	0.952	3.219	4.190	4.357
$Media_t$	1.380	1.149	0	1.386	2.303

7.3.2 内部控制的调节效应

假设H7认为，当上市公司的内部控制质量较高时，即使是对冲动机和掏空动机较高的控股股东其隐瞒坏消息的行为也会受到抑制，从而使得股权质押所带来的股价崩盘风险更有可能降低到可接受的水平。因此，完善的内部控制制度可以有效地抑制控股股东股权质押所导致的上市公司股价崩盘风险的增加。

本书基于同一年份 IC 的中位数，将样本分为两组并各自在模型（4-4）上进行估计，比较两个子样本的交乘项 Pledge × During 的系数，以检验内部控制较强和较弱的上市公司在控股股东股权质押期间的股价崩盘风险差异。表 7-3 汇报了这两个子样本的结果。

从表 7-3 中可以看到，内部控制较弱的子样本在 Crash、Ncskew 和 Duvol 上的 Pledge × During 系数均在低于 1% 的水平上显著正相关；对于内部控制较强的子样本，Pledge × During 的系数为正，但三个股价崩盘风险变量均不显著。通过比较两个子样本 Pledge × During 的系数，本书采用卡方检验（表 7-3 的最后一行），证实了内部控制较弱的公司在控股股东股份质押期间股价崩盘风险明显较高。

表 7-3　　　　　　　　　　内部控制的调节效应

Variable	Logit Model		OLS Model			
	$Crash_{t+1}$		$Ncskew_{t+1}$		$Duvol_{t+1}$	
	Below-Median IC	Above-Median IC	Below-Median IC	Above-Median IC	Below-Median IC	Above-Median IC
	(1)	(2)	(3)	(4)	(5)	(6)
Pledge variables						
Pledge	0.023 (0.24)	0.013 (0.14)	0.033* (1.89)	0.027 (1.27)	0.024** (1.98)	0.021* (1.74)
During	-0.234 (-1.63)	-0.008 (-0.06)	-0.079*** (-3.03)	-0.037 (-1.53)	-0.060*** (-3.45)	-0.023 (-1.50)
Pledge × During	**0.413*** (2.66)**	**0.109 (0.78)**	**0.114*** (3.95)**	**0.047 (1.62)**	**0.076*** (3.98)**	**0.021 (1.19)**
Control variables						
ROA_t	-1.457*** (-3.01)	-0.406 (-0.62)	-0.034 (-0.33)	0.735*** (5.48)	-0.062 (-0.88)	0.446*** (5.32)
$Leverage_t$	-0.051 (-0.36)	-0.153 (-1.06)	-0.0170 (-0.62)	-0.069** (-2.29)	-0.026 (-1.43)	-0.056*** (-3.13)
$Size_t$	0.022 (0.50)	-0.085** (-2.21)	0.004 (0.50)	0.012 (1.50)	-0.011** (-2.00)	-0.009* (-1.79)
Ret_t	1.78 (0.15)	-12.591** (-2.37)	9.006*** (3.42)	6.170** (2.12)	6.874*** (3.26)	5.327*** (2.85)

续表

Variable	Logit Model Crash$_{t+1}$ Below-Median IC (1)	Logit Model Crash$_{t+1}$ Above-Median IC (2)	OLS Model Ncskew$_{t+1}$ Below-Median IC (3)	OLS Model Ncskew$_{t+1}$ Above-Median IC (4)	OLS Model Duvol$_{t+1}$ Below-Median IC (5)	OLS Model Duvol$_{t+1}$ Above-Median IC (6)
$Dturn_t$	-0.162* (-1.87)	-0.140* (-1.69)	-0.036** (-2.05)	-0.044** (-2.46)	-0.023* (-1.91)	-0.020* (-1.69)
$Sigma_t$	-1.768 (-0.22)	-9.621** (-2.24)	7.335*** (4.40)	6.042*** (3.45)	4.449*** (4.02)	4.008*** (3.59)
MB_t	0.107*** (3.95)	0.095*** (2.91)	0.033*** (5.34)	0.025*** (3.39)	0.021*** (4.97)	0.024*** (4.95)
$Ncskew_t$	-0.020 (-0.43)	0.007 (0.14)	0.039*** (4.17)	0.073*** (6.52)	0.026*** (4.17)	0.034*** (5.24)
$Opaque_t$	1.146** (2.32)	0.983* (1.92)	0.244** (2.34)	0.219* (1.92)	0.152** (2.18)	0.108 (1.55)
Year fixed effect	Yes	Yes	Yes	Yes	Yes	Yes
Industry fixed effect	Yes	Yes	Yes	Yes	Yes	Yes
Firm Cluster	Yes	Yes	Yes	Yes	Yes	Yes
Observations	12154	12466	12161	12482	12161	12482
Pseudo/Adjusted R^2	0.056	0.043	0.061	0.076	0.065	0.079
Difference in subsample coefficients:						
Pledge × During	χ^2=2.82 (p=0.093)		χ^2=3.05 (p=0.082)		χ^2=4.33 (p=0.038)	

注：*、**、***分别表示在10%、5%、1%的水平上显著；括号内数字为 t 值。

在经济意义方面，本书以表7-3的第（3）列~第（4）列为例。根据交乘项 Pledge × During 的系数，质押期间内部控制弱的质押公司股价崩盘风险比控制组公司高11.36%；相比之下，内部控制较强的质押公司同期崩盘风险仅比控制组公司高4.67%。基于上述研究结果，在高效的内部控制环境下，质押股权的控股股东对不良信息的隐瞒能力较弱，从而抑制

— 189 —

了崩盘风险,支持了假设 H7。

该研究结果丰富了现有关于内部控制的相关文献,揭示了内部控制在抑制内部人机会主义行为中的作用。尽管控股股东为了自身利益而质押股权,但高效的企业内部控制制度能够防范这种机会主义。此外,该结果启示理论界应建立一个包含其他维度(如内部控制环境)的综合框架来分析和解释质押活动,从而论证质押活动是否对企业构成风险。

7.3.3 分析师跟踪的调节效应

假设 H8 认为,当一家上市公司有大量分析师跟进时,外部投资者更有可能感知质押背后及伴随质押产生的负面信息,因此,即使质押股权的控股股东有较高的对冲动机和掏空动机,其隐瞒坏消息的成本也显著增加,其囤积坏消息的行为会受到一定程度的限制,从而使得控股股东股权质押期间的股价崩盘风险更有可能降低到可接受的水平。因此,较高的分析师关注度可以有效抑制控股股东股权质押所导致的上市公司股价崩盘风险的增加。

本书基于同一年份 *Analyst* 的中位数,将样本分为两组并各自在模型(4-4)上进行估计,比较两个子样本的交乘项 *Pledge × During* 的系数,以检验分析师跟踪人数较多和较少的上市公司在控股股东股权质押期间的股价崩盘风险差异。表 7-4 汇报了这两个子样本的结果。

表 7-4　　　　　　　　分析师人数的调节效应

Variable	$Ncskew_{t+1}$		$Duvol_{t+1}$	
	Below-Median *Analyst*	Above-Median *Analyst*	Below-Median *Analyst*	Above-Median *Analyst*
	(1)	(2)	(3)	(4)
Pledge variables				
Pledge	0.014 (0.82)	0.045** (2.35)	0.013 (1.15)	0.032** (2.39)

第7章 公司内外部信息环境对控股股东股权质押与股价崩盘风险关系的影响

续表

Variable	$Ncskew_{t+1}$		$Duvol_{t+1}$	
	Below – Median Analyst	Above – Median Analyst	Below – Median Analyst	Above – Median Analyst
	(1)	(2)	(3)	(4)
During	-0.094*** (-3.73)	-0.021 (-0.92)	-0.056*** (-3.37)	-0.022 (-1.42)
Pledge × During	0.123*** (4.30)	0.038 (1.42)	0.073*** (3.92)	0.020 (1.10)
Control variables				
ROA_t	-0.219** (-2.11)	0.444*** (3.85)	-0.222*** (-3.11)	0.336*** (4.16)
$Leverage_t$	-0.036 (-1.50)	-0.026 (-0.88)	-0.038** (-2.33)	-0.031 (-1.57)
$Size_t$	-0.014 (-1.52)	-0.007 (-0.97)	-0.018*** (-3.00)	-0.018*** (-3.71)
Ret_t	6.044** (2.34)	8.906*** (2.72)	4.483*** (2.66)	5.800*** (2.87)
$Dturn_t$	-0.038** (-2.13)	-0.029 (-1.59)	-0.023* (-1.94)	-0.015 (-1.21)
$Sigma_t$	5.753*** (3.61)	6.245*** (3.60)	3.764*** (3.55)	3.984*** (3.42)
MB_t	0.029*** (4.45)	0.038*** (5.48)	0.019*** (4.47)	0.026*** (5.44)
$Ncskew_t$	0.040*** (4.53)	0.051*** (4.91)	0.023*** (3.88)	0.034*** (4.71)
$Opaque_t$	0.315*** (3.15)	0.161 (1.48)	0.172*** (2.66)	0.084 (1.12)
Year fixed effect	Yes	Yes	Yes	Yes
Industry fixed effect	Yes	Yes	Yes	Yes

续表

Variable	$Ncskew_{t+1}$		$Duvol_{t+1}$	
	Below – Median Analyst	Above – Median Analyst	Below – Median Analyst	Above – Median Analyst
	(1)	(2)	(3)	(4)
Firm Cluster	Yes	Yes	Yes	Yes
Observations	13421	11233	13421	11233
Adjusted R^2	0.070	0.074	0.071	0.081
Difference in subsample coefficients：				
Pledge × During	$\chi^2 = 4.75 \; (p = 0.029)$		$\chi^2 = 4.08 \; (p = 0.043)$	

注：*、**、***分别表示在10%、5%、1%的水平上显著；括号内数字为 t 值。

从表7-4中可以看到，分析师跟踪人数较少的子样本在 Ncskew 和 Duvol 上的 Pledge × During 系数均在低于1%的水平上显著正相关；对于分析师跟踪人数较多的子样本，Pledge × During 的系数为正，但两个股价崩盘风险变量均不显著。通过比较两个子样本 Pledge × During 的系数，本书采用卡方检验（表7-4的最后一行），证实了分析师跟踪人数较少的上市公司在控股股东股份质押期间股价崩盘风险明显较高。

在经济意义方面，本书以表7-4的第（1）列~第（2）列为例。根据交乘项 Pledge × During 的系数，质押期间分析师跟踪人数较少的质押公司股价崩盘风险比非质押公司高12.3%；相比之下，分析师跟踪人数较多的质押公司同期崩盘风险仅比非质押公司高3.8%。基于上述研究结果，跟踪上市公司的分析师人数越多，质押股权的控股股东对不良信息的隐瞒越难实现，从而抑制了崩盘风险，支持了假设 H8。

7.3.4 媒体报道的调节效应

假设 H9 认为，当一家上市公司的媒体关注度较高时，上市公司内部隐藏的不利消息更有可能被媒体广泛传播，使得控股股东在质押期间掩盖

第7章 公司内外部信息环境对控股股东股权质押与股价崩盘风险关系的影响

坏消息的能力较弱、成本更高,从而有效遏制质押股票的控股股东的机会主义行为。因此,媒体关注度较高的质押公司在控股股东股权质押期间的股价崩盘风险较低。

本书基于同一年份 Media 的中位数,将样本分为两组并各自在模型(4-4)上进行估计,同时将分析师跟踪(Analyst)和负面新闻文章的百分比(Negratio)作为额外的控制变量包括在内。比较两个子样本的交乘项 Pledge×During 的系数,以检验媒体关注度较高和较低的上市公司在控股股东股权质押期间的股价崩盘风险差异。表7-5 报告了这两个子样本的结果。

表7-5　　　　　　　　　媒体关注的调节效应

Variable	Logit Model Crash$_{t+1}$ Below-Median Media (1)	Logit Model Crash$_{t+1}$ Above-Median Media (2)	OLS Model Ncskew$_{t+1}$ Below-Median Media (3)	OLS Model Ncskew$_{t+1}$ Above-Median Media (4)	OLS Model Duvol$_{t+1}$ Below-Median Media (5)	OLS Model Duvol$_{t+1}$ Above-Median Media (6)
Pledge variables						
Pledge	-0.022 (-0.22)	0.033 (0.35)	0.001 (0.06)	0.034** (2.08)	0.004 (0.28)	0.026** (2.29)
During	-0.213* (-1.67)	0.049 (0.35)	-0.078*** (-3.11)	-0.020 (-0.83)	-0.047*** (-2.73)	-0.022 (-1.35)
Pledge×During	**0.437*** (3.20)**	**0.031 (0.19)**	**0.130*** (4.67)**	**0.024 (0.88)**	**0.072*** (3.82)**	**0.020 (1.07)**
Control variables						
Negratio$_t$	0.025 (0.11)	0.489 (1.46)	0.081 (1.53)	0.112* (1.87)	0.093*** (2.60)	0.036 (0.90)
Analyst$_t$	-0.094*** (-2.63)	0.083* (1.92)	0.057*** (7.33)	0.074*** (10.24)	0.033*** (6.47)	0.047*** (9.65)
ROA$_t$	-2.345*** (-4.72)	0.930* (1.73)	-0.211* (-1.89)	0.649*** (6.97)	-0.186*** (-2.42)	0.407*** (6.16)

— 193 —

续表

Variable	Logit Model Crash$_{t+1}$ Below-Median Media	Logit Model Crash$_{t+1}$ Above-Median Media	OLS Model Ncskew$_{t+1}$ Below-Median Media	OLS Model Ncskew$_{t+1}$ Above-Median Media	OLS Model Duvol$_{t+1}$ Below-Median Media	OLS Model Duvol$_{t+1}$ Above-Median Media
	(1)	(2)	(3)	(4)	(5)	(6)
Leverage$_t$	-0.286* (-1.82)	0.054 (0.42)	-0.109*** (-3.48)	-0.006 (-0.28)	-0.076*** (-3.58)	-0.023 (-1.43)
Size$_t$	0.079* (1.95)	-0.123*** (-3.01)	0.058*** (6.73)	-0.019*** (-2.74)	0.024*** (4.25)	-0.025*** (-5.01)
Ret$_t$	-3.530 (-0.44)	-12.053** (-2.22)	4.190 (1.47)	11.459*** (4.47)	1.470 (0.70)	8.023*** (5.54)
Dturn$_t$	-0.139* (-1.73)	-0.200** (-2.27)	-0.034* (-1.85)	-0.054*** (-3.09)	-0.030** (-2.42)	-0.022* (-1.84)
Sigma$_t$	-4.669 (-0.56)	-11.303** (-2.33)	4.348** (2.44)	9.333*** (5.58)	1.668 (1.41)	6.966*** (6.31)
MB$_t$	0.130*** (4.75)	0.093*** (3.35)	0.048*** (6.04)	0.031*** (5.65)	0.031*** (6.03)	0.022*** (5.86)
Ncskew$_t$	-0.042 (-0.98)	0.057 (1.02)	0.036*** (3.71)	0.063*** (6.59)	0.018*** (2.93)	0.043*** (6.73)
Opaque$_t$	1.199** (2.49)	0.388 (0.72)	0.400*** (3.41)	0.126 (1.36)	0.239*** (3.13)	0.061 (0.96)
Year fixed effect	Yes	Yes	Yes	Yes	Yes	Yes
Industry fixed effect	Yes	Yes	Yes	Yes	Yes	Yes
Firm Cluster	Yes	Yes	Yes	Yes	Yes	Yes
Observations	12322	12238	12326	12326	12326	12326
Pseudo/Adjusted R^2	0.049	0.040	0.071	0.084	0.069	0.088
Difference in subsample coefficients:						
Pledge × During	$\chi^2 = 3.72$ ($p = 0.054$)		$\chi^2 = 7.39$ ($p = 0.007$)		$\chi^2 = 3.84$ ($p = 0.050$)	

注：*、**、***分别表示在10%、5%、1%的水平上显著；括号内数字为 t 值。

第7章 公司内外部信息环境对控股股东股权质押与股价崩盘风险关系的影响

从表7-5中可以看到，媒体关注度较低的子样本在 Crash、Ncskew 和 Duvol 上的 Pledge×During 系数均在低于1%的水平上呈显著正相关；而媒体关注度较高的子样本，Pledge×During 的系数均不显著，表明受媒体关注较多的质押公司股价崩盘风险变化不大。卡方检验也显示两个子样本在 Pledge×During 的系数上有显著差异。这些研究结果证实了媒体关注度较低的公司在控股股东股份质押期间股价崩盘风险明显较高。

在经济意义方面，本书以表7-5的第（3）列～第（4）列为例。由 Pledge×During 系数可知，对于媒体关注度较低的质押公司，质押期间的股价崩盘风险比控制组公司高13.02%；相比之下，媒体关注度高的质押公司的股价崩盘风险仅比控制组公司高2.41%。这一发现支持了研究假设H9，即当上市公司受到更多媒体关注时，隐藏坏消息很难实现，因为媒体在将企业信息向公众进行传播时可以提高企业透明度。

本书的研究为媒体关注提供了一个新的视角。先前的研究表明，媒体关注对内部人施加了业绩压力导致他们由于职业担忧和个人财务收益而囤积坏消息（Aman，2013；Baloria & Heese，2018）。相反，本书的研究发现，在媒体关注的影响下，质押股票的控股股东囤积坏消息的成本更高，从而降低了崩盘风险。

7.4 本章小结

本章基于信息不对称理论，以2003～2018年我国A股上市公司作为研究对象，采用PSM配对样本和多时点双重差分模型，研究上市公司内外部信息环境对控股股东股权质押与上市公司股价崩盘风险关系的影响，具体而言，从内部控制、分析师跟踪和媒体关注三个方面分析其对控股股东股权质押与上市公司股价崩盘风险关系的调节效应。研究结论如下：

（1）质押期间内部控制弱的质押公司股价崩盘风险比控制组公司高11.36%，而内部控制较强的质押公司同期崩盘风险仅比控制组公司高4.67%，因此在高效的内部控制环境下，质押股权的控股股东对不良信息的隐瞒能力较弱,从而抑制了崩盘风险,假设 H7 得到支持。(2) 质押期间分析师跟踪人数较少的质押公司股价崩盘风险比非质押公司高 12.3%;而分析师跟踪人数较多的质押公司同期崩盘风险仅比非质押公司高 3.8%,因此当跟踪上市公司的分析师人数越多,质押股权的控股股东对不良信息的隐瞒越难实现,从而抑制了崩盘风险,假设 H8 得到支持。(3) 对于媒体关注度较低的质押公司,质押期间的股价崩盘风险比控制组公司高 13.02%,而媒体关注度高的质押公司的股价崩盘风险仅比控制组公司高 2.41%,因此在媒体关注的影响下,质押股票的控股股东囤积坏消息的成本更高,从而降低了崩盘风险,假设 H9 得到支持。

结果表明,当企业处在一个信息较透明的内外部环境中时,即使是对冲动机和掏空动机较高的控股股东其隐瞒坏消息的行为也会受到抑制,从而股权质押所带来的股价崩盘风险更有可能降低到可接受的水平。

表 7-6 汇总了本章研究假设和检验结果。

表 7-6　　　　　　　本章研究假设检验结果汇总

研究假设		检验结果
假设 H7	上市公司的内部控制越强,股权质押对股价崩盘风险的正向影响越弱。	通过
假设 H8	跟踪上市公司的分析师人数越多,股权质押对股价崩盘风险的正向影响越弱。	通过
假设 H9	上市公司的媒体关注度越高,股权质押对股价崩盘风险的正向影响越弱。	通过

第8章 结论与展望

通过第4章至第7章的理论分析与实证研究,本书对绪论章节提出的四个问题进行了深入研究,发现了控股股东股权质押通过"对冲效应"和"掏空效应"对上市公司股价崩盘风险的影响机理以及质押特征和公司内外部信息环境对控股股东股权质押与上市公司股价崩盘风险之间关系的影响效果。本章在前文基础上,对上述研究工作进行总结,归纳本书主要研究结论,阐明本书的主要创新点,并提出相关政策建议,指出本书的研究局限与未来研究的发展方向。

8.1 主要研究结论

本书针对我国积极化解上市公司股权质押风险的迫切需求,在理论分析与逻辑推演的基础上,提出研究假设,并以2003~2018年A股上市公司作为研究对象,根据不完全信息理论、信息不对称理论和委托代理理论构建理论模型,运用PSM配对样本和多时点双重差分回归,实证检验了控股股东股权质押通过"对冲效应"和"掏空效应"对上市公司股价崩盘风险的影响机理,以及质押特征和公司内外部信息环境对控股股东股权质押与上市公司股价崩盘风险关系的影响效果。本书得出主要研究结论如下:

第一,在控股股东股权质押期间,上市公司面临的股价崩盘风险显著增加。具体而言,当因变量为负收益偏态系数时,质押公司在控股股东股权质押期间增加的股价崩盘风险比控制组公司多8.27%。进一步分析发现，质押股份比例越高，质押期限越长，平仓压力越大，质押期间上市公司面临的股价崩盘风险越高。此外，通过观察控股股东质押期结束后被质押公司面临的股价崩盘风险的变化和检验信息不透明的中介效应，进一步验证了股权质押促使有对冲动机和掏空动机的控股股东在股权质押期间隐瞒坏消息从而增加了股价崩盘风险的观点。

第二，从控股股东的"对冲"动机视角出发，以分析师预测分歧度和MD&A描述性风险信息指标作为衡量信息不确定性的代理变量，发现信息不确定程度越高，控股股东股权质押对上市公司股价崩盘风险的正向影响越显著。结果表明，控股股东股权质押在一定程度上可以反映控股股东由于接收到的信息不确定而采取的对冲自身风险行为，而这种对冲行为又会使得控股股东累积坏消息，从而影响上市公司的股价崩盘风险，实证检验了控股股东股权质押的对冲效应影响上市公司股价崩盘风险的路径机理。在进一步分析中，通过检验质押政策变化、IPO锁定协议、卖空和内部人减持的效应，发现股权质押与股价崩盘风险之间的关系会随着控股股东质押股票决策的成本和收益而变化，从而侧面验证了控股股东股权质押的对冲效应。

第三，从控股股东的"掏空"动机视角出发，以侵占型关联交易和上市公司成长机会分别衡量控股股东掏空的程度与成本，发现侵占型关联交易程度越高、上市公司成长机会越低，股权质押对股价崩盘风险的正向影响越显著。结果表明，股权质押可以反映控股股东的利益侵占，为控股股东隐瞒坏消息创造了条件与空间，增加了上市公司股价崩盘风险，实证检验了控股股东股权质押的掏空效应影响上市公司股价崩盘风险的路径机理。进一步分析发现，控股股东股权质押显著降低了上市公司的现金股利分配，而股权分散的上市公司股价崩盘风险与管理层的股权质押没有显著关系，侧面验证了控股股东股权质押的掏空效应。

第四，内外部信息环境可以调节控股股东股权质押与上市公司股价崩盘风险二者之间的关系。具体表现为，在高效的内部控制环境下，质押股权的控股股东对不良信息的隐瞒能力较弱，抑制了股价崩盘风险；跟踪上市公司的分析师人数越多，质押股权的控股股东对不良信息的隐瞒越难实现，抑制了股价崩盘风险；对于媒体关注度高的公司，质押股票的控股股东囤积坏消息的成本更高，从而降低了股价崩盘风险。

总体而言，这些研究结论不仅拓展了股权质押与股价崩盘风险关系的研究视角，提供了控股股东股权质押影响上市公司股价崩盘风险的系统性经验证据，而且为我国"积极稳妥化解上市公司股票质押风险"提供了理论支持与经验依据。

8.2　主要创新点

与现有研究相比，本研究的主要创新有以下三点：

第一，发现了控股股东质押股权的"对冲"动机，为控股股东股权质押对上市公司股价崩盘风险的影响提供了新的理论解释。有研究认为公司内部人质押股票的目的是对冲公司预期股价不确定性带来的风险，但现有文献关于股权质押经济后果的研究，鲜有考虑公司内部人的对冲动机。本书从控股股东的"对冲"动机视角出发，构建了信息不确定的代理变量，证实了股权质押可以反映控股股东由于接收到的信息不确定而采取的对冲自身风险行为，而这种对冲行为又会使得控股股东累积坏消息，从而增加股价崩盘风险，有效揭示了控股股东股权质押的对冲效应影响上市公司股价崩盘风险的路径机理。这一视角丰富了控股股东股权质押相关研究成果，为股权质押经济后果的研究提供了理论参考。

第二，从控股股东"掏空"动机的视角发现了控股股东股权质押导致股价崩盘风险的新路径。在关于控股股东股权质押与上市公司股价崩盘风险关系的文献中，尽管有研究对控股股东股权质押的掏空效应进行了理论分析，但在实证检验中未能得到有效验证。本书从控股股东的"掏空"动机视角出发，证实了股权质押可以反映控股股东的利益侵占，为控股股东隐瞒坏消息创造了条件与空间，从而增加股价崩盘风险。本书从实证分析层面提供了控股股东股权质押的掏空效应影响上市公司股价崩盘风险的直接经验证据，扩展了股权质押与股价崩盘风险关系的研究视角。

第三，基于对冲效应和掏空效应的存在性，将质押特征和公司内外部信息环境纳入了股权质押与股价崩盘风险关系的理论框架，增加了研究的深度和广度。本书构建了一个包含内外部维度的综合框架来分析和解释质押活动，通过研究质押特征的影响进一步增加了研究深度，发现质押比例越高、期限越长、平仓压力越大，上市公司面临的股价崩盘风险越高；通过研究公司内外部信息环境的调节作用进一步拓展了研究广度，发现内部控制越强、分析师跟踪人数越多、媒体关注度越高，越能抑制控股股东股权质押对股价崩盘风险的正向影响。本书的结论有助于利益相关者充分了解质押特征的影响，对于加强控股股东行为约束，防范股权质押导致的非系统性金融风险具有一定的现实意义。

8.3 政策建议

本书研究结论表明，无论控股股东出于掏空动机还是对冲动机进行股权质押，都会就某些关键信息对中小股东进行隐瞒，导致公司内部坏消息的囤积，进而增加股价崩盘风险。根据本书主要研究结论，提出了如下政策建议：

第一，加强监管控股股东恶意股权质押来变相套现的行为。本书发现，控股股东股权质押很有可能是因为对上市公司的前景不是十分看好，通过质押进行套利出逃规避自身风险损失，进而将风险转嫁给上市公司和金融机构。因此，建议金融机构对需要股权质押融资的控股股东和上市公司进行更严格的资质审查，尽量选择优质的上市公司进行贷款；同时监管部门也应强化对控股股东恶意股权质押来变相套现行为的打击力度，严防个别控股股东通过股权质押进行资产转移，切断质押风险的传导，保障金融体系的安全。

第二，质押股东尤其是控股股东不再享有被质押股票的表决权与投票权。控股股东股权质押后，被质押股票所对应的控制权依然保留在控股股东自己的手中，这意味着控股股东尽管把一部分股权质押出去却仍具有相应的对公司经营管理活动进行表决与干预的权力,那么,控股股东在拥有融资额的情况下很有可能做出掏空上市公司损害中小股东利益的行为,导致公司资金短缺且盈利能力下降。因此,建议未来允许质权人(即金融机构)派驻代表行使对上市公司的各项经营投资决策的表决权和投票权,或者由那些没有被质押股票的股东们来进行表决,通过董事会、股东大会等程序约束控股股东的行为,以保护中小投资者的利益。

第三,加强对平仓线、预警线、质押资金使用情况的信息披露。上市公司在股权质押公告中只披露了质押股份的数量、日期等,对于股权质押的价格、质押率、平仓线、预警线、具体融资用途等缺乏披露。然而,这些未披露的信息使得外部投资者难以充分、及时、准确地了解质押信息,难以识别控股股东背后隐藏的动机以及上市公司的经营状况和偿债能力。本书发现,质押比例越高、期限越长、平仓压力越大,上市公司面临的未来股价崩盘风险就越高。因此,建议细化股权质押的信息披露内容,建立健全上市公司股票质押信息共享平台,提高上市公司控股股东股权质押的信息透明度,确保利益相关者的权益不受损害。

第四,加强内部控制,充分发挥分析师和媒体的外部监督,让控股股东将更多的精力聚焦于促进上市公司发展。本书发现,当企业处在一个信息较透明的内外部环境中时,即使是具有较高的对冲动机和掏空动机的控股股东其隐瞒坏消息的行为也会受到抑制,从而股权质押所带来的股价崩盘风险更有可能降低到可接受的水平。因此,建议制定合理的内部控制制度,发挥分析师和媒体的外部监督作用,采取有效措施防止控股股东的掏空行为和变相套现行为。

8.4　局限性与研究展望

第一,受制于控股股东自身特征相关数据的可得性,在股权质押与股价崩盘风险关系的研究中未能直接考察控股股东自身特征可能带来的影响,也未能区分哪一类控股股东质押股票具有"对冲"动机,哪一类控股股东质押股票具有"掏空"动机。因此，未来研究可继续挖掘对股权质押行为影响较大的控股股东的自身特征，继续深化对控股股东股权质押对冲动机和掏空动机的研究。

第二，本书关于信息不确定的度量还不够精确和直接。由于信息不确定很难直接观察到，因此本研究使用分析师预测分歧度和 MD&A 描述性风险信息指标来间接反映信息不确定性。尽管现有研究诸如张（Zhang, 2006）（发表于 *Journal of Finance*）和卢、陈和廖（Lu, Chen & Liao, 2010）（发表于 *Journal of Banking & Finance*）构建的分析师预测分歧度能够有效地衡量信息不确定，但这一变量依然存在一定的噪声。MD&A 描述性风险信息以文本方式展示，很难精确量化，虽然本书采用的 WinGo 财经文本数据库已经有大量文献证实其有效性，但度量方法本身仍然会产生一些噪声。因此，未来研究可以进一步尝试构建关于信息不确定变量的准确和完善的衡量指标，继续深化该领域的研究。

第三，本书对股权质押特征和内外部信息环境的考察可能并不完全。首先，本书从比例、期限、平仓压力等特征出发考察了股权质押特征对股价崩盘风险的影响，但由于质押公告信息披露不完全及数据的不可得性，本书暂未对其他质押特征进行研究。其次，本书从内部控制、分析师跟踪、媒体报道等方面考察了内外部信息环境对控股股东股权质押与上市公司股价崩盘风险关系的影响，但对于其他内外部信息环境比如宏观经济政策、监管压力等要素在两者关系中的作用的研究尚有待继续充实。未来研究可以进一步对这些或其他可能的要素进行检验。

参考文献

[1] 艾大力,王斌.论大股东股权质押与上市公司财务:影响机理与市场反应[J].北京工商大学学报(社会科学版),2012(4):72-76.

[2] 曹丰,李珂.控股股东股权质押与上市公司审计意见购买[J].审计研究,2019(2):108-118.

[3] 曹丰,鲁冰,李争光等.机构投资者降低了股价崩盘风险吗?[J].会计研究,2015(11):55-61,97.

[4] 曹海敏,孟元.企业慈善捐赠是伪善吗——基于股价崩盘风险视角的研究[J].会计研究,2019(4):89-96.

[5] 陈德萍,陆星廷.股权质押与盈余管理的关系研究——基于创业板上市公司的实证检验[J].会计研究,2017(5):47-52.

[6] 程晨,陈青.政策不确定性、投资者情绪与控股股东股权质押[J].预测,2020,39(2):66-72.

[7] 储一昀,仓勇涛.财务分析师预测的价格可信吗?——来自中国证券市场的经验证据[J].管理世界,2008(3):58-69.

[8] 褚剑,方军雄.中国式融资融券制度安排与股价崩盘风险的恶化[J].经济研究,2016,51(5):143-158.

[9] 褚剑,秦璇,方军雄.中国式融资融券制度安排与分析师盈利预测乐观偏差[J].管理世界,2019(1):151-166,228.

[10] 崔学刚,邓衢,邝文俊.卖空交易、市场行情与股价崩盘风险[J].会计研究,2019,380(6):45-52.

[11] 丁慧,吕长江,陈运佳.投资者信息能力:意见分歧与股价崩

盘风险——来自社交媒体"上证 e 互动"的证据［J］．管理世界，2018，34（9）：161－171．

［12］高鸿业．西方经济学，宏观部分．第5版［M］．北京：中国人民大学出版社，2011．

［13］郭杰，洪洁瑛．中国证券分析师的盈余预测行为有效性研究［J］．经济研究，2009，44（11）：55－67，81．

［14］韩艳锦，冯晓晴，宋建波．基于信息生成环节的分析师关注与股价崩盘风险［J］．管理学报，2021，18（2）：279－286．

［15］郝项超，梁琪．最终控制人股权质押损害公司价值么？［J］．会计研究，2009（7）：57－63，96．

［16］何贵华，廖珂，谢德仁．金融机构内部的信息流动：来自券商股权质押业务的证据［J］．世界经济，2021，44（7）：207－232．

［17］何平林，辛立柱，潘哲煜等．上市公司股票送转行为动机研究——基于股权质押融资视角的证据［J］．会计研究，2018（3）：57－63．

［18］何威风，刘怡君，吴玉宇．大股东股权质押和企业风险承担研究［J］．中国软科学，2018（5）：110－122．

［19］何熙琼，尹长萍．企业战略差异度能否影响分析师盈余预测——基于中国证券市场的实证研究［J］．南开管理评论，2018（2）：149－159．

［20］贺建刚，孙铮，周友梅．金字塔结构、审计质量和管理层讨论与分析——基于会计重述视角［J］．审计研究，2013（6）：68－75．

［21］侯青川，靳庆鲁，苏玲等．放松卖空管制与大股东"掏空"［J］．经济学（季刊），2017，16（3）：1143－1172．

［22］胡聪慧，朱菲菲，邱卉敏．股权质押、风险管理与大股东增持［J］．金融研究，2020，483（9）：194－210．

［23］胡珺，彭远怀，宋献中等．控股股东股权质押与策略性慈善捐赠——控制权转移风险的视角［J］．中国工业经济，2020（2）：174－198．

［24］华鸣，孙谦．大股东股权质押与券商分析师——监督动力还是利益冲突？［J］．投资研究，2017，36（11）：94－115．

［25］黄登仕，黄禹舜，周嘉南．控股股东股权质押影响上市公司

"高送转"吗?[J]. 管理科学学报,2018,21(12):18-36,94.

[26] 黄宏斌,肖志超,刘晓丽. 股权质押的时机选择及市场反应——基于投资者情绪视角的研究[J]. 金融论坛,2018,23(2):65-80.

[27] 黄政,吴国萍. 内部控制质量与股价崩盘风险:影响效果及路径检验[J]. 审计研究,2017(4):48-55.

[28] 黄志忠,韩湘云. 大股东股权质押、资金侵占与盈余管理[J]. 当代会计评论,2014,2:19-34.

[29] 江轩宇. 税收征管、税收激进与股价崩盘风险[J]. 南开管理评论,2013,16(5):152-160.

[30] 江轩宇,许年行. 企业过度投资与股价崩盘风险[J]. 金融研究,2015(8):141-158.

[31] 江轩宇,伊志宏. 审计行业专长与股价崩盘风险[J]. 中国会计评论,2013(2):133-150.

[32] 姜付秀,蔡欣妮,朱冰. 多个大股东与股价崩盘风险[J]. 会计研究,2018(1):68-74.

[33] 姜付秀,马云飙,王运通. 退出威胁能抑制控股股东私利行为吗?[J]. 管理世界,2015(5):147-159.

[34] 姜军,江轩宇,伊志宏. 企业创新效率研究——来自股权质押的影响[J]. 金融研究,2020(2):128-146.

[35] 蒋德权,姚振晔,陈冬华. 财务总监地位与企业股价崩盘风险[J]. 管理世界,2018,34(3):153-166.

[36] 蒋红芸,王雄元. 内部控制信息披露与股价崩盘风险[J]. 中南财经政法大学学报,2018,3(3):23-32.

[37] 荆涛,郝芳静,栾志乾. 股权质押、利率水平与股价崩盘风险[J]. 投资研究,2019,38(3):63-78.

[38] 酒莉莉,刘斌,李瑞涛. "一劳永逸"还是"饮鸩止渴"——基于上市公司高送转的研究[J]. 管理科学,2018,31(4):17-29.

[39] 孔东民,王江元. 机构投资者信息竞争与股价崩盘风险[J]. 南开管理评论,2016,19(5):127-138.

[40] 李常青,李宇坤,李茂良. 控股股东股权质押与企业创新投入 [J]. 金融研究,2018 (7): 143-157.

[41] 李常青,幸伟. 控股股东股权质押与上市公司信息披露 [J]. 统计研究,2017,34 (12): 75-86.

[42] 李常青,幸伟,李茂良. 控股股东股权质押与现金持有水平:"掏空"还是"规避控制权转移风险" [J]. 财贸经济,2018,39 (4): 82-98.

[43] 李旎,郑国坚. 市值管理动机下的控股股东股权质押融资与利益侵占 [J]. 会计研究,2015 (5): 42-49,94.

[44] 李姝,杜亚光,张晓哲. 企业流动性偏好与宏观经济增长不确定性——基于宏微观视角的实证分析 [J]. 经济问题,2020 (10): 10-20.

[45] 李小荣,张瑞君,董红晔. 债务诉讼与股价崩盘风险 [J]. 中国会计评论,2014 (2): 133-158.

[46] 李颖,伊志宏. 分析师评级调整与买空卖空中的知情交易 [J]. 北京工商大学学报: 社会科学版,2017,38 (6): 124-136.

[47] 梁权熙,曾海舰. 独立董事制度改革、独立董事的独立性与股价崩盘风险 [J]. 管理世界,2016 (3): 144-159.

[48] 梁上坤,徐灿宇,王瑞华. 董事会断裂带与公司股价崩盘风险 [J]. 中国工业经济,2020 (3): 155-173.

[49] 廖珂,崔宸瑜,谢德仁. 控股股东股权质押与上市公司股利政策选择 [J]. 金融研究,2018 (4): 172-189.

[50] 林毅夫,董先安,殷韦. 技术选择、技术扩散与经济收敛 [J]. 财经问题研究,2004 (6): 3-10.

[51] 刘春,孙亮. 税收征管能降低股价暴跌风险吗? [J]. 金融研究,2015 (8): 159-174.

[52] 刘维奇,李建莹. 媒体热议度能有效降低股价暴跌风险吗?——基于公司透明度调节作用的研究 [J]. 中国管理科学,2019,27 (11): 39-49.

[53] 吕怀立，李婉丽．控股股东自利行为选择与上市公司股权制衡关系研究——基于股权结构的内外生双重属性［J］．管理评论，2010（3）：21-30．

[54] 罗进辉，杜兴强．媒体报道、制度环境与股价崩盘风险［J］．会计研究，2014（9）：53-59，97．

[55] 马连福，张晓庆．控股股东股权质押与投资者关系管理［J］．中国工业经济，2020，392（11）：158-175．

[56] 孟庆斌，侯德帅，汪叔夜．融券卖空与股价崩盘风险——基于中国股票市场的经验证据［J］．管理世界，2018，34（4）：40-54．

[57] 孟庆斌，杨俊华，鲁冰．管理层讨论与分析披露的信息含量与股价崩盘风险——基于文本向量化方法的研究［J］．中国工业经济，2017（12）：132-150．

[58] 欧阳才越，谢妍，熊家财．控股股东股权质押与新发行公司债券定价［J］．山西财经大学学报，2018，40（1）：26-38．

[59] 彭俞超，倪骁然，沈吉．企业"脱实向虚"与金融市场稳定——基于股价崩盘风险的视角［J］．经济研究，2018，53（10）：50-66．

[60] 钱爱民，张晨宇．股权质押与信息披露策略［J］．会计研究，2018（12）：34-40．

[61] 权小锋，吴世农，尹洪英．企业社会责任与股价崩盘风险："价值利器"或"自利工具"？［J］．经济研究，2015，50（11）：49-64．

[62] 权小锋，肖红军．社会责任披露对股价崩盘风险的影响研究：基于会计稳健性的中介机理［J］．中国软科学，2016（6）：80-97．

[63] 任碧云，杨克成．大股东增持股份动机是择时还是自保？——基于股权质押的经验证据［J］．财经问题研究，2018（9）：68-75．

[64] 邵剑兵，费宝萱．控股股东股权质押与股价崩盘风险——基于公司控制权转移视角［J］．商业研究，2020（12）：110-123．

[65] 沈冰，陈锡娟．控股股东股权质押公告的市场反应研究［J］．云南财经大学学报，2019（10）：104-112．

[66] 沈华玉，吴晓晖，吴世农．控股股东控制权与股价崩盘风险：

"利益协同"还是"隧道"效应？[J]. 经济管理, 2017 (4)：65-83.

[67] 史永, 李思昊. 关联交易、机构投资者异质性与股价崩盘风险研究 [J]. 中国软科学, 2018 (4)：123-131.

[68] 宋献中, 胡珺, 李四海. 社会责任信息披露与股价崩盘风险——基于信息效应与声誉保险效应的路径分析 [J]. 金融研究, 2017 (4)：161-175.

[69] 宋岩, 宋爽. 股权质押与市值管理：基于中国沪深股市 A 股上市公司的实证检验 [J]. 中国管理科学, 2019 (6)：10-20.

[70] 孙淑伟, 梁上坤, 阮刚铭等. 高管减持、信息压制与股价崩盘风险 [J]. 金融研究, 2017 (11)：175-190.

[71] 谭松涛, 黄俊凯, 杜安然. 个人大股东持股与股价暴跌风险 [J]. 金融研究, 2019, 9 (5)：152-169.

[72] 谭燕, 吴静. 股权质押具有治理效用吗？——来自中国上市公司的经验证据 [J]. 会计研究, 2013 (2)：45-53, 95.

[73] 唐松, 吴秋君, 温德尔等. 卖空机制、股价信息含量与暴跌风险——基于融资融券交易的经验证据 [J]. 财经研究, 2016, 42 (8)：74-84.

[74] 唐玮, 夏晓雪, 姜付秀. 控股股东股权质押与公司融资约束 [J]. 会计研究, 2019 (6)：51-57.

[75] 田高良, 封华, 赵晶等. 险中求胜还是只轮不返：风险承担对股价崩盘的影响 [J]. 管理科学, 2020 (2)：127-143.

[76] 佟岩, 王化成. 关联交易、控制权收益与盈余质量 [J]. 会计研究, 2007 (4)：75-82.

[77] 万东灿. 审计收费与股价崩盘风险 [J]. 审计研究, 2015 (6)：85-93.

[78] 王斌, 蔡安辉, 冯洋. 大股东股权质押、控制权转移风险与公司业绩 [J]. 系统工程理论与实践, 2013, 33 (7)：1762-1773.

[79] 王斌, 宋春霞. 大股东股权质押、股权性质与盈余管理方式 [J]. 华东经济管理, 2015, 29 (8)：118-128.

[80] 王超恩, 张瑞君. 内部控制、大股东掏空与股价崩盘风险 [J]. 山西财经大学学报, 2015 (10): 79-90.

[81] 王冲, 谢雅璐. 会计稳健性、信息不透明与股价暴跌风险 [J]. 管理科学, 2013 (1): 68-79.

[82] 王化成, 曹丰, 叶康涛. 监督还是掏空: 大股东持股比例与股价崩盘风险 [J]. 管理世界, 2015 (2): 45-57, 187.

[83] 王晓彦, 代晶晶, 胡德宝. 大股东股权质押对股价崩盘风险的影响研究 [J]. 宁夏社会科学, 2020 (6): 118-124.

[84] 王雄元, 欧阳才越, 史震阳. 股权质押、控制权转移风险与税收规避 [J]. 经济研究, 2018, 53 (1): 138-152.

[85] 王秀丽, 齐荻, 吕文栋. 控股股东股权质押与年报前瞻性信息披露 [J]. 会计研究, 2020 (12): 43-58.

[86] 王彦超. 融资约束、现金持有与过度投资 [J]. 金融研究, 2009 (7): 121-133.

[87] 王玉涛, 王彦超. 业绩预告信息对分析师预测行为有影响吗 [J]. 金融研究, 2012 (6): 193-206.

[88] 文雯, 陈胤默, 黄雨婷. 控股股东股权质押对企业创新的影响研究 [J]. 管理学报, 2018, 15 (7): 998-1008.

[89] 吴锡皓, 胡国柳. 不确定性、会计稳健性与分析师盈余预测 [J]. 会计研究, 2015 (9): 27-34.

[90] 吴晓晖, 郭晓冬, 乔政. 机构投资者抱团与股价崩盘风险 [J]. 中国工业经济, 2019 (2): 117-135.

[91] 吴战篪, 李晓龙. 内部人抛售、信息环境与股价崩盘 [J]. 会计研究, 2015 (6): 48-55, 97.

[92] 夏常源, 贾凡胜. 控股股东股权质押与股价崩盘: "实际伤害"还是"情绪宣泄" [J]. 南开管理评论, 2019, 22 (5): 165-177.

[93] 肖土盛, 宋顺林, 李路. 信息披露质量与股价崩盘风险: 分析师预测的中介作用 [J]. 财经研究, 2017, 43 (2): 109-120.

[94] 谢德仁, 陈运森. 金融生态环境、产权性质与负债的治理效应

[J]. 经济研究, 2009 (5): 118-129.

[95] 谢德仁, 何贵华, 廖珂. 券商的股权质押业务与其分析师荐股评级的乐观偏差 [J]. 会计研究, 2019 (8): 18-24.

[96] 谢德仁, 廖珂. 控股股东股权质押与上市公司真实盈余管理 [J]. 会计研究, 2018 (8): 21-27.

[97] 谢德仁, 廖珂, 郑登津. 控股股东股权质押与开发支出会计政策隐性选择 [J]. 会计研究, 2017 (3): 30-38, 94.

[98] 谢德仁, 郑登津, 崔宸瑜. 控股股东股权质押是潜在的"地雷"吗?——基于股价崩盘风险视角的研究 [J]. 管理世界, 2016 (5): 128-140, 188.

[99] 熊家财. 审计行业专长与股价崩盘风险——基于信息不对称与异质信念视角的检验 [J]. 审计与经济研究, 2015 (6): 47-57.

[100] 徐会超, 潘临, 张熙萌. 大股东股权质押与审计师选择——来自中国上市公司的经验证据 [J]. 中国软科学, 2019 (8): 135-143.

[101] 徐龙炳, 汪斌. 股权质押下的控股股东增持:"价值信号"还是"行为信号"? [J]. 金融研究, 2021 (1): 188-206.

[102] 徐寿福, 贺学会, 陈晶萍. 股权质押与大股东双重择时动机 [J]. 财经研究, 2016, 42 (6): 74-86.

[103] 许年行, 江轩宇, 伊志宏等. 分析师利益冲突、乐观偏差与股价崩盘风险 [J]. 经济研究, 2012 (7): 127-140.

[104] 许年行, 于上尧, 伊志宏. 机构投资者羊群行为与股价崩盘风险 [J]. 管理世界, 2013 (7): 31-43.

[105] 杨棉之, 刘洋. 盈余质量、外部监督与股价崩盘风险——来自中国上市公司的经验证据 [J]. 财贸研究, 2016 (5): 147-156.

[106] 杨棉之, 张园园. 会计稳健性、机构投资者异质性与股价崩盘风险——来自中国A股上市公司的经验证据 [J]. 审计与经济研究, 2016, 31 (5): 61-71.

[107] 杨棉之, 赵鑫, 张伟华. 机构投资者异质性、卖空机制与股价崩盘风险——来自中国上市公司的经验证据 [J]. 会计研究, 2020, 393

(7): 169-182.

[108] 杨鸣京, 程小可, 钟凯. 股权质押对企业创新的影响研究——基于货币政策不确定性调节效应的分析 [J]. 财经研究, 2019 (2): 139-152.

[109] 杨松令, 张秋月, 刘梦伟等. 控股股东股权质押"同群效应"与股价崩盘风险 [J]. 经济管理, 2020, 42 (12): 94-112.

[110] 杨威, 宋敏, 冯科. 并购商誉、投资者过度反应与股价泡沫及崩盘 [J]. 中国工业经济, 2018 (6): 156-173.

[111] 姚颐, 赵梅. 中国式风险披露、披露水平与市场反应 [J]. 经济研究, 2016, 51 (7): 158-172.

[112] 耀友福, 胡宁, 周兰. 审计师变更、事务所转制与股价崩盘风险 [J]. 审计研究, 2017 (3): 97-104.

[113] 叶康涛, 曹丰, 王化成. 内部控制信息披露能够降低股价崩盘风险吗?[J]. 金融研究, 2015 (2): 192-206.

[114] 叶康涛, 祝继高, 陆正飞等. 独立董事的独立性: 基于董事会投票的证据 [J]. 经济研究, 2011.

[115] 伊志宏, 朱琳, 陈钦源. 分析师研究报告负面信息披露与股价暴跌风险 [J]. 南开管理评论, 2019, 22 (5): 194-208.

[116] 易志高, 李心丹, 潘子成等. 公司高管减持同伴效应与股价崩盘风险研究 [J]. 经济研究, 2019, 54 (11): 54-70.

[117] 余明桂, 夏新平. 控股股东、代理问题与关联交易: 对中国上市公司的实证研究 [J]. 南开管理评论, 2004 (6): 33-38.

[118] 翟胜宝, 许浩然, 刘耀淞等. 控股股东股权质押与审计师风险应对 [J]. 管理世界, 2017 (10): 51-65.

[119] 张长征, 方卉. 控制股东掠夺行为是股价崩盘的推手?——基于创业板上市公司股价崩盘风险的实证检验 [J]. 投资研究, 2018, 37 (9): 136-146.

[120] 张俊瑞, 余思佳, 程子健. 大股东股权质押会影响审计师决策吗?——基于审计费用与审计意见的证据 [J]. 审计研究, 2017 (3):

65 - 73.

[121] 张俊生, 汤晓建, 李广众. 预防性监管能够抑制股价崩盘风险吗?——基于交易所年报问询函的研究 [J]. 管理科学学报, 2018, 21 (10): 112 - 126.

[122] 张龙平, 潘临, 欧阳才越等. 控股股东股权质押是否影响审计师定价策略?——来自中国上市公司的经验证据 [J]. 审计与经济研究, 2016, 31 (6): 35 - 45.

[123] 张庆君, 黄玲, 申思. 控股股东股权质押对企业违约风险具有缓释效应吗?——来自我国违规上市公司的证据 [J]. 审计与经济研究, 2021, 36 (3): 77 - 87.

[124] 张瑞君, 徐鑫, 王超恩. 大股东股权质押与企业创新 [J]. 审计与经济研究, 2017, 32 (4): 63 - 73.

[125] 张雪莹, 王聪聪. 控股股东股权质押会影响上市公司发债融资成本吗? [J]. 证券市场导报, 2020 (6): 41 - 50.

[126] 郑国坚. 基于效率观和掏空观的关联交易与盈余质量关系研究 [J]. 会计研究, 2009 (10): 70 - 78, 97.

[127] 郑国坚, 林东杰, 林斌. 大股东股权质押、占款与企业价值 [J]. 管理科学学报, 2014, 17 (9): 72 - 87.

[128] 郑涵歆, 潘煜双. 股权质押与分析师独立性 [J]. 财经论丛, 2019 (12): 76 - 85.

[129] 钟宇翔, 李婉丽. 盈余信息与股价崩盘风险——基于盈余平滑的分解检验 [J]. 管理科学学报, 2019 (8): 88 - 107.

[130] 周波, 张程, 曾庆生. 年报语调与股价崩盘风险——来自中国A股上市公司的经验证据 [J]. 会计研究, 2019 (11): 41 - 48.

[131] 朱磊, 孙成, 王春燕等. 大股东股权质押对企业创新投资的影响分析——基于创业板上市公司的经验证据 [J]. 证券市场导报, 2019 (2): 26 - 34, 76.

[132] 邹燕, 李梦晓, 林微. 直接控股股东持股与股价崩盘风险——基于过度投资和现金分红的中介效应 [J]. 财经科学, 2020 (2): 12 - 25.

[133] Akerlof G A. The market for "Lemons": Quality uncertainty and the market mechanism [J]. The Quarterly Journal of Economics, 1970, 84 (3): 488 - 500.

[134] Allen F, Qian J, Qian M. Law, finance, and economic growth in China [J]. Journal of Financial Economics, 2005, 77 (1): 57 - 116.

[135] Almedia H, Campello M, Weisbach, M S. The cash flow sensitivity of cash [J]. The Journal of Finance, 2004, 59 (4): 1777 - 1804.

[136] Altman E I. An emerging market credit scoring system for corporate bonds [J]. Emerging Markets Review, 2005, 6 (4): 311 - 323.

[137] Aman H. An analysis of the impact of media coverage on stock price crashes and jumps: Evidence from Japan [J]. Pacific - Basin Finance Journal, 2013, 24: 22 - 38.

[138] Anderson R, Puleo M. Insider share-pledging and equity risk [J]. Journal of Financial Services Research, 2020: 1 - 25.

[139] Andreou P C, Antoniou C, Horton J, et al. Corporate governance and firm-specific stock price crashes [J]. European Financial Management, 2016, 22 (5): 916 - 956.

[140] Andreou P C, Louca C, Petrou A P. CEO age and stock price crash risk [J]. Review of Finance, 2017, 21 (3): 1287 - 1325.

[141] An Z, Chen C, Naiker V, et al. Does media coverage deter firms from withholding bad news? Evidence from stock price crash risk [J]. Journal of Corporate Finance, 2020, 64 (10): 101664.

[142] Aoki Y. How does the largest shareholder affect dividends? [J]. International Review of Finance, 2014, 14 (4): 613 - 645.

[143] Arrow K J. The Economics of Information [M]. Harvard University Press, 1984, 4.

[144] Ashbaugh - Skaife H, Collins D W, Kinney Jr, W R, et al. The effect of SOX internal control deficiencies on firm risk and cost of equity [J]. Journal of Accounting Research, 2009, 47 (1): 1 - 43.

[145] Asija A, Marisetty V B, Rangan S. Do insiders who pledge their shares manipulate reported earnings? [J]. Working Paper, 2015.

[146] Asquith P, Mikhail M B, Au A S. Information content of equity analyst reports [J]. Journal of financial economics, 2005, 75 (2): 245 - 282.

[147] Attig N, Fong W M, Gadhoum Y, et al. Effects of large shareholding on information asymmetry and stock liquidity [J]. Journal of Banking & Finance, 2006, 30 (10): 2875 - 2892.

[148] Baginski S P, Campbell J L, Hinson L, et al. Do career concerns affect the delay of bad news disclosure? [J]. The Accounting Review, 2018, 93 (2): 61 - 95.

[149] Baker M, Wurgler J. Investor sentiment and the cross-section of stock returns [J]. The Journal of Finance, 2006, 61 (4): 1645 - 1680.

[150] Baloria V P, Heese J. The effects of media slant on firm behavior [J]. Journal of Financial Economics, 2018, 129 (1): 184 - 202.

[151] Bao D, Kim Y, Mian G M, et al. Do managers disclose or withhold bad news? Evidence from short interest [J]. The Accounting Review, 2019, 94 (3): 1 - 26.

[152] Barron K, Lim O, Stevens C, et al. Using analysts' forecasts to measure properties of analysts' information environment [J]. The Accounting Review, 1998, 73 (4): 421 - 433.

[153] Barro O E, Stuerke P S. Dispersion in analysts' earnings forecasts as a measure of uncertainty [J]. Journal of Accounting, Auditing and Finance, 1998, 13 (3): 245 - 270.

[154] Barro, R J. The loan market, collateral, and rates of interest [J]. Journal of money, Credit and banking, 1976, 8 (4): 439 - 456.

[155] Benartzi S, Michaely R, Thaler R. Do changes in dividends signal the future or the past? [J] Journal of Finance, 1997, 52 (3): 1007 - 1034.

[156] Benmelech E, Kandel E, Veronesi P. Stock - Based Compensation and CEO (Dis) Incentives [J]. Quarterly Journal of Economics, 2010, 125

(4): 1769-1820.

[157] Berkman H, Cole R A, Fu L J. Expropriation through loan guarantees to related parties: Evidence from China [J]. Journal of Banking & Finance, 2009, 33 (1): 141-156.

[158] Berkson J. Application of the logistic function to bioassay [J]. Journal of the American Statistical Association, 1944, 39 (227): 357-365.

[159] Bertrand M, Mullainathan S. Enjoying the quiet life? Corporate governance and managerial preferences [J]. Journal of Political Economy, 2003, 111 (5): 1043-1075.

[160] Bester, H. Screening vs. rationing in credit markets with imperfect information. The American economic review, 1985, 75 (4): 850-855.

[161] Bies R J. The delivery of bad news in organizations: A framework for analysis [J]. Journal of Management, 2013, 39 (1): 136-162.

[162] Blanchard O J, Watson M W. Bubbles, Rational Expectations and Financial Markets [J]. NBER Working Papers, 1982.

[163] Bleck A, Liu X. Market transparency and the accounting regime [J]. Journal of Accounting Research, 2007, 45 (2): 229-256.

[164] Bodnaruk A, Östberg P. The shareholder base and payout policy [J]. Journal of Financial and Quantitative Analysis, 2013, 48 (3): 729-760.

[165] Bond P, Edmans A, Goldstein I. The Real Effects of Financial Markets [J]. Annual Review of Financial Economics, 2012, 4 (1): 339-360.

[166] Boubaker S, Mansali H, Rjiba H. Large controlling shareholders and stock price synchronicity [J]. Journal of Banking & Finance, 2014, 40: 80-96.

[167] Brav A, Lehavy R. An empirical analysis of analysts' target prices: Short-term informativeness and long-term dynamics [J]. The Journal of Finance, 2003, 58 (5): 1933-1967.

[168] Bryan S H. Incremental information content of required disclosures contained in management discussion and analysis [J]. Accounting Review, 1997: 285 – 301.

[169] Bushee B J, Core J E, Guay W, et al. The role of the business press as an information intermediary [J]. Journal of Accounting Research, 2010, 48 (1): 1 – 19.

[170] Callen J L, Fang X. Short interest and stock price crash risk [J]. Journal of Banking & Finance, 2015, 60: 181 – 194.

[171] Callen J L, Fang X, Xin B, et al. Capital market consequences of audit office size: Evidence from stock price crash risk [J]. Auditing: A Journal of Practice & Theory, 2020, 39 (2): 1 – 2.

[172] Campbell J Y, Hentschel L. No news is good news: An asymmetric model of changing volatility in stock returns [J]. Journal of Financial Economics, 1992, 31 (3): 281 – 318.

[173] Cao F, Sun J, Yuan R. Board directors with foreign experience and stock price crash risk: Evidence from China [J]. Journal of Business Finance & Accounting, 2019, 46 (9 – 10): 1144 – 1170.

[174] Chae, J, Kim S, Lee E J. How corporate governance affects payout policy under agency problems and external financing constraints [J]. Journal of Banking & Finance, 2009, 33 (11): 2093 – 2101.

[175] Chan K, Chen H K, Hu S Y, et al. Share pledges and margin call pressure [J]. Journal of Corporate Finance, 2018, 52: 96 – 117.

[176] Chauhan Y, Mishra A K, Spahr R W. Stock pledging and firm risk: Evidence from India [J]. Financial Management, 2021, 50 (1): 261 – 280.

[177] Chen A, Kao L. Effect of collateral characteristics on bank performance: Evidence from collateralized stocks in Taiwan [J]. Journal of Banking & Finance, 2011, 35 (2): 300 – 309.

[178] Chen C, Kim J B, Yao L. Earnings smoothing: does it exacerbate or constrain stock price crash risk? [J]. Journal of Corporate Finance, 2017,

42: 36-54.

[179] Chen D, Jian M, Xu M. Dividends for tunneling in a regulated economy: The case of China [J]. Pacific - Basin Finance Journal, 2009, 17 (2): 209-223.

[180] Cheng Z, Liu Z, Sun Y. Share pledging and financial constraints in China [J]. Accounting & Finance, 2021, 61 (3): 4147-4189.

[181] Chen H, Dong W, Han H, et al. A comprehensive and quantitative internal control index: Construction, validation, and impact [J]. Review of Quantitative Finance and Accounting, 2017, 49 (2): 337-377.

[182] Chen H K, Hu S Y. Insider Pledging: Its information content and forced sale [C]. Financial Management Association Annual Meeting, 2018.

[183] Chen H, Yang D, Zhang J H, et al. Internal controls, risk management, and cash holdings [J]. Journal of Corporate Finance, 2020, 64: 101695.

[184] Chen J, Chan K C, Dong W, et al. Internal control and stock price crash risk: Evidence from China [J]. European Accounting Review, 2017, 26 (1): 125-152.

[185] Chen J, Hong H, Stein J C. Forecasting crashes: Trading volume, past returns, and conditional skewness in stock prices [J]. Journal of Financial Economics, 2001, 61 (3): 345-381.

[186] Chen Q, Jiang W. Analysts' weighting of private and public information [J]. Review of Financial Studies, 2006.

[187] Chen Y, Fan Q, Yang X, et al. CEO early-life disaster experience and stock price crash risk [J]. Journal of Corporate Finance, 2021, 68 (10): 19-28.

[188] Chen Y, Hu S Y. The controlling shareholder's personal leverage and firm performance [J]. Applied Economics, 2007, 39 (8): 1059-1075.

[189] Cheung Y L, Jing L, Lu T, et al. Tunneling and propping up: An analysis of related party transactions by Chinese listed companies [J]. Pacific -

Basin Finance Journal, 2009, 17 (3): 372 –393.

[190] Claessens S, Djankov S, Lang L H. The separation of ownership and control in East Asian corporations [J]. Journal of Financial Economics, 2000, 58 (1): 81 –112.

[191] Cole C J, Jones C L. The Usefulness of MD&A disclosures in the retail industry [J]. Journal of Accounting, Auditing and Finance, 2004, 19 (4): 361 –388.

[192] Cui H, Chen C, Zhang Y, et al. Managerial ability and stock price crash risk [J]. Asia – Pacific Journal of Accounting & Economics, 2019, 26 (5): 532 –554.

[193] Cull R, Li W, Sun B, et al. Government connections and financial constraints: Evidence from a large representative sample of Chinese firms [J]. Journal of Corporate Finance, 2015, 32: 271 –294.

[194] Dai L, Parwada J T, Zhang B. The governance effect of the media's news dissemination role: Evidence from insider trading [J]. Journal of Accounting Research, 2015, 53 (2): 331 –366.

[195] Dang T L, Dang M, Hoang L, et al. Media coverage and stock price synchronicity [J]. International Review of Financial Analysis, 2020, 67: 101430.

[196] Dechow P M, Sloan R G, Sweeney A P. Detecting earnings management [J]. Accounting Review, 1995: 193 –225.

[197] Dejong D V, Liao K, Xie D. Controlling Shareholder's Share Pledging and Accounting Manipulations [J]. 2019, SSRN Electronic Journal. 10. 2139/ssrn. 3274388.

[198] Deng X, Gao L, Kim J B. Short-sale constraints and stock price crash risk: Causal evidence from a natural experiment [J]. Journal of Corporate Finance, 2020, 60: 101498.

[199] Dou Y, Masulis R W, Zein J. Shareholder wealth consequences of insider pledging of company stock as collateral for personal loans [J]. The

Review of Financial Studies, 2019, 32 (12): 4810 -4854.

[200] Doyle J T, Ge W, McVay. Accruals quality and internal control over financial reporting [J]. The Accounting Review, 2007, 82 (5): 1141 -1170.

[201] Dyck A, Morse A, Zingales L. Who blows the whistle on corporate fraud? [J]. The Journal of Finance, 2010, 65 (6): 2213 -2253.

[202] Edmans A, Goldstein I, Jiang W. Feedback effects and the limits to arbitrage [J]. American Economic Review, 2015, 105 (12): 3766 -3797.

[203] Fabisik K. Why Do U. S. CEO spledge their own company's stock? [J]. Swiss Finance Institute Research Paper Series, 2019.

[204] Faccio M, Lang L H, Young L. Dividends and expropriation [J]. American Economic Review, 2001, 54 -78.

[205] Fan J P, Wong T J. Corporate ownership structure and the informativeness of accounting earnings in East Asia [J]. Journal of Accounting and Economics, 2002, 33 (3): 401 -425.

[206] Fazzari S, Hubbard R, Petersen B. Investment, financing decisions, and tax policy [J]. The American Economic Review, 1988, 78 (2): 200 -205.

[207] Filzen J J. The information content of risk factor disclosures in quarterly reports [J]. Accounting Horizons, 2015, 29 (4): 887 -916.

[208] Firth M, et al. Inside the black box: Bank credit allocation in China's private sector [J]. Journal of Banking & Finance, 2009, 33 (6): 1144 -1155.

[209] Firth M, Gao J, Shen J, et al. Institutional stock ownership and firms' cash dividend policies: Evidence from China [J]. Journal of Banking & Finance, 2016, 65: 91 -107.

[210] French K R, Schwert G W, Stambaugh R F. Expected stock returns and volatility [J]. Journal of Financial Economics, 1987, 19 (1): 3 -29.

[211] Fresard L, Salva C. The value of excess cash and corporate governance: Evidence from US cross-listings [J]. Journal of Financial Economics, 2010, 98 (2): 359-384.

[212] Fu J, Wu X, Liu Y, et al. Firm-specific investor sentiment and stock price crash risk [J]. Finance Research Letters, 2021, 38: 101442.

[213] Gangloff K A, Connelly B L, Shook C L. Of scapegoats and signals: Investor reactions to CEO succession in the aftermath of wrongdoing [J]. Journal of Management, 2016, 42 (6): 1614-1634.

[214] Gao H, Wang J, Wang Y, et al. Media coverage and the cost of debt [J]. Journal of Financial and Quantitative Analysis, 2020, 55 (2): 429-471.

[215] Ge W, Li Z, Liu Q, et al. Internal control over financial reporting and resource extraction: Evidence from China [J]. Contemporary Accounting Research, 2020, in press.

[216] Goh B W, Li D. Internal controls and conditional conservatism [J]. The Accounting Review, 2011, 86 (3): 975-1005.

[217] Gopalan R, Jayaraman S. Private control benefits and earnings management: Evidence from insider controlled firms [J]. Journal of Accounting Research, 2012, 50 (1): 117-157.

[218] Greenwald B C, Stiglitz J E. Externalities in economies with imperfect information and incomplete markets [J]. The Quarterly Journal of Economics, 1986, 101 (2): 229-264.

[219] Greenwald B, Stiglitz J E, Weiss A. Informational imperfections in the capital market and macroeconomic fluctuations [J]. The American Economic Review, 1984, 74 (2): 194-199.

[220] Habib A, Hasan M M, Jiang H. Stock price crash risk: Review of the empirical literature [J]. Accounting & Finance, 2018, 58: 211-251.

[221] Hao J, Xiong X. Retail investor attention and firms' idiosyncratic risk: Evidence from China [J]. International Review of Financial Analysis,

2021, 74: 101675.

[222] Hayek F A. The use of knowledge in society [J]. The American Economic Review, 1945, 35 (4): 519-530.

[223] He G. The effect of CEO inside debt holdings on financial reporting quality [J]. Review of Accounting Studies, 2015, 20 (1): 501-536.

[224] He J, Tian X. The dark side of analyst coverage: The case of innovation [J]. Journal of financial economics, 2013, 109 (3): 856-878.

[225] Hong H A, Kim J B, Welker M. Divergence of cash flow and voting rights, opacity, and stock price crash risk: International evidence [J]. Journal of Accounting Research, 2017, 55 (5): 1167-1212.

[226] Hong H, Stein J C. Differences of opinion, short-sales constraints, and market crashes [J]. The Review of Financial Studies, 2003, 16 (2): 487-525.

[227] Huang A H, Lehavy R, Zang A Y, et al. Analyst information discovery and interpretation roles: A topic modeling approach [J]. Management Science, 2018, 64 (6): 2833-2855.

[228] Huang A H, Zang A Y, Zheng R. Evidence on the information content of text in analyst reports [J]. Accounting Review, 2014, 89 (6): 2151-2180.

[229] Huang J J, Shen Y, Sun Q. Nonnegotiable shares, controlling shareholders, and dividend payments in China [J]. Journal of corporate Finance, 2011, 17 (1): 122-133.

[230] Huang Z, Xue Q. Controlling shareholders' incentives and earnings management behavior: Evidence from the share pledges phenomenon in China [C]. American Accounting Association Annual Meeting, 2018.

[231] Hu J, Long W, Luo L, et al. Share pledging and optimism in analyst earnings forecasts: Evidence from China [J]. Journal of Banking & Finance, 2021, 132: 106245.

[232] Hutton A P, Marcus A J, Tehranian H. Opaque financial reports,

R2, and crash risk [J]. Journal of Financial Economics, 2009, 94 (1): 67 – 86.

[233] Imhoff E A, Lobo G J. The effect of ex ante earnings uncertainty on earnings response coefficients [J]. The Accounting Review, 67 (2): 427 – 439.

[234] Irani R, Oesch D. Analyst coverage and real earnings management: Quasi-experimental evidence [J]. Journal of Financial and Quantitative Analysis, 2016, 51 (2): 589 – 627.

[235] Jensen M C, Meckling W H. Theory of the firm: Managerial behavior, agency costs and ownership structure [J]. Journal of Financial Economics, 1976, 3 (4): 305 – 360.

[236] Jenter D, Kanaan F. CEO turnover and relative performance evaluation [J]. The Journal of Finance, 2015, 70 (5): 2155 – 2184.

[237] Jiang F, Kim K A. Corporate governance in China: A modern perspective [J]. Journal of Corporate Finance, 2015, 32: 190 – 216.

[238] Jiang F, Ma Y, Shi B. Stock liquidity and dividend payouts [J]. Journal of Corporate Finance, 2017, 42: 295 – 314.

[239] Jiang G, Lee CMC, Yue H. Tunneling through intercorporate loans: the china experience [J]. Journal of Financial Economics, 2010, 98 (1): 1 – 20.

[240] Jiang G, Lee C M, Zhang Y. Information uncertainty and expected returns [J]. Review of Accounting Studies, 2005, 10 (2): 185 – 221.

[241] Jiang H, Tian G, Zhou D. The influence of the deregulation of short-selling on related-party transactions: Evidence from China [J]. Journal of Business Finance & Accounting, 2020, in press.

[242] Jia N. Tournament incentives and stock price crash risk [J]. Accounting Horizons, 2018, 32 (3): 101 – 121.

[243] Jin L, Myers S C. R2 around the world: New theory and new tests [J]. Journal of Financial Economics, 2006, 79 (2): 257 – 292.

[244] Jin Z, Lin B, Yang X, et al. Accounting conservatism and short selling: Evidence from China [J]. Journal of Business Finance & Accounting, 2018, 45 (3-4): 352-394.

[245] Johnson S, Porta R L, Lopez-De-Silanes F. Tunneling [J]. American Economic Review, 2000, 90 (2): 22-27.

[246] Joos P, Piotroski J D, Srinivasan S. Can analysts assess fundamental risk and valuation uncertainty? An empirical analysis of scenario-based value estimates [J]. Journal of Financial Economics, 2016, 121 (3): 645-663.

[247] Kao L, Chiou J R, Chen A. The agency problems, firm performance and monitoring mechanisms: the evidence from collateralized shares in Taiwan [J]. Corporate Governance: An International Review, 2004, 12 (3): 389-402.

[248] Kaplan S N, Luigi Z. Do investment-cash flow sensitivities provide useful measures of financing constraints? [J]. Quarterly Journal of Economics, 1997 (1): 169-215.

[249] Khanna T. Business groups and social welfare in emerging markets: Existing evidence and unanswered questions [J]. European Economic Review, 2000, 44 (4): 748-761.

[250] Khanna T, Palepu K. Why focused strategies may be wrong for emerging markets [J]. Harvard Business Review, 1997, 75 (4): 41-48.

[251] Khurana I K, Pereira R, Zhang E. Is real earnings smoothing harmful? Evidence from firm-specific stock price crash risk [J]. Contemporary Accounting Research, 2018, 35 (1): 558-587.

[252] Kim J B, Li L, Lu L. et al. Financial statement comparability and expected crash risk [J]. Journal of Accounting and Economics, 2016, 61 (2-3): 294-312.

[253] Kim J B, Li Y, Zhang L. Corporate tax avoidance and stock price crash risk: Firm-level analysis [J]. Journal of Financial Economics, 2011, 100 (3): 639-662.

[254] Kim J B, Lu L Y, Yu Y. Analyst coverage and expected crash risk: evidence from exogenous changes in analyst coverage [J]. The Accounting Review, 2019, 94 (4): 345 – 364.

[255] Kim J B, Wang Z, Zhang L. CEO overconfidence and stock price crash risk [J]. Contemporary Accounting Research, 2016, 33 (4): 1720 – 1749.

[256] Kim J B, Zhang L. Accounting conservatism and stock price crash risk: Firm-level evidence [J]. Contemporary Accounting Research, 2016, 33 (1): 412 – 441.

[257] Kim O, Verrecchia R. Trading volume and price reactions to public announcements [J]. Journal of Accounting Research, 1991, 29 (2): 302 – 321.

[258] Knight F H. Risk, Uncertainty and Profit [M]. Houghton Mifflin, 1921, 31.

[259] Kothari S P, Shu S, Wysocki P D. Do managers withhold bad news? [J]. Journal of Accounting Research, 2009, 47 (1): 241 – 276.

[260] Kravet T, Muslu V. Textual risk disclosures and investors' risk perceptions [J]. Review of Accounting Studies, 2013, 18 (4): 1088 – 1122.

[261] Kubick T R, Lockhart G B. Industry tournament incentives and stock price crash risk [J]. Financial Management, 2021, 50 (2): 345 – 369.

[262] Lang M H, Lundholm R J. Corporate disclosure policy and analyst behavior [J]. The Accounting Review, 1996, 71 (4): 467 – 492.

[263] Lang M, Lins K V, Miller D P. ADRs, Analysts, and accuracy: Does cross listing in the United States improve a firm's information environment and increase market value? [J]. Journal of Accounting Research, 2003, 41 (2): 317 – 345.

[264] La Porta R, Lopez-de-Silanes F, Shleifer A, et al. Agency problems and dividend policies around the world [J]. Journal of Finance, 2000, 55 (1): 1 – 33.

[265] Larcker D F, Tayan B. Pledge (and hedge) allegiance to the company. Rock Center for Corporate Governance at Stanford University Closer Look Series: Topics, Issues and Controversies in Corporate Governance, 2010, No. CGRP - 11. Available at SSRN: https://ssrn.com/abstract = 1690746 or http://dx.doi.org/10.2139/ssrn.1690746.

[266] Lee T S, Yeh Y H. Corporate governance and financial distress: Evidence from Taiwan [J]. Corporate Governance: An International Review, 2004, 12: 378 - 388.

[267] Li, Feng. The information content of forward-looking statements in corporate filings - A naïve Bayesian machine learning approach [J]. Journal of Accounting Research, 2010, 48: 1049 - 1102.

[268] Li K, Zhao X. Asymmetric information and dividend policy [J]. Financial Management, 2008, 37 (4): 673 - 694.

[269] Li M, Liu C, Scott T. Share pledges and firm value [J]. Pacific - Basin Finance Journal, 2019, 55: 192 - 205.

[270] Lintner J. Distribution of incomes of corporations among dividends, retained earnings, and taxes [J]. American Economic Review, 1956, 46 (2): 97 - 113.

[271] Lin Y H, Chiou J R, Chen Y R. Ownership structure and dividend preference: Evidence from China's privatized state-owned enterprises [J]. Emerging Markets Finance and Trade, 2010, 46 (1): 56 - 74.

[272] Li P, Shu W, Tang Q, et al. Internal control and corporate innovation: evidence from China [J]. Asia - Pacific Journal of Accounting & Economics, 2019, 26 (5): 622 - 642.

[273] Li S, Zhan X. Product market threats and stock crash risk [J]. Management Science, 2019, 65 (9): 4011 - 4031.

[274] Liu Q G, Tian G. Controlling shareholder, expropriations and firm's leverage decision: Evidence from Chinese Non-tradable share reform [J]. Journal of Corporate finance, 2012, 18 (4): 782 - 803.

[275] Li W, Zhou J, Yan Z, et al. Controlling shareholder share pledging and firm cash dividends [J]. Emerging Markets Review, 2020, 42: 100671.

[276] Li X, Kim J B, Wu H, et al. Corporate social responsibility and financial fraud: The moderating effects of governance and religiosity [J]. Journal of Business Ethics, 2021, 170 (3): 557 – 576.

[277] Li X, Liu J, Wang K. Pledgee competition, strategic disclosure, and future crash risk [J]. China Journal of Accounting Research, 2019, 12 (3): 271 – 291.

[278] Long W, Tian G G, Hu J, et al. Bearing an imprint: CEOs' early-life experience of the Great Chinese Famine and stock price crash risk [J]. International Review of Financial Analysis, 2020, 70 (5): 101510.

[279] Lu C W, Chen T K, Liao H H. Information uncertainty, information asymmetry and corporate bond yield spreads [J]. Journal of Banking & Finance, 2010, 34 (9): 2265 – 2279.

[280] Lui D, Markov S, Tamayo A. Equity analysts and the market's assessment of risk [J]. Journal of Accounting Research, 2012, 50 (5): 1287 – 1317.

[281] Lui D, Markov S, Tamayo A. What makes a stock risky? Evidence from sell-side analysts' risk ratings [J]. Journal of Accounting Research, 2007, 45 (3): 629 – 665.

[282] Mamun M A, Balachandran B, Duong H N. Powerful CEOs and stock price crash risk [J]. Journal of Corporate Finance, 2020, 62: 101582.

[283] Margrabe W. The value of an option to exchange one asset for another [J]. The Journal of Finance, 1978, 33 (1): 177 – 186.

[284] Mayew W J, Sethuraman M, Venkatachalam M. MD&A disclosure and the firm's ability to continue as a going concern [J]. The Accounting Review, 2015, 90 (4): 1621 – 1651.

[285] Miller E M. Risk, Uncertainty, and divergence of opinion [J]. Journal of Finance, 1977, 32: 1151 – 1168.

[286] Miller G S. The press as a watchdog for accounting fraud [J]. Journal of Accounting Research, 2006, 44 (5): 1001 – 1033.

[287] Myers S C, Majluf N S. Corporate financing decisions when firms have information investors do not have [J]. Journal of Financial Economics, 1984, 13 (2): 187 – 221.

[288] Pang C, Wang Y. Stock pledge, risk of losing control and corporate innovation [J]. Journal of Corporate Finance, 2020, 60: 101534.

[289] Peng W Q, Wei K J, Yang Z. Tunneling or propping: Evidence from connected transactions in China [J]. Journal of Corporate Finance, 2011, 17 (2): 306 – 325.

[290] Peress J. The media and the diffusion of information in financial markets: Evidence from newspaper strikes [J]. The Journal of Finance, 2014, 69 (5): 2007 – 2043.

[291] Petersen M A. Estimating standard errors in finance panel data sets: Comparing approaches [J]. The Review of Financial Studies, 2009, 22 (1): 435 – 480.

[292] Puleo M, McDonald M, Kozlowski S. Share-pledging and the cost of debt [J]. Accounting & Finance, 2021, 61 (1): 1047 – 1079.

[293] Robin A, Zhang H. Do industry-specialist auditors influence stock price crash risk? [J]. Auditing: A Journal of Practice & Theory, 2015, 34 (3): 47 – 79.

[294] Rothschild M, Stiglitz J. Equilibrium in competitive insurance markets: An essay on the economics of imperfect information [J]. The Quarterly Journal of Economics, 1976, 90 (4): 629 – 649.

[295] Schipper K. Analysts forecasts [J]. Accounting Horizons, 1991, 5: 105 – 131.

[296] Serfling M A. CEO age and the riskiness of corporate policies [J]. Journal of Corporate Finance, 2014, 25: 251 – 273.

[297] Shahab Y, Ntim C G, Chen Y, et al. Chief executive officer attrib-

utes, sustainable performance, environmental performance, and environmental reporting: New insights from upper echelons perspective [J]. Business Strategy and the Environment, 2020, 29 (1).

[298] Shen Y V, Wang W, Zhou F. Insider pledging in the US [J]. Journal of Financial Stability, 2021, 53: 100830.

[299] Shleifer A, Vishny R W. A survey of corporate governance [J]. The Journal of Finance, 1997, 52 (2): 737–783.

[300] Singh P P. The inside job: Share pledges by insiders and earnings management [C]. Financial Management Association Annual Meeting, 2019.

[301] Stigler G J. The economics of information [J]. Journal of political economy, 1961, 69 (3): 213–225.

[302] Stiglitz J E. Information and economic analysis: a perspective [J]. The Economic Journal, 1985, 95: 21–41.

[303] Stiglitz J E, Weiss A. Credit rationing in markets with imperfect information [J]. The American Economic Review, 1981, 71 (3): 393–410.

[304] Sun J, Yuan R, Cao F, et al. Principal-principal agency problems and stock price crash risk: Evidence from the split-share structure reform in China [J]. Corporate Governance: An International Review, 2017, 25 (3): 186–199.

[305] Sun S L, Habib A, Huang H J. Tournament incentives and stock price crash risk: Evidence from China [J]. Pacific–Basin Finance Journal, 2019, 54 (4): 93–117.

[306] Su Z Q, Fung H G, Huang D S, et al. Cash dividends, expropriation, and political connections: Evidence from China [J]. International Review of Economics & Finance, 2014, 29: 260–272.

[307] Tavcar L R. Make the MD&A more readable [J]. The CPA Journal. 1998, 68 (1): 10.

[308] Tetlock P C. Does public financial news resolve asymmetric information? [J]. The Review of Financial Studies, 2010, 23 (9): 3520–3557.

[309] Wang F, Xu L, Zhang J, et al. Political connections, internal control and firm value: Evidence from China's anti-corruption campaign [J]. Journal of Business Research, 2018, 86: 53 - 67.

[310] Wang Q, Qiu M, Tan W. Does insiders share pledging stifle innovation? Evidence from China [J]. International Review of Financial Analysis, 2020, 72: 101570.

[311] Wang Y C, Chou R K. The impact of share pledging regulations on stock trading and firm valuation [J]. Journal of Banking & Finance, 2018, 89: 1 - 13.

[312] Xu J. Relationship between controlling shareholders' participation in share pledging and accounting conservatism in China [J]. Australian Accounting Review, 2019, in press.

[313] Xu N, Jiang X, Chan K C, et al. Analyst coverage, optimism, and stock price crash risk: Evidence from China [J]. Pacific - Basin Finance Journal, 2013, 25: 217 - 239.

[314] Xu N, Jiang X, Chan K C, et al. Analyst herding and stock price crash risk: evidence from China [J]. Journal of International Financial Management & Accounting, 2017, 28 (3): 308 - 348.

[315] Xu N, Li X, Yuan Q, et al. Excess perks and stock price crash risk: Evidence from China [J]. Journal of Corporate Finance, 2014, 25: 419 - 434.

[316] Xu R, Chang J, Li C, et al. Research on the influence of equity pledge on stock price crash risk: based on financial shock of 2015 stock market crisis [J]. Economic and Political Studies, 2019, 7 (4): 480 - 505.

[317] Yin Y, Tian R. Investor sentiment, financial report quality and stock price crash risk: Role of short-sales constraints [J]. Emerging Markets Finance and Trade, 2017, 53 (3): 493 - 510.

[318] Yuan R, Sun J, Cao F. Directors' and officers' liability insurance and stock price crash risk [J]. Journal of Corporate Finance, 2016, 37: 173 - 192.

[319] Yu F F. Analyst coverage and earnings management [J]. Journal of Financial Economics, 2008, 88 (2): 245 - 271.

[320] Zhang X F. Information uncertainty and stock returns [J]. The Journal of Finance, 2006, 61 (1): 105 - 137.

[321] Zhao W, Zhang W, Xiong X, et al. Share pledges, tone of earnings communication conferences, and market reaction: Evidence from China [J]. Accounting & Finance, 2019, 59 (5): 2817 - 2853.

[322] Zhou J, Li W, Yan Z, et al. Controlling shareholder share pledging and stock price crash risk: Evidence from China [J]. International Review of Financial Analysis, 2021, 77: 101839.

[323] Zhu B, Niu F. Investor sentiment, accounting information and stock price: Evidence from China [J]. Pacific - Basin Finance Journal, 2016, 38: 125 - 134.